ミネルヴァ日本評伝選

光格天皇

自身を後にし天下万民を先とし

藤田　覚著

ミネルヴァ書房

刊行の趣意

「学問は歴史に極まり候ことに候」とは、先哲荻生徂徠のことばである。歴史のなかにこそ人間の智恵は宿されている。人間の愚かさもそこにはあらわだ。この歴史を探り、歴史に学んでこそ、人間はようやくみずからの正体を知り、いくらかは賢くなることができる。新しい勇気を得て未来に向かうことができる。徂徠はそう言いたかったのだろう。

「ミネルヴァ日本評伝選」は、私たちの直接の先人について、この人間知を学びなおそうという試みである。日本列島の過去に生きた人々の言行を、深く、くわしく探って、そこに現代への批判を聴きとろうとする試みである。日本人ばかりではない。列島の歴史にかかわった多くの異国の人々の声にも耳を傾けよう。先人たちの書き残した文章をそのひだにまで立ち入って読み、彼らの旅した跡をたどりなおし、彼らのなしとげた事業を広い文脈のなかで注意深く観察しなおす――そのとき、はじめて先人たちはいまの私たちのかたわらによみがえってくる。彼らのなまの声で歴史の智恵を、また人間であることのよろこびと苦しみを、私たちに伝えてくれもするだろう。

この「評伝選」のつらなりのなかから、列島の歴史はおのずからその複雑さと奥ゆきの深さをもって浮かび上がってくるはずだ。これを読むとき、私たちのなかに新たな自信と勇気が湧いてきて、その矜持と勇気をもって「グローバリゼーション」の世紀に立ち向かってゆくことができる――そのような「ミネルヴァ日本評伝選」にしたいと、私たちは願っている。

平成十五年（二〇〇三）九月

上横手雅敬
芳賀　徹

光格天皇（泉涌寺蔵）

「清涼殿前歌舞図」
（石清水八幡宮臨時祭）
（敦賀市立博物館蔵）

「桜町殿行幸図」部分（国立公文書館内閣文庫蔵）

「光格上皇修学院御幸儀仗図」部分（徳島県立博物館蔵）

はじめに

光格天皇と今上天皇の奇縁

光格天皇《こうかくてんのう》（第一一九代天皇とされる。一七七一～一八四〇。在位一七七九～一八一七）という名を聞いても、ごく限られた研究者のほか、その名を知る人は少なかった。

ところが、二〇一六年八月以降、その名は新聞紙上に「天皇の退位は一八一七年の光格天皇以来、約二〇〇年ぶり」（『読売新聞』二〇一七年十月二十一日朝刊）といった書き方で、「光格天皇以来」が枕詞のようになった。

それは、現在の明仁《あきひと》天皇の退位問題からである。明仁天皇は二〇一六年八月八日、「象徴としてのお務めについて」とする発言を、一一分間にわたるビデオメッセージの形で発表し、退位の意向をにじませた。また宮内庁からは、「象徴としてのお務めについての天皇陛下のおことば」として全文が発表された。それは、天皇の生前退位を認めていない現行の皇室典範に抵触し、憲法上の問題も絡んで論議を呼んだ。生前退位を強く否定する識者もいたが、世論調査などでは国民の圧倒的多数が退位を支持した。結局、二〇一七年六月九日に成立した「天皇の退位等に関する皇室典範特例法」の附則第一条により、現天皇に限り退位が可能になった。そして、二〇一九年四月末日の退位が決定されるに至った。そして退位後の称号は上皇《じょうこう》と決められ、これも光格天皇（上皇）以来のことであった。

また、明仁天皇が二〇一〇年秋頃、宮内庁に光格天皇についての調査を求めたことが新聞記者らの間で話題になり、歴史を辿ると、生前退位が二〇〇年前の光格天皇の譲位以来であることが知られるようになった。約二〇〇年も前とはいえ、生前退位の直近の先例が光格天皇だったのである。明仁天皇は、退位後の光格上皇のあり方についても強い関心を持ち、その調査を求めたという。こうして光格天皇（上皇）は、図らずも埋もれていた歴史の片隅から呼び出され、にわかに脚光を浴びることになった。光格天皇は、皇位に就いたことを「不測の天運」と自ら表現した。皇位に就いてからすでに二四〇年近くもたった今日、再びその存在が注目されるとは、不躾ながらこれもまた「不測の天運」と苦笑されているかもしれない。

これまで光格天皇について日本史研究者の間では、歴史上最後の上皇や院政と書かれてきた。しかし、そうとは言えなくなることになった。院政はともかく、明仁天皇が上皇を復活させたからである。後世の歴史書や年表に、二〇一九年は光格天皇以来約二〇〇年ぶりの生前退位と上皇の再興、と記されることだろう。

光格天皇とは

現天皇と光格天皇との関わりは、たまたま譲位の直近の先例だったという偶然だけではない。現天皇家は、実は光格天皇から始まる血統を引き継いできた、光格系ともいうべき家である。江戸時代は、皇位を天皇である父親から実子へと嗣いできた。しかし、光格天皇は前天皇の実子ではなく、閑院宮《かんいんのみや》家という宮家に生まれて天皇の養子になり皇位に就いた。そして、この光格天皇から、仁孝《にんこう》、孝明《こうめい》、明治、大正、昭和と嗣いで現天皇に至っている。つまり、現天皇家は光格天皇から始まる血筋ともいえる。光格天皇と現天皇家とは、このような深い縁を持っているのである。

天皇の実子ではなく宮家という傍系から皇位に就いたことは異例である。在位が三八年（上皇として二三年）というのは、江戸時代はもとより歴代でも異例の長さである。生母は公家ではなく、伯耆倉吉出身の浪人医師ともいうべき身分の者の娘というのも異例である。光格天皇は、このように異例ずくめの天皇でもあった。

江戸時代の天皇そのものがほとんど知られていなかったこともあり、光格天皇の名を知る人もごく限られていた。しかし、江戸時代の天皇・朝廷に関する歴史研究が進み、約三〇年ほど前からその存在が注目されるようになった。たとえば現行の代表的な高等学校日本史教科書である『詳説日本史B』（山川出版社、二〇一六年版）には、「後桃園《ごももぞの》天皇の急死（一七七九年）後、閑院宮家から迎えられた光格天皇が即位した」「朝廷の側からも、光格天皇のような朝廷復古を求める考え方が強く打ち出された」などと、光格天皇に関わる基本的な情報が書き込まれている。

光格天皇は、十八世紀末に閑院宮家という宮家の王子に生まれながらも皇位に就き、在位中は、さまざまな朝儀・神事を再興し復古させることにより朝廷の再興に努め、そのためには江戸幕府に強い姿勢をとり、時に軋轢を起こしながら奮闘した。その結果、天皇・朝廷の権威を高め、幕末になると、孫にあたる孝明天皇は高い権威を帯び、幕府と反幕府勢力の双方からかつがれて政治の頂点に浮上していった。諸政治勢力による激しい政治・軍事闘争は、明治維新により近代天皇制を生み出すことに帰結した。光格天皇は、明治維新、近代天皇制の起点を生み出した重要な人物だったともいえる。その点でまことに「不測の天運」のもとに生まれてきたと言わざるを得ないが、ただ「天運」だけではなく歴史に主体的に関わり、結果的に歴史を切り開いた人生だったともいえる。

光格天皇とはいかなる人物、天皇であったのか、当時の生の史料を使って忠実にその生涯を追ってみよう。

なお、「光格天皇」とは死後の称号であり、生前は兼仁《ともひと》天皇（上皇）であった。天皇という称号すらほとんど使われることはなく、主上《しゅじょう》、禁裏《きんり》、禁中《きんちゅう》などと称されていた。本書では、すべて「光格天皇」を用いるが、叙述上の便宜的なものであることを断っておきたい。また、天皇に関しては特別の用語を用いることが多いが、著者はそれに精通していないので一般的な用語を使用する。

朝廷と幕府の基礎知識

光格天皇の時代に、朝廷がものごとを決める仕組みとそれに関わる人びと、および朝廷に関わる幕府側の仕組みと役人について、本書を読み進めるうえで必要と思われる制度をごく簡単に説明しておきたい。

朝廷（公家集団）のトップは天皇である。天皇が、朝廷の政務を処理し最終的な意思決定を行っていた。それは、幕府の将軍、藩の藩主と同じことである。天皇の政務処理を補佐したのが、関白《かんぱく》（摂政《せっしょう》）と武家伝奏《てんそう》および議奏《ぎそう》である。幕府では老中と諸奉行、藩では家老と諸奉行であった仕組みに似ている。

天皇が一五歳になるまでは摂政がおかれ、天皇に代わって政務を処理し、一五歳になると関白に替わり、天皇の政務を補佐した。譲位した上皇がいれば、天皇が二〇歳位になるまでは、摂政あるいは関白とともに実質的に政務をみたが、それ以降は天皇に政務を委譲した。

朝廷を運営する執行部は、関白（摂政）と武家伝奏・議奏（合わせて両役《りょうやく》と呼ばれる）で、関白両役制である。公家たちはその決定と指揮に従う義務があり、背けば幕府の力によって処罰された。五摂《せっ》家《け》（近衛《このえ》・一条・二条・九条・鷹司《たかつかさ》家）が関白（摂政）職を独占し、他の公家を家礼《けらい》として従属させる絶大な権力を持っていた。武家伝奏は関白に次ぐ朝廷の重職で、幕府との交渉・連絡にあたった公家（定員二名で両伝奏ともいう）、議奏（定員五名）は天皇に近侍して政務の審議に関わり、さらに天皇の命令を伝え議事を奏上する、取次の役を果たした公家であった。一般の公家たちは、小番《こばん》といって交代で禁裏御所に詰めて諸用務を担う義務があったが、なかでも近習《きんじゅう》小番は天皇の傍《そば》近くに詰めたため天皇への影響力を持っていた。

この関白両役制は、朝廷の執行機構であるとともに、幕府の朝廷監督機構でもあった。関白と両役には、いずれも幕府から役料《やくりょう》が支給された。また関白と両役の人選は、朝廷の自由にはならず、幕府の承認あるいは同意を必要とした。とくに武家伝奏に至っては、就任時に幕府に忠誠を誓う誓詞《せいし》を提出しなければならなかった。

幕府は、京都に所司代《しょしだい》（一名。譜代大名の役で、任を終えると老中に昇進）をおいて朝廷や公家の案件を担当させた。所司代の指揮を受け、禁裏《きんり》御所に関わる日常的な諸問題を処理したのが禁裏付《づき》（定員二名。旗本の役。付武家とも）である。交代で毎日参内し、禁裏御所の警備と天皇・公家の行動の監視、および朝廷の財政運営などに関与した。よくいえばお世話役、悪くいえば監視役である。

日常的には武家伝奏と禁裏付が連絡を取り合い、ときに関白・武家伝奏と所司代が直接に相談して意思疎通を図っている。幕府に対する朝廷の要望は、武家伝奏から所司代に「御内慮《ごないりょ》」（天皇の内々のお考え、という意味）の名称で伝えられ、必要に応じて所司代は江戸の老中に可否を伺った。老中は評議のうえ将軍の裁可を経て所司代に回答し、それが武家伝奏から関白・天皇に伝えられた。要望が

京都御所（京都市上京区京都御苑）

二条城（京都市中京区二条城町）

内々で幕府に受け入れられると、正式に、あるいは表向きに「御内慮書」・「御沙汰書」が武家伝奏から所司代に渡され、それが江戸に送られて認められると正式決定になる。朝廷と幕府との間のやり取りを図に示すと、おおむね次のようになる。

【天皇⇕関白⇕武家伝奏⇕所司代⇕老中⇕将軍】

なお朝廷（禁裏御所）を維持する経費は、幕府が進上した禁裏御料の年貢、後には進上される御定高という定額金により賄われた。御所の造営・修造、各種の特別な儀礼に関わる費用は、それとは別に幕府が負担し、朝廷は幕府の丸抱えだったといえる。

光格天皇——自身を後にし天下万民を先とし　目次

はじめに

図版写真一覧

光格天皇略系図

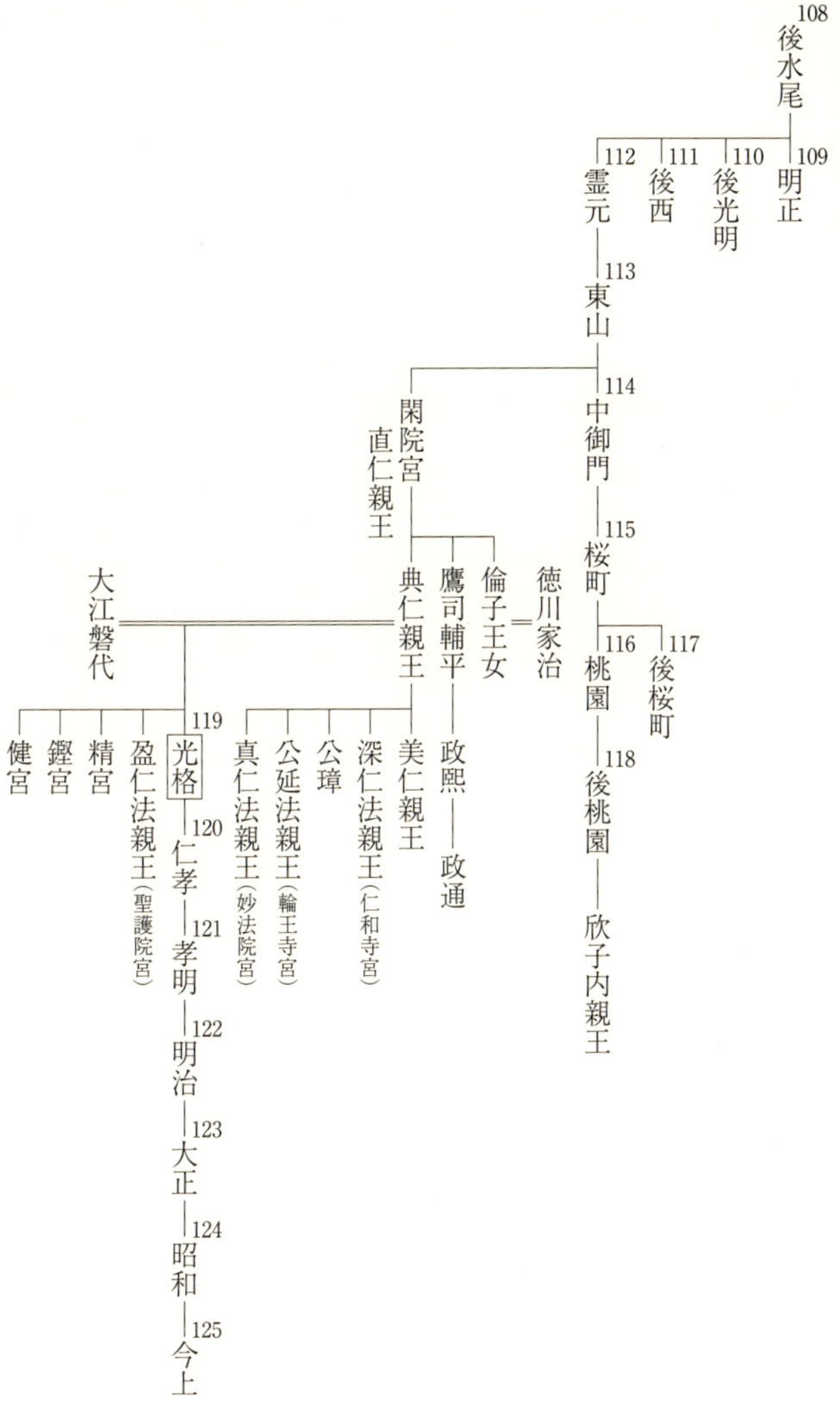
108 後水尾
109 明正
110 後光明
111 後西
112 霊元
113 東山
114 中御門
閑院宮直仁親王
115 桜町
116 桃園
117 後桜町
118 後桃園
欣子内親王
徳川家治
倫子王女
鷹司輔平
典仁親王
大江磐代
政熙
政通
美仁親王
深仁法親王（仁和寺宮）
公璋
公延法親王（輪王寺宮）
真仁法親王（妙法院宮）
119 光格
盈仁法親王（聖護院宮）
精宮
鐙宮
健宮
120 仁孝
121 孝明
122 明治
123 大正
124 昭和
125 今上

近世天皇表

天皇名	生年	受禅年	践祚年	譲位年	在位年数	没年
後水尾	1596	1611(16)		1629(38)	18	1680(85)
明正	1623	1629(7)		1643(21)	14	1693(74)
後光明	1633	1643(10)			11	1685(22)
後西	1637		1654(18)	1663(27)	9	1685(49)
霊元	1654	1663(10)		1687(34)	24	1712(79)
東山	1675	1687(13)		1709(35)	22	1709(35)
中御門	1701	1709(9)		1735(35)	26	1737(37)
桜町	1720	1735(16)		1747(28)	12	1750(31)
桃園	1741	1747(7)			15	1762(22)
後桜町	1740		1762(23)	1770(31)	8	1813(74)
後桃園	1758	1770(13)			9	1779(22)
光格	1771		1779(9)	1817(47)	38	1840(70)
仁孝	1800	1817(18)			29	1846(47)
孝明	1831		1846(16)		20	1866(36)
明治	1852		1867(16)		45	1912(61)

注：(　) 内の数字は数え年齢。

第一章　十八世紀末、時代と光格天皇

1　近世の曲がり角

光格天皇は、十八世紀末から十九世紀半ば近くまでの時代を、天皇・上皇として生きた。ここでは、天皇在位の時期である十八世紀末から十九世紀初頭とは、どのような政治的・社会的、さらには思想的状況にあったのか、すなわち、光格天皇を取り巻く客観的な状況はどのようなものであったのかをみておきたい。

幕府権威に陰り

江戸時代中期の著名な儒学者である荻生徂徠《おぎゅうそらい》は、八代将軍徳川吉宗《よしむね》の求めに応じて差し出した政治論、『政談《せいだん》』(『日本思想大系30　荻生徂徠』岩波書店。『政談』岩波文庫)のなかで、「天下の諸大名は、みな徳川将軍の家来なのだが、官位は天皇から綸旨《りんじ》・位記《いき》などの叙任《じょにん》の文書が下されるため、心の底では天皇こそ本当の主君だと思っている者もいる、当分の間は将軍家の威勢が怖いので家来になっているだけだ、という心根がなくならなければ、世の末（将軍の威勢が衰えること）になったときに安心できない」と指摘していた。大名のなかには、本当の主君は天皇で、今は徳川将軍家の威勢を恐れ臣従しているだけだと思っている者がいるので、威勢が衰えたら恐ろしいことになる、という警告である。

「御威光」「御武威（徳）」などと表現される徳川将軍の強い威勢・権威は、十八世紀末に陰りが出始めてきた。それを象徴したのが、天明《てんめい》七年（一七八七）五月の「天明の江戸打ちこわし」である。五月二十日から二十三日にかけて、江戸市中の米屋をはじめ質屋・酒屋など米を持っている、あるいは隠し持っていそうな九〇〇軒以上もの商家が、下層住民らにより打ちこわされた。老中田沼意次《たぬまおきつぐ》辞職後もなお幕政を握っていた田沼により引き立てられた人びとが、この打ちこわしの責任を追及されて失脚し、徳川吉宗の孫にあたる白河藩主松平定信《さだのぶ》が老中に就任した。まさに打ちこわしが引き起こした政変だった。

『天明大政録』（『日本経済大典』第二十二巻）に、松平定信が語ったこととして、「明和《めいわ》元年（一七六四）に関八州のうち上州の住民が起こした騒動（明和の伝馬《てんま》騒動と呼ばれる江戸時代最大規模の一揆）でさえ、将軍の御威光が薄く恥辱であったが、将軍お膝元ですらこのような騒動（天明の江戸打ちこわし）が起こり、幕府政務の間違いを見抜いた騒動は前代未聞のことで、これ以上の世の衰えを示すものはなく、戦国時代より危うい時節になった」という指摘がある。将軍のお膝元である江戸における大規模な打ちこわしは、将軍の御威光の衰えをはっきりと示し、幕府政務の失態を見抜いた行動に強い危機感を持ったことを示している（実際に定信が語ったことではないものの、為政者層の危機感を示す）。

打ちこわし直後の江戸で情報収集にあたった幕府御庭番《おにわばん》梶野《かじの》平九郎《へいくろう》は、「町方一同が騒動を起こしたのは、将軍・幕府を恐れ慎まない行為であり、「御威光」も薄く、あれこれと将軍・幕府のことを批判している」（「風聞書」『東京市史稿』産業篇三十、一九八六年）と書き、打ちこわしは将軍・幕府政治への批判であり、将軍の御威光の失墜であると指摘した。

権大納言今出川《いまでがわ》実種《さねたね》は、京都に近い大坂とその周辺の打ちこわし騒動の噂を聞いて「大乱近きにあり」、遠い江戸の打ちこわしの風聞を聞いて「兵乱のごとし」と日記（「実種公記」東京大学史料編纂所蔵）に書いて、幕府の武威の低下を感じ取っている。

対外的危機の登場

問題は国内からだけではなく、海の外からもやってきた。ロシアは、シベリアを征服し十七世紀末にカムチャッカ半島に到達、さらにアリューシャン列島からアラスカへ進出し、一七六〇年代には千島（クリル）列島を南下して支配下におき、蝦夷地に接近した。強大国ロシアが直近の隣国になったのである。ロシアは、北太平洋北米海岸のラッコなどの毛皮をめぐるイギリス・アメリカとの競争と抗争が始まり、毛皮を獲得する拠点である北米植民地や千島列島を維持するのに必要な物資を確保するため、対日通商関係の樹立を試みるようになった。

ロシアの動静を知った幕府は、田沼時代の末期に二度にわたり蝦夷地調査団を派遣し対応策を模索した。寛政《かんせい》四年（一七九二）には、日本との国交と通商関係の樹立を試みるため、日本人漂流民大黒屋光太夫らの送還をかねて、使節としてラクスマンが来日した。こうしてロシアの脅威は現実のものとなった。

対外的な危機は北からだけではなかった。北太平洋北米海岸で入手した毛皮を、中国唯一の貿易港であった広州に持ち込んで売却する貿易ルートが活発化すると、その航路上にある日本に、イギリス、アメリカ、フランスなどが関心を持ち始めた。そのなかで寛政三年には、アメリカやイギリスの冒険的商人が貿易を試みるため日本を訪れるようになった。このような欧米諸国の日本への接近は、江戸時代の対外関係・秩序である「鎖国」体制を動揺させ、不安定化させた。対外的な危機が迫り始めたのである。

こうして十八世紀末の日本は、国内、国外に深刻な問題を抱え込んだ、まさに内憂外患の時代に入ったのである。この内憂外患の時代になったがゆえに、その存在が注目され、新たな意味づけを与えられたのが、天皇・朝廷だった。風は外から吹いてきたのである。

「尊王」の台頭

尊王とは、天皇を尊ぶことである。「寛政の三奇人」とは、海岸防備の重要性を説いた林子平《はやししへい》、勤王（皇）を唱えて諸国を遊説した高山彦九郎《たかやまひこくろう》、歴代天皇陵の荒廃を嘆き畿内の天皇陵を調査して『山陵志《さんりょうし》』（享和《きょうわ》元年〈一八〇一〉成立）を編修し、ロシアの侵攻に備える海岸防備を説いた『不恤緯《ふじゅつい》』（文化四年〈一八〇七〉成立）を幕府に提出した蒲生君平《がもうくんぺい》のことである。その先駆性ゆえに、「奇人」とされる段階だった。京都三条大橋の東詰に御所の方角を向いて平伏する銅像のある高山彦九郎のように、「早すぎた尊王家」として自害することになったり、林子平のように、奇怪異説を唱え人心を惑わしたという罪で弾圧され、著作の版木没収と蟄居《ちっきょ》謹慎の処罰を受けたりした。

「寛政の三奇人」が、対外的危機に警鐘を鳴らした人物と尊王を説いた人物である点が重要である。つまりこの三人は、十八世紀末に天皇と対外的危機が重要な要素になりつつあったことをよく示すからである。

尊王論自体は江戸時代を通じて存在する。朱子学の君臣の名分論《めいぶんろん》からする尊王は当初からあり、とくにそれを強調する水戸学の発展がある。神道からは、天照大神と天皇への忠誠を説く垂加《すいか》神道とその影響を強く受けた神道説が勢力をもってきた。そして、賀茂真淵《かものまぶち》（一六九七〜一七六九）から本居宣長《もとおりのりなが》に続く国学の発展がある。さまざまな学問、学説の発展を基礎にして尊王思想は広く深く浸透し始めた。

そのなかで、「皇国《こうこく》」という語が普及し、さらに尊王の効用を説く主張も登場するようになった。

「皇国」の普及

渡辺浩氏『東アジアの王権と思想』によると、十八世紀の末、寛政期頃から、「皇国」「皇朝《こうちょう》」の語がしきりと使われるようになる。「皇国」とは、「天皇の統治する国の意」と『広辞苑』に説明がある。渡辺氏によると、「皇国」とは「自国を天皇なるものを戴《いただ》く類例のない国と自己規定し、さらにそういうものとしての自国を諸外国に対して誇る意味合いを、構造上、含んでいる」という。「皇国」とは、日本は天皇を頂点にいただく世界に冠たる国、という誇りを表現する語、ということになる。

「皇国」の早い使用例は賀茂真淵で、「皇朝《すめらみかど》」「皇国《すめらみくに》」を多用し、元文《げんぶん》三年（一七三八）以降、入門者に提出させる誓詞に、「皇御国迺上代乃道《すめらみくにのかみよのみち》」という文言が入るようになった。そして、本居宣長

『玉くしげ』（寛政元年〈一七八九〉刊）以降、儒者も「皇国」と書くようになったという。寛政の三博士と謳われた儒学者の尾藤二洲《びとうじしゅう》（一七四五～一八一三）は、『静寄余筆《せいきよひつ》』（天明七年〈一七八七〉）のなかで「皇朝」を用い、松江藩儒者の桃西河《ももせいか》（一七四八～一八一〇）は、『坐臥記《ざがき》』のなかで、「その書（本居宣長『馭戎慨言《ぎょじゅうがいげん》』）に曰く、唐土を中華と名づけて貴ぶは僻言《ひがごと》なり、皇国こそ万国第一の尊国なり、この事真に然《しか》り」と書く。中国を「中華」とする儒学者すら、「皇国」を世界一の国とする。

儒者だけではない、洋学者も使う。越村美久羅《こしむらみくら》は、寛政十年に書かれた洋学者大槻玄沢《おおつきげんたく》『蘭説弁惑《らんせつべんわく》』の跋文《ばつぶん》に「皇国」を用い、「鎖国」の語を初めて用いて有名な志筑《しづき》忠雄『鎖国論』（享和《きょうわ》元年〈一八〇一〉）は、「皇国はその無数の島嶼《とうしょ》をもって地球の万国あるに応ずるなれば」「是《これ》また皇国の皇国たる所以《ゆえん》なるべし」と書く。国学者は当然として、儒学者から洋学者までが、自国を誇る「皇国」を使うようになった。まさに「皇国」の普及である。

日本を「皇国」と誇る理由は、王朝が頻繁に交替する中国と比べ、「万世一系」の天皇が続く国家の安定性への誇りである。それは、山鹿素行《やまがそこう》らが十七世紀後半以降、「万世一系」の天皇の存在を誇る意識と同じである。この「皇国」意識は、その後昭和二十年（一九四五）まで、国家的、民族的な危機に直面すると、国家的統一や民心統一のスローガンとして強調された。幕末になり対外的危機が深刻化するとともに、尊王と攘夷《じょうい》論が結びついて尊王攘夷論となり、「皇国」観念はますます氾濫し、それに支えられて天皇は政治の頂点に押し上げられていった。その前提は十八世紀末から始まり、おもむろながら天皇・朝廷の政治的浮上を支え、朝廷と幕府の関係（朝幕関係）の変化を生み出す。

内憂外患と大政委任論

天明の大飢饉、全国的な一揆・打ちこわしの激発に象徴される社会不安が、各方面に深刻な影響を及ぼした。幕府や藩など為政者に対する批判は高まり、領主身分と百姓・町人身分の関係だけではなく、幕府と藩の関係にも軋《きし》みが生まれ始めた。それは、幕藩体制という江戸時代の政治秩序の動揺を意味する。さらに、ロシアの蝦夷地《えぞち》接近、欧米諸国の商船の渡来など対外的危機も迫り、江戸時代の対外関係の秩序も動揺し始めた。つまり、内憂外患の始まりである。この事態は、将軍・幕府の「御威光」を立て直し、動揺し混沌とし始めた江戸時代の政治・外交・社会の秩序を再構築し、安定させることを迫った。そのなかで着目され、クローズアップされたのが天皇の存在だった。そこに、天皇・朝廷が浮上する条件、きっかけが生まれてきたのである。

そこに大政委任《たいせいいにん》という政治論が登場してきた。大政委任論とは、天皇・朝廷が政務（政治・統治権）を徳川将軍・幕府に委任している、とする政治論であり、天皇の権威によって将軍・江戸幕府が全国を支配することを正統化する役割を果たした。天皇が公式に文書などによって将軍に大政委任したのは文久《ぶんきゅう》三年（一八六三）のこと、とよくいわれるが、その時は政務全般ではなく「征夷将軍」、すなわち軍事指揮権のみの委任だった。その後も、重大事を除いた政務委任が表明されただけである。将軍・幕府が、天皇・朝廷から政務を全面的に委任され、天皇・朝廷からなんらの干渉を受けることなく政治を行うという主旨での大政委任は、現実政治の場では成立しなかったことになる。

しかし、嘉永《かえい》六年（一八五三）六月に来日したペリーへの回答をめぐって、朝廷は、幕府に政務委任しているのでとやかく言わないが（「当時関東〈江戸幕府〉へお任せの儀、左右はあらせられず候えども」）

と申し入れている。また、安政《あんせい》五年（一八五八）の日米修好通商条約勅許問題の際、右大臣鷹司輔熙《すけひろ》は、国政と軍事は幕府へ委任（「すべて国政・武備《ぶび》向きは関東〈江戸幕府〉へ任せられ」）、議奏徳大寺公純《とくだいじきんいと》は、政務は幕府へ委任（「元来御政務東武《とうぶ》〈江戸幕府〉へ御倚任《いにん》の儀」）と記し、議奏の坊城俊克《ぼうじょうとしかつ》もほぼ同様の主旨を語っている（『孝明天皇紀』二）。つまり、朝廷と幕府の間で文書などにより確認したことはないが、実態として政務（国政と軍事を含め）委任の関係にあることは幕末の常識だったのである。

幕府は、幕末を除くと天皇・朝廷から干渉を受けることなく政務を行ってきた。しかし、十八世紀末になり、政治秩序が動揺し始めると、その正統性が問われかねない事態になった。政治秩序を立て直し、政権の正統性の根拠を与える政治論が登場した。それが大政委任論である。

本居宣長の大政委任論

通常、大政委任論といえば国学者の本居宣長（一七三〇～一八〇一）の説である。宣長は、天明六年（一七八六）に執筆し寛政元年（一七八九）に刊行した『玉くしげ』（岩波文庫『玉くしげ・秘本玉くしげ』）のなかで、次のように論じている。

> さて今の御代と申すは、まづ天照大御神《あまてらすおおみかみ》の御はからひ、朝廷の御任《みよさし》によりて、東照神御祖命《あずまてるかみみおやのみこと》より御つぎ〳〵、大将軍家の、天下の御政《みまつりごと》をば、敷行《しきおこな》はせ給《たま》ふ御世にして、その御政を、又一国一郡と分て、御大名たち各これを預り行ひたまふ御事なれば、その御領内〳〵の民も、全く私の民にはあらず、国も私の国にはあらず、天下の民は、みな当時これを東照神御祖命御代々の大将軍家へ、天照大御神の預けさせ給へる御民なり、国も又天照大御神の御預けさせたまへる御国なり、

天照大神（天照大御神）が東照大権現（東照神御祖命）、その子孫である徳川将軍に天下の政治を委任し（「御任」）、将軍がそれを各大名に分け預けている、という考え方である。つまり、天皇→徳川将軍→大名、という政務委任の仕組みを論じている。天照大神が、東照大権現とその子孫である徳川将軍に、天下の人民と国を預けているという、天皇・朝廷から将軍への大政委任論を展開した。

宣長の説は、幕府の全国支配、大名の藩領支配、そして幕藩体制という江戸時代の支配機構の正統性を、天皇権威により理論づけたものである。百姓・町人を支配している幕府や大名は、天皇から委任されて支配しているのだから、これを批判したり抵抗することは、天照大神とその子孫である天皇を批判し抵抗することになる、という理屈になる。幕藩体制という江戸時代の支配の仕組みを、天皇により正統化し、その秩序を安定させる主張である。

この大政委任という考え方は本居宣長だけではなく、それに類似した議論をする人びとがいる。宣長の考え方の影響があるのかないのか具体的にはよく分からないが、いくつかを紹介しておこう。

幕臣・儒者・洋学者の大政委任論

幕府老中松平定信は天明八年（一七八八）八月、「将軍家御心得十五か条」（『樂翁公傳』）を書いて当時十六歳の将軍徳川家斉《いえなり》に差し上げ、将軍としての心得を諭した。そのなかで、「古人も、天下は天下の天下、一人の天下にあらずと申し候、まして六十余州は禁廷《きんてい》より御預かり遊ばされ候御事に御座候へば、かりそめにも御自身のものと思し召すまじき御事に候、将軍と成らせられ天下を御治め遊ばされ候は、御職分に候」と書いている。松平定信は、「六十余州」すなわち日本の国土と人民は天皇・朝廷から将軍に預けられたもので、将軍のものではない、それを統治するのが将軍の職分（職責）である、と少年将軍を諭した。徳川将軍は国土と人民を天皇から預かっている、という解釈は宣長の大政委任論の核心である。幕府職制のトップである、しかも将軍吉宗の孫である老中が、大政委任の思考を持っていたのである。

知行三〇〇〇石の旗本で、家学（家職）ともいうべき有職故実《ゆうそくこじつ》を研究し、『貞丈雑記《ていじょうざっき》』『安斎随筆《あんざいずいひつ》』など多数の著作を遺した伊勢貞丈《さだたけ》（一七一七〜八四）は、天明元年（一七八一）の著作である「幼学問答」（『安斎随筆』『改訂増補　故実叢書』8）のなかで、「日本にては、国常立尊《くにとこたちのみこと》より以来今日に至るまで、王位天子を亡《ほろ》ぼし王位を奪ひ、国号を立てたる事は曾《かつ》てこれ無く候、東照宮も天子を亡ぼし給《たま》はず、王位を奪ひ給はず、国をば天子より預り給ひ、国の政《まつりごと》を行ひ給ひて国号は改め玉《たま》ひし事なければ」と書いている。

日本の国のかたち、君臣の秩序を歴史のなかで論じ、徳川家康は天皇から日本国を預かって国政を行い、歴代将軍は天皇から任命されて国政を担当していると解説する。幕府の支配を天皇によって正統化するのが主題ではなく、徳川家康が天皇との君臣の秩序を守ったことを讃えたものだが、大政委任という考え方のひとつである。幕臣が大政委任の考え方を書き残した点では、最も古いものであろう。

大坂懐徳堂《かいとくどう》の学主で儒者の中井竹山《ちくざん》（一七三〇〜一八〇四）は、老中松平定信の求めに応じて寛政元年（一七八九）に執筆した『草茅危言《そうぼうきげん》』（『日本経済大典』第二十三巻）のなかで、「聖天子《せいてんし》（天皇）宇《う》に当たらせ給い、関東（江戸幕府）賢治《けんち》委任を専《もっぱ》らにせさせられ」と、天皇から徳川将軍への政治の委任を語っている。

『蘭学事始』の著者として著名な洋学者の杉田玄白《げんぱく》（一七三三～一八一七）は、文化三年（一八〇六）秋から始まったロシアとの蝦夷地における紛争の解決策を論じた『野叟獨語《やそうどくご》』（『日本経済大典』第二十九巻）のなかで、「兼ねて知れたる弱兵をもって立ち向ひ、一時に大敗を取りては末代迄の御恥辱、ことに　天子より御預りの土地を一寸なりとも穢《けが》され玉《たま》ひては、もってのほか相済《すま》ざる事なり」「夷《い》狄《てき》の鉄砲玉壱つ下民の頭の上を越させ給ひては相済まざる御事」と書いている。洋学者玄白もまた、将軍は天皇から国土と人民を預かっているのだから、外国から国土を汚されたり、人民が危険にさらされないようにしなければならない、という認識を持っていた。これも大政委任論である。

大政委任という考え方、政治論が登場したことは重要である。しかし、幕府や朝廷が、その政治的関係を律するものとして明確に認識していたということではない。現実政治の場で深刻な問題になるのは、幕末期をまたなければならない。

尊王の効用

大政委任という考え方が、幅広く思想家・知識人に普及してきた。さらに、冷静かつ冷徹に天皇・朝廷を利用することが持つ、政治的効用に着目する人びとも出てきた。

幕末の尊王攘夷運動に思想的に大きな影響を与えた水戸学（水戸学は前期と後期に分けて説明され、この場合は後期）の祖とされる藤田幽谷《ゆうこく》は寛政三年（一七九一）、時の老中松平定信の求めに応じて『正名《せいめい》論《ろん》』（『日本思想大系53　水戸学』）を書いた。そのなかで、幕府が天皇を尊べば諸大名が幕府を尊び、その家臣は大名を尊ぶ、これにより上下の秩序は保たれて国内の平和が維持されるので、その結果、幕府の地位は安泰になる、という主旨を展開した。〈天皇→将軍→大名→家臣〉という尊崇の図式による秩序の安定を説いたもので、天皇を尊崇する姿勢を示すことが持つ政治的効用をリアルに示している。

江戸幕府も、さまざまな局面で天皇尊崇・崇敬の姿勢や態度を示すことを求められるようになった。幕政担当者は、たえずそのことを念頭において朝廷との関係を処理することを迫られてゆく。藤田幽谷の後継者である会沢安《あいざわやすし》（正志斎）は、『新論』（同前所収）のなかで、民衆まで含めた人心統一・統合の核に天皇を据えた議論を展開し、尊王攘夷の志士たちに強い影響を与えた。

以上のような十八世紀末から十九世紀初頭にかけての政治と社会の現実、および皇国や大政委任論など天皇に新たな意味づけを与える思想の動向を踏まえたうえで、以下に七〇年にわたる光格天皇の生涯を追ってみよう。

2　光格天皇の誕生

出　生

光格天皇は明和《めいわ》八年（一七七一）八月十五日に生まれ、天保《てんぽう》十一年（一八四〇）十一月十九日に七〇歳で亡くなった（以下、年齢はすべて数え年）。父は閑院宮典仁親王《かんいんのみやすけひと》（享保《きょうほう》十八年〈一七三三〉〜寛政六年〈一七九四〉。明治十七年〈一八八四〉に慶光《きょうこう》天皇と追贈された。その発端については後に尊号一件の所で触れる）の第六王子（宮家の男子は王子、女子は女王）として誕生した。母は家女房《いえのにょうぼう》

（大江磐代《おおえのいわしろ》。蓮上院）。幼名は祐宮《さちのみや》。ちなみに、曾孫にあたる明治天皇の幼名も祐宮である。

閑院宮家は、後水尾《ごみずのお》天皇の孫東山《ひがしやま》天皇の第六皇子直仁《なおひと》親王（天皇の男子は皇子、女子は皇女）に始まる宮家である。宮家の創設は宝永《ほうえい》七年（一七一〇）、宮号が閑院宮と定められたのは享保《きょうほう》三年（一七一八）。最も新しい宮家で、新宮家の創設は新井白石《あらいはくせき》の建言による。白石が新宮家創設を献策した理由は、次の二点であろう。(1)徳川将軍家が、家康《いえやす》—秀忠《ひでただ》—家光《いえみつ》—家綱《いえつな》の四代までは親から子へ将軍職を世襲できたが、五代将軍綱吉《つなよし》は家光の子で家綱の養子になって将軍になり、六代将軍家宣《いえのぶ》は家光の子

閑院宮典仁親王（慶光天皇）
（宮内庁書陵部蔵）

閑院宮邸跡（京都御苑）

綱重《つなしげ》の子で、綱吉の養子になり将軍となった。つまり親から子へと安定的に将軍職を継げなくなったこと。(2)江戸時代の天皇の男子は、近現代と異なり新宮家をつくれないので、天皇を嗣ぐ皇子以外の多くは出家し宮門跡《もんぜき》寺院に入った（なお、中には宮家を相続する皇子もいた）。つまり新宮家の創設は、天皇になるか出家するかの選択肢しかなかったのを、いくぶんか緩和する意味もあった。

世襲親王家　宮家とは世襲親王家のことである。親王の称号を許された皇族の家で、室町時代から江戸時代中期に創設され世襲されるようになった。江戸時代には、伏見《ふしみ》宮、桂《かつら》宮（八条宮、京極宮）、有栖川《ありすがわ》宮、閑院宮の世襲四親王家が存在した。親王家の継承は、親王の子である王子か天皇・上皇の皇子に限られた。親王家も、親王を嗣がない王子の多くは、出家して宮門跡に入寺した（なお、中には摂家の養子に入る王子もいた）。本書冒頭の近世天皇表にみるように、十八世紀半ばから末にかけては、天皇が短命のため皇子が少なく、宮家が宮門跡門主の供給源になっていた。

明和八年の宮門跡門主の出身を示すと、輪王寺《りんのうじ》―閑院宮家、仁和寺《にんなじ》―閑院宮家、妙法院《みょうほういん》―閑院宮家、聖護院《しょうごいん》―中御門《なかみかど》天皇皇子、照高院《しょうこういん》―無住、青蓮院《しょうれんいん》―伏見宮家、知恩院《ちおんいん》―桂宮家、勧修寺《かんしゅうじ》―伏見宮家、一条院―桂宮家、梶井《かじい》―有栖川宮家、曼殊院《まんしゅいん》―閑院宮家、実相院《じっそういん》―無住、毘沙門堂《びしゃもんどう》―無住、である。一三の宮門跡のうち、皇子は一人、宮家からが九人、無住が三寺という内訳になり、圧倒的に宮家から門主になっている。門主になるべき皇子・王子が不足し、無住になっている宮門跡もある。無住になることを避けるためには、宮門跡は早めに宮家の王子を確保しておく必要があった（宮門跡の相続については、石津裕之「近世中期における宮門跡の相続」『日本歴史』八三四、二〇一七年）。

祐宮は、誕生の翌年安永《あんえい》元年九月十六日、聖護院宮忠誉《ちゅうよ》法親王（中御門天皇の皇子。当時五一歳）の付弟《ふてい》とされ、ゆくゆくは出家し聖護院門跡を嗣ぐことに決まった。祐宮は、わずか二歳で将来が決まったのである。これは、天皇にならない皇子、宮家を嗣がない王子のありふれた運命であった。なお、祐宮は後に天皇になったので、弟の盈仁《えいじん》法親王が聖護院門跡の門主になった。天明八年（一七八八）の大火により禁裏御所が焼失したため、光格天皇が聖護院を仮御所としたのは何かの因縁というべきか。

祐宮は、入寺するまでの日々を閑院宮家で過ごすことになった。

青天の霹靂、践祚　ところが、祐宮九歳の安永八年（一七七九）十一月、突如践祚《せんそ》することになり、その生涯は数奇なものへ激変した。当時の後桃園《ごももぞの》天皇（在位は明和七年〈一七七〇〉から安永八年）が、その年の七月頃から浮腫《ふしゅ》（むくみ）ができ、十月中旬にかなり容体が悪化、とうとう十月二十八日に皇嗣を決めないうちに急逝してしまった。まだ二二歳だった。急遽次の天皇を決めなければならなかった。

後桃園天皇には、この年（一月二十七日誕生）に生まれた生後一〇か月の皇女しか子供がいなかった。皇統の危機である。本書冒頭の近世天皇表にみるように、十八世紀前半から末にかけて、短命の天皇が続き女性天皇（女帝）も登場するなど、綱渡りのようにきわどく皇統を繋いできた。しかし、ここに至って親から子へ皇位を嗣ぐことができない事態を迎えてしまった。その死を秘して幕府と交渉し、祐宮に白羽の矢が立ったのである。

当時の公家たちも、跡を嗣ぐべき適当な皇子・皇女がいない事態を深刻にとらえていた。柳原紀光《やなぎわらもとみつ》は「ひとえに朝家（天皇家）の大事、天下の安危この期にあり」、野宮定晴《ののみやさだはる》（定和）は「天下の大事」「前代未聞」と記し、皇統断絶の危機を天下の一大事と認識した。野宮定晴はさらに、綱渡りのような皇位継承が続いている近年の事態を、「近代皇統微々縷《いと》のごとし、恐歎にたえず」と表現し、皇統をかすかに細い糸で繋いでいるようだと恐れおののいている（『後桃園天皇実録』）。

世襲四親王家のうち、伏見宮家は十四世紀半ばに成立した宮家のため、当時の天皇家の血筋からあまりに遠い。桂宮家は当主不在、有栖川宮家は当主がまだ二六歳で、適当な王子もいない。閑院宮家は本書冒頭の光格天皇略系図にみるように、後桃園天皇の四代前の東山天皇の皇子直仁から始まる宮家で、最も当時の天皇家に血縁が近い。さらに、安永八年の時点で、閑院宮典仁親王の王子は、継嗣の美仁《はるひと》親王（二三歳）、仁和寺門跡の門主深仁法親王（二一歳）、後に輪王寺門跡門主となる公延法親王（一八歳）、妙法院門跡の真仁法親王（一一歳）、九歳の祐宮、祐宮の弟で梶井門跡の門主寛宮《ひろ》（八歳。後に聖護院門跡の門主盈仁《えいじん》法親王）、祐宮の弟で二歳の健宮《たけ》がいた。年齢と、まだ宮門跡に入っていない（出家していない）という点から、祐宮が最も妥当だったのだろう。いわば消去法のような選択により、祐宮に白羽の矢が立ったのである。

安永八年十一月八日、「主上《しゅじょう》（天皇）御不予《ふよ》（病気）御大切（危篤）に及ばれ候、御継体《けいたい》（あとつぎ）なく、帥宮《そつのみや》（閑院宮典仁親王）息《そく》祐宮九歳御養子となし、践祚《せんそ》あるべくの由、叡慮《えいりょ》（天皇のお考え）御治定《じじょう》仰せ出され候事」（「公明卿記」東京大学史料編纂所蔵）と、関白九条尚実《なおざね》から、祐宮を養子とし践祚すべし、という後桃園天皇の「叡慮」が公表された。祐宮はただちに参内し、常御殿御三間《おみま》にて皇《こう》嗣《し》としての生活が始まった。翌九日、今暁寅刻（午前四時）に後桃園天皇が亡くなったと公表された（実際の死から九日経っている）。十一月十四日、祐宮は師仁《もろひと》と名づけられた。

十一月二十五日、践祚の儀礼を挙行し、新天皇となった。そして名を兼仁《ともひと》と改めた。光格天皇の誕生である。名を師仁から兼仁に改めた理由は、「師」の音「し」が「死」に通じるからだという。摂政には、後桃園天皇の関白だった九条尚実が就いた。そして翌安永九年十二月四日に即位礼が挙行された。さらに、安永十年一月一日に元服の儀が行われ、形式的だが光格天皇は一一歳で成人したのである。加冠《かかん》は摂政九条尚実、理髪《りはつ》は左大臣鷹司輔平《すけひら》が務めた。

光格天皇は九歳で皇位に就いたが、江戸時代の天皇一五人の平均即位年齢はおよそ一三歳、明正《めいしょう》天皇と桃園天皇の七歳が最も低く、中御門《なかみかど》天皇、そして光格天皇の九歳がそれに次ぐので、光格天皇の即位年齢が格別に低かったとはいえない。

不測の天運

光格天皇は寛政《かんせい》十二年（一八〇〇）八月八日、応仁《おうにん》の乱以来約三〇〇年以上もの長きにわたって中絶していた、石清水《いわしみず》八幡宮と賀茂《かも》社の臨時祭を再興させたいという意思を表明し、交渉開始を指示した（『国長卿記』）。その際の「宸筆《しんぴつ》御沙汰書」に、「愚《ぐ》は宗室の末葉、しかして不測《ふそく》の天運、辱《かたじけな》く至尊《しそん》の宝位《ほうい》（天皇の位）に登る」と書いている（『宸翰英華《しんかんえいか》』）。天皇家の末端（閑院宮家という親王家の出身という意）から、思いがけないめぐりあわせにより天皇の位に就いた、という。天皇家の血筋の末端から図らずも天皇になったという意識は、享和《きょうわ》元年（一八〇一）に書いた宸筆宣命《しんぴつせんみょう》の「辞別《ことわく》」（本文とは別に、天皇が特に述べたいことなどを記す）にも、「兼仁眇《びょうびょう》々たる傍支《ぼうし》の身にして、辱《かたじけな》く天日嗣《あまつひつぎ》（皇位）を受け伝える事」「旁支よりして皇統を続《つ》ぎ奉《たてまつ》るは」と述べている（同前）。「眇々たる傍支」、つまりまったくの傍系から天皇の位に就いたことを強く意識している。

践祚した時は九歳であるからまったく事情を呑み込めず、理解できなかっただろうが、その後、傍系から「不測の天運」により天皇になったのだ、と強く意識するようになったのだろう。親王家である閑院宮家に生まれて何故か天皇になっている、という不思議な感覚は、「不測の天運」としか言いようがなかった、ということなのだろう。

3　生母と皇子女

いかなる因縁

光格天皇の生母（大江磐代）が、閑院宮典仁親王の第九王子鍇《かた》宮を産んだ安永五年（一七七六）に書いたと推定される書状に、次のような文章がある（『大江磐代君顕彰展図録』倉吉博物館、二〇一二年）。

まことに〳〵いか成いんゑん（因縁）にてかやうのおそれ（恐れ・畏れ）多御事、御ちか〳〵とうかゝい候御事やと、我なからふしき（不思議）にそんし（存じ）まいらせ候、

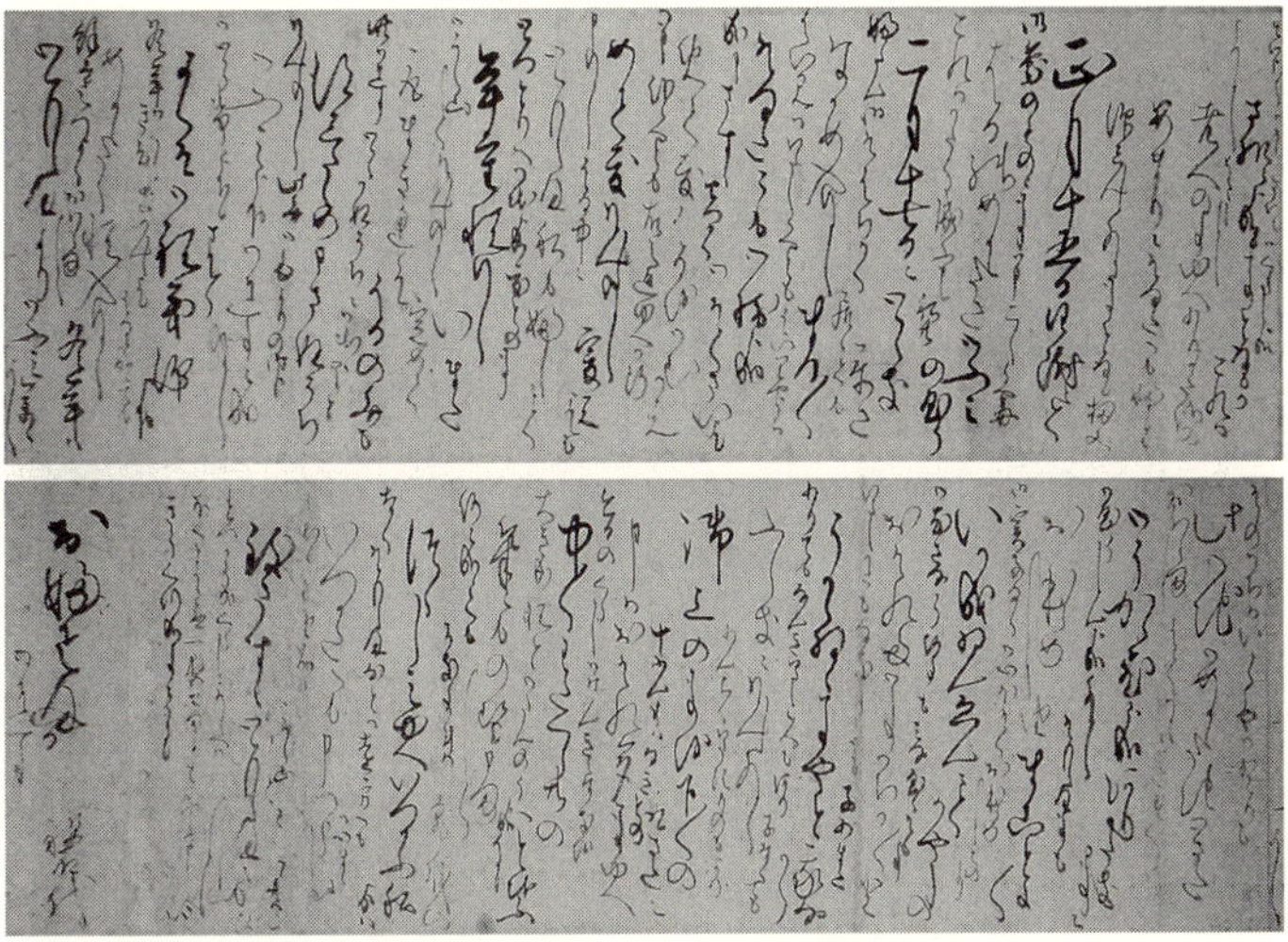

大江磐代君書状　部分（倉吉博物館蔵）

文中の「おそれ多御事」とは、閑院宮典仁《すけひと》親王の子を産んだことを指している。いかなる因縁、運命により宮家の子を産むことになったのか、本人は理解不能に陥り、「不思議」なこととしか表現できなかったのだろう。夢を見ている心地らしい。

産んだ子（祐宮）が天皇になったことについて、生母としての感懐をうかがえる文章は見当たらない。残されている書状を読むと、たとえ親類・縁者にも口外してはならないという、自制心が強く働いている。

天子を孫に

光格天皇の生母の父は、伯耆国《ほうき》倉吉《くらよし》（現・鳥取県倉吉市）出身の岩室宗賢《いわむろそうけん》という人で、明和九年（一七七二）六月二日付の手紙に次のように書いている（『大江磐代君顕彰展図録』）。

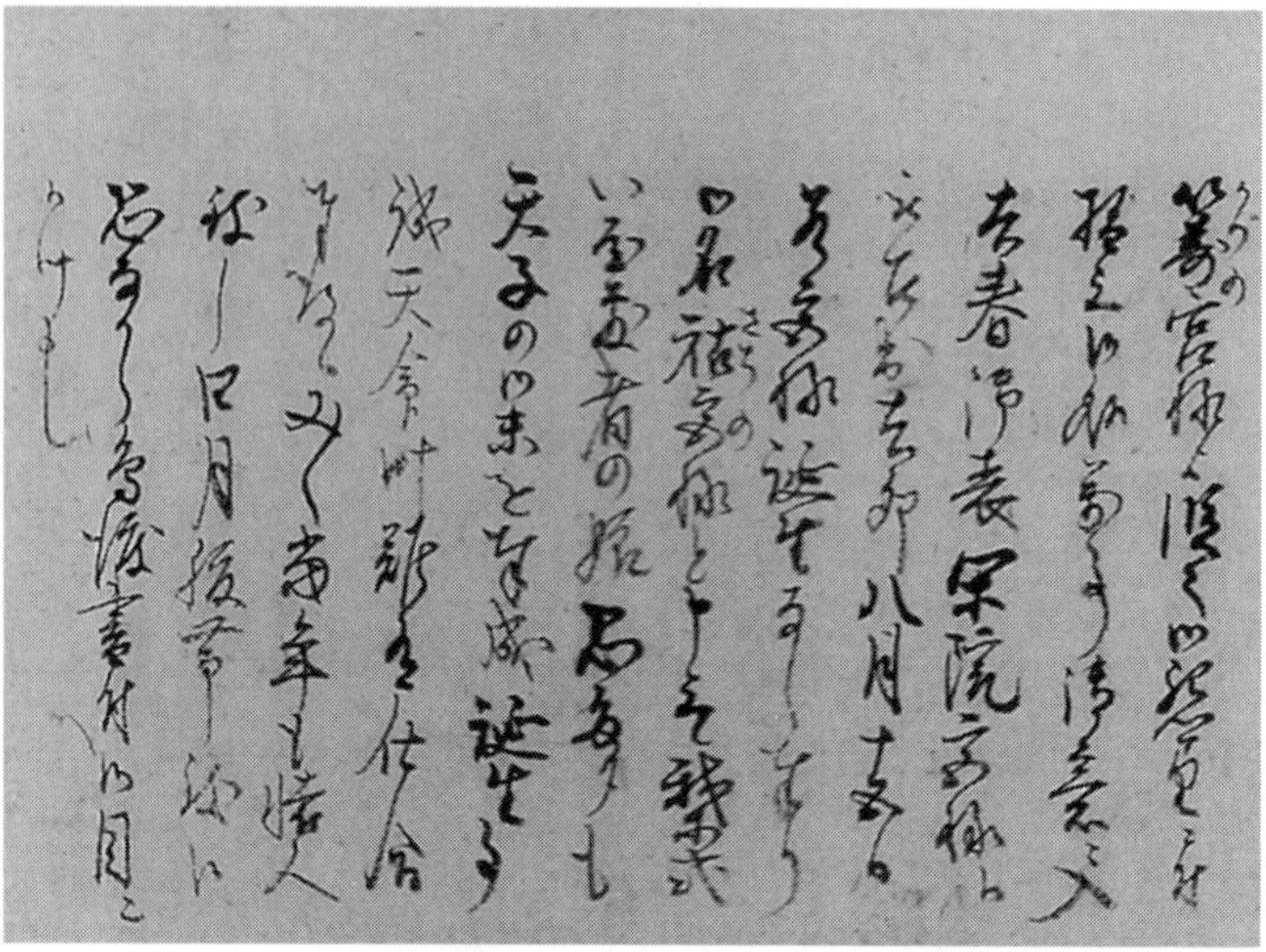

岩室宗賢書状　部分（倉吉博物館蔵）

去卯（明和八年）八月十五日、若宮様誕生なし奉《（たてまつ）》り、御名祐宮《さちの》様と申上候、我等式い屋敷《（卑しき）》者の娘（大江磐代）、恐多くも天子の御末を奉成誕生《（たんじょうなしたてまつる）》事、誠天命叶《（てんめいにかない）》難有仕合《（ありがたきしあわせ）》奉存候、

私のような身分の低い者の娘が、閑院宮典仁親王の子、すなわち天子（天皇）の血筋に連なる者を産んだことについて、天命に叶った有りがたいこと、と感慨を述べている。娘が天皇の血筋に連なる子を産んだという事実を、ただただ天命と言うしかなかったのだろう。娘と同様に、夢を見ている心地だったたか。

岩室宗賢は、祐宮が践祚した翌年の安永九年初め頃と推定できる手紙のなかに、次のように書いている（同前）。

磐代儀、へんひ《（辺鄙）》より出候てもぼんにん《（凡人）》にては無之《（これなく）》、我等も天子をま子《（孫）》にもち候事、めうが《（冥加）》にかない《（叶い）》、もつたいなき御事と朝夕仏神奉拝候、

まず、娘は辺鄙な所（倉吉を指すか）の生まれだが凡人ではない、と讃える。そして、天子を孫に持つことは神仏のお陰なので、朝夕仏神を拝んでいるという。娘が天皇の血筋に連なる子を産み、さらにその子が天皇になったことは、娘の努力の結果などというものではなく、人智を超えた天命であり仏神のはからい、と夢見心地で納得するしかなかったのだろう。

光格天皇の誕生は、天皇本人にとって、またその生母にとって、さらに生母の父にとって、不測の天運であり、神仏のはからいとしか考えられない出来事だった。まことに数奇な運命であり、運命のいたずらである。

生母の出自　光格天皇が生まれた閑院宮家の「閑院宮系譜」には、「王子　名祐《さち》　母壽宮《かずのみや》成子《ふさこ》内親王　実母家女房《いえのにょうぼう》」と書かれている。祐宮の母とされる壽宮成子内親王は、中御門《なかみかど》天皇の皇女で閑院宮典仁親王の妃である。実際の母、すなわち実母はその下に書かれている「家女房」であった。祐宮が安永八年十一月八日、後桃園《ごももぞの》天皇の養子に決まると、後桃園天皇の女御《にょうご》（准《じゅ》后《ごう》）藤原（近衛）維子《これこ》が養母になった。

「実母家女房」とは誰か。のちに大江磐代《おおえのいわしろ》と呼ばれ、明治十一年（一八七八）三月に正四位、明治三

十五年（一九〇二）六月に従一位を贈位された女性のことである。

大江磐代は延享《えんきょう》元年（一七四四）、伯耆国倉吉に生まれた。父は岩室常右衛門宗賢、鳥取藩池田家の家老で倉吉を支配した荒尾《あらお》家に仕えた岩室氏から分家した家という。荒尾家の一五〇石取りの家臣ということになる。その岩室宗賢と「りん」（倉吉の町家の娘という）という名の女性との間に生まれたのが大江磐代、幼名「おつる」である（岩室宗賢および大江磐代についての多くは、『新編倉吉市史』第二巻中・近世編、一九九五年、および『大江磐代君顕彰展図録』による）。

父の岩室宗賢は寛保《かんぽう》三年（一七四三）、荒尾家を辞して京都に上り、馬陶賢（後に阿波藩蜂須賀家に召し抱えられた）のもとで医学修行をした。宗賢は、医師として生計が立てられるようになると、宝暦《ほうれき》二年（一七五二）にいったん倉吉に戻り、ついで九歳の娘「つる」を連れて京都に住んだ。

「つる」は、宗賢と親交のあった禁裏使番生駒守意（宝暦元年・同七年の『雲上名鑑《うんじょうめいかん》』に、女院御所の「御修理方使番兼帯《しゅりかたつかいばんけんたい》」に「生駒掃部《かもん》」の名が見える）の妻のもとで勉学などに励んだという。一年ほどして小田という家へ養女に行ったものの、二、三年で不縁になり父宗賢のもとに戻った。その後、桜町天皇の時代に長橋局《ながはしのつぼね》に勤め新大納言典《すけ》と呼ばれた女官（高野保春《やすはる》の娘保子）で、桜町院が死去（寛延《かんえん》三年〈一七五〇〉）すると出家し即心院《そくしんいん》と名乗っていた女性に仕えた。その即心院のもとをしばしば訪れていたのが、中御門天皇の皇女、壽宮成子内親王だった。明和二年（一七六五）に即心院が亡くなると、「つる」は請われてその成子内親王に仕えたという。

成子内親王が閑院宮典仁親王の妃になると、「つる」も侍女として閑院宮家に入ることになった。

その頃、「つる」は「とめ」と名を改めたらしい。こうして、「とめ」と閑院宮家との関わりが生まれ、さらに「家女房《いえのにょうぼう》」（貴族家に仕える女性で、側室を兼ねることが多かった）になった。

家女房とめ

「とめ」は明和八年八月十五日、閑院宮典仁親王の第六王子を出産した。その子が、九月十六日の御七夜（日柄が悪く一か月近く延期された）に祐《さち》と名付けられた。後の光格天皇である。翌年明和九年（十一月に改元があり安永《あんえい》元年）九月四日に行われた祐宮の「髪置《かみおき》」（幼児が頭髪を初めてのばす儀式で、公家は二歳のとき）の際、「とめ」には金一〇〇疋《ぴき》（金一分〈金一両の四分の一〉に相当）と御肴《さかな》一折《おり》が下されている（以下「閑院宮日記」『光格天皇実録』）。同年九月十六日に祐宮が聖護院宮忠誉法親王の付弟（弟子）になった際、聖護院宮から金三〇〇疋が「御実母　とめへ」下され、安永二年十一月十六日に「御色直」（聖護院宮の付弟になったことに関わる儀式）が行われた時、聖護院宮から金二〇〇疋、典仁親王から金一〇〇疋と延紙《のべかみ》（小型の鼻紙）五枚が「御実母　かく」に下された。この一年の間に「とめ」は「かく」と名を改めているものの、祐宮の「御実母」と記されている。

安永四年十一月二十八日に祐宮の「御深曽木《ふかそぎ》」（髪置ののち五歳までに髪を切りそろえる儀式）が行われたおり、典仁親王から金三〇〇疋が「かく」に下され、祐宮に御肴一折が「年寄かく」らから献上されている。ここでは、肩書きが「御実母」から「年寄」になっている。「年寄」が、閑院宮家に仕える女性の格式のなかでどのような位置なのか分からない。『大江磐代君顕彰展図録』所収の「大江磐代君の生涯について」によると、明和九年十月十四日に「とめ」から「かく」に名を改め、同月二十六日に「中臈格《ちゅうろうかく》」に取り立てられ、安永四年閏十二月二十八日、「かく」からさらに「交野〈かたの〉」に名を改めている。「年寄」と「中臈格」は、同じものなのかもしれない。

安永八年三月二十八日の祐宮の「御紐直《ひもなおし》」（帯解《おびと》き。幼児がそれまでの付紐《つけひも》〈着物の胴に縫いつけてある紐〉を止め、初めて帯を用いる祝いの儀式。男児は五歳から九歳の間に行う）の際、祐宮から金二〇〇疋、典仁親王から金一〇〇疋と延紙五束が、「磐代」に下されている。なお、安永七年七月に第一〇王子健《たけ》宮を産んだとき、「家女房磐代」と記されているので、安永七年までに「交野」から「磐代」に名を改めたのだろう。このように、名を「つる」→「とめ」→「かく」→「交野」→「磐代」と改め、肩書きは、安永二年までは「御実母」であったが、安永四年までに「年寄」となり、安永七年以降は「磐代」とのみ記されている。だが、「家女房」という点に変化はなかった。

生母の晩年

磐代は祐宮のほか、明和九年十月に第七王子寛《ひろ》宮（後の聖護院宮盈仁《えいじん》法親王）、安永三年三月に第八王子精《きよ》宮（曼殊院《まんしゅいん》〈京都市左京区にある天台宗の門跡寺院〉門主を相続することになっていたが死亡）、安永五年七月に第九王子鍳《かた》宮（仁和寺《にんなじ》〈京都市右京区にある真言宗の門跡寺院〉宮の付弟に決まったが死亡）、安永七年七月に第十王子健宮（実相院《じっそういん》〈京都市左京区にある天台宗の門跡寺院〉門室の相続が決まったが死亡）と、相次いで典仁親王の子を出産している。いずれも門跡寺院に入寺することになっていた。

寛政四年（一七九二）十月二十二日に誕生し、即日亡くなった（実は死産）光格天皇の第三皇子は廬《ろ》山寺《ざんじ》（京都市上京区にある円浄宗の寺院。紫式部の住居跡）に葬られた。「廬山寺過去帳」に、「長橋局御腹なれば御内々、兼仁帝皇子死体にて御誕生、当山御納、御年回は正覚院殿、又は閑院宮御奥磐代殿え御届け申し候てしかるべし、一周忌に金三百疋御法事料来る」という記事があり、「閑院宮御奥磐代」の名が見える（『光格天皇実録』）。

寛政六年七月に閑院宮典仁親王が死去すると、大江磐代は実子である聖護院宮盈仁法親王（寛宮）を戒師として出家し、法号蓮上院定生となった。その後は聖護院宮の庇護なども受けながら閑院宮邸に住み、文化九年（一八一二）に聖護院門前の「蓮上院殿屋敷」に移り、同年十二月九日、数奇な生

閑院宮典仁親王墓碑
（京都市上京区寺町通広小路上ル北之辺町・廬山寺境内）

大江磐代墓碑（廬山寺境内）

涯を閉じた（六九歳）。墓所は、閑院宮典仁親王が葬られた廬山寺である。なお、大江磐代の動向やその死に関わる実子光格天皇の動き、反応を伝える史料は、著者が探した範囲では見当たらなかった。

産んだ子が天皇になれば、女院号を宣下され「〇〇門院」などと命名される女性が多かった。後桃園天皇の母は恭礼門院《きょうれいもんいん》、仁孝天皇の母は東京極院《ひがしきょうごくいん》、孝明天皇の母は新待賢門院《しんたいけんもんいん》であるが、光格天皇の生母は「大江磐代」のままだった。それどころか、『雲上明覧』などの出版された公家名鑑では、光格天皇の母は後桃園天皇の女御近衛維子、盛化門院《せいかもんいん》とされ、大江磐代が表面に出ることはなかった。

閑院宮家では、祐宮が後桃園天皇の養子と定められた安永八年十一月八日、祐宮の母はそれまで家女房としていたものを、閑院宮典仁親王の妃である壽宮と書き改めたのである（『光格天皇実録』）。そして同日、後桃園天皇の女御《にょうご》（准后《じゅごう》）藤原維子が養母とされた。こうして、祐宮（光格天皇）の生母は、表向きからその存在を消されたのである。

明治十年（一八七七）、閑院宮家からの出願を受けた宮内省が、大江磐代が光格天皇の実母であるか否かを修史館《しゅうしかん》（現・東京大学史料編纂所）に問い合わせ、確認を得た宮内省は実母であると決定した。これにより、やっと大江磐代が光格天皇の実母であることが公になったのである。そして翌明治十一年（一八七八）三月、正四位を追贈され、さらに明治三十五年六月、従一位を追贈された。大江磐代の出生地鳥取県倉吉では、有志による顕彰活動が活発化し、没後一〇〇年になる明治四十五年（七月に改元があり大正元年）五月、内務省は大江神社の建設を許可し、翌大正二年四月に大江神社（鳥取県倉吉市打吹公園内）の造営が終わった。

中宮・典侍・皇子女

光格天皇の妃である中宮や典侍、および皇子女について説明しておこう。

皇后にあたる中宮《ちゅうぐう》は、前天皇後桃園天皇唯一人の皇女で、名は欣子《よしこ》。母は後桃園天皇女御（のち准后）藤原維子。安永八年（一七七九）一月に生まれ、寛政三年（一七九一）六月、後桃園天皇の遺詔《いしょう》（遺言）により立后《りっこう》（皇后に立てること）が決まり、寛政六年三月に入内《じゅだい》した（立后の経緯などについては後述）。光格天皇との間に二人の皇子をもうけたが、成長することなく夭折した。前天皇後桃園天皇の皇女を中宮とすることは、前天皇の実子ではなく宮家という傍系から養子として天皇になった光格天皇を、正統な血筋に位置づける意味合いがあったのだろう。また、天皇と中宮の間の皇子が天皇になれば、女系とはいえ血筋を元に戻すことにもなる。

光格天皇は寛政十一年七月二十三日に後桜町上皇に宛てた手紙のなかで、中宮欣子の懐妊を知り、「年来の宿願成就、大悦の事にて」「か様に大めで度事有之候も、ひとへに神々の御加護と存候」（『宸翰英華』）と書いている。年来の宿願、大目出度き事、という言葉の深意は、右に記したことを踏まえるとよく理解できる。皇子は翌年二月に生まれたが、まことに残念なことに生後二か月で亡くなってしまった。

女官の中に、天皇の子を産んだ典侍（ないしのすけ・てんじ）、掌侍（ないしのかみ・しょうじ）がいる。典侍には羽林家《うりんけ》・名家の上級公家の娘がなり、掌侍にはそれより家格の下の公家の娘がなった。典侍には、恵仁親王《あやひと》（後の仁孝天皇《にんこう》）を産んだ勧修寺経逸《つねいつ》の娘婧子《ただこ》、姉小路公聴《きみあき》の娘聡子《さとこ》、高野保香《やすか》の娘正子《なおこ》、葉室頼熙《よりひろ》の娘頼子《よりこ》、掌侍には、東坊城益良《ますよし》の娘和子《かずこ》、蓁子《もりこ》内親王を産んだ富小路貞直《さだなお》の娘明子、

表1　光格天皇の皇子・皇女一覧（『光格天皇実録』）

名	生　年	没　年	母
皇子	寛政1・⑥・11	即日	
皇子（礼仁親王・哲宮）	寛政2・6・2	寛政3・6・2	典侍葉室頼子
皇女（寿賀宮）	寛政4・2・9	寛政5・5・9	同上
皇子	寛政4・10・22	即日	長橋局
皇子（俊宮）	寛政5・9・2	寛政6・12・4	典侍葉室頼子
皇子（温仁親王・儲君）	寛政12・1・22	寛政12・4・4	中宮欣子内親王
皇子（恵仁親王・仁孝天皇）	寛政12・2・11	弘化3・2・6	典侍勧修寺婧子
皇女某（多祉宮）	文化5・1・2	文化6・5・29	同上
皇子（盛仁親王・桂宮）	文化7・6・27	文化8	掌侍東坊城和子
皇女某	文化8・4・25	文化8・4・26	同上
皇子（猗宮）	文化12・8・28	文政2・1・19	典侍園正子
皇子（悦仁親王・高貴宮）	文化13・1・28	文政4・2・11	中宮欣子内親王
皇女（娍宮）	文化14・9・24	文政2・1・6	典侍勧修寺婧子
皇女（倫宮）	文政3・5・1	文政13・5・28	典侍姉小路聡子
皇女（治宮）	文政5・2・20	文政5・7・5	掌侍富小路明子
皇女（蓁子内親王・欽宮）	文政7・5・11	天保13・1・10	同上
皇女（媛宮）	文政9・6・8	文政10・8・19	典侍姉小路聡子
皇女（勝宮）	文政9・9・27	文政10・5・6	掌侍富小路明子
皇子（嘉糯宮）	天保4・4・28	天保6・10・4	典侍姉小路聡子

注：丸数字は閏月。

その他に長橋局としか伝わらない女性がいる。

光格天皇には、表1に掲げたように、寛政元年（一七八九）一九歳の時の皇子から、天保《てんぽう》四年（一八三三）六三歳の時の皇子まで、皇子一〇人、皇女九人の合わせて一九人が誕生した。しかし、成長したのは第六皇子恵仁親王（後の仁孝天皇）と一九歳まで生きた第七皇女の蓁子内親王（欽宮《なみ》）のみで、他は夭折している。一九人もの皇子女が生まれたものの、ほとんどが夭折したため、十八世紀半ば以来の綱渡りのような皇位継承が続くことになった。沢山の皇子女が生まれるのだが育たなかったのである。

第二章　天皇の朝廷主導と意識

1　朝廷を主導する光格天皇

幕府は元和《げんな》元年（一六一五）、武家に対する基本法として「武家諸法度」を定め、それとともに、天皇と公家に対する基本法として「禁中幷公家中諸法度」を定めた。その第一条は、日本の歴史上初めて天皇の義務を定めた条文として有名である（条文は歴史学研究会編『日本史史料3近世』岩波書店）。

天皇と禁秘抄

天子諸芸能の事、第一御学問なり、学ばずんばすなわち古道に明らかならず、しかるによく太平を致す者、いまだあらざるなり、貞観政要明文《じょうがんせいようめいぶん》なり、寛平《かんぴょう》の遺誡《ゆいかい》、経史を窮めずといえども、群書治要《ちようしょう》を誦習《しょうしゅう》すべしとうんぬん、和歌は光孝《こうこう》天皇よりいまだ絶えず、綺語《きご》たるといえども、わが国の習俗なり、棄て置くべからずとうんぬん、禁秘抄《きんぴしょう》に載する所、御習学専要に候事、天子が身に付けなければならないことはさまざまあるが、学問と和歌の学習を求めている。この禁中幷公家中諸法度の第一条は、『禁秘抄』（『群書類従』第二十六輯　雑部）の「禁中の事」の「諸芸能の事」を抜粋したもので、学問と和歌の修練を天皇に義務づけている。とかくその部分にのみ注目しがちだが、『禁秘抄』に載せられていることを学ぶのが最も大切、という点が重要だと考える。

『禁秘抄』は、順徳《じゅんとく》天皇が承久《じょうきゅう》三年（一二二一）頃に書いた天皇・朝廷の有職故実の書で、天皇と朝廷がのっとるべき準則《じゅんそく》として中世を通じて大事にされたという。つまり「あるべき天皇」像を提示しているのである。

そもそも「諸芸能の事」は、『禁秘抄』のほんのごく一部に過ぎず、『禁秘抄』はたんに天皇が身に付けるべき「芸能」について書いているだけではない。冒頭は「禁中の事」で「賢所《かしこどころ》」（内侍所《ないしどころ》）から始まり、その最初が「およそ禁中作法、先ず神事、後に他事、旦暮《たんぼ》敬神の叡慮《えいりょ》懈怠《けたい》なく」と記され、神事が最も優先すべき大事なことだという。そして以下に、日常の暮らしから御所内の組織、朝廷政務が記されてゆく。神事から「諸芸能」、さらに朝廷政務まで、天皇として知っておくべきこと、身に付け実際に取り組むべき諸事項を説いている。つまり、天皇は学問と和歌を学べばそれで済むのではなく、神事を第一とし朝廷政務までを処理する存在だった。江戸時代の天皇も、当然ながら光格天皇もそのような存在としてみることが重要なのである。

生涯の特徴

光格天皇の生涯は、朝廷の復古・再興に努めたと言えるだろう。具体的には朝廷の朝儀・神事の復古・再興を実現し、さらに諸芸能を鍛錬して振興することにより文化的権威を高め、それにより天皇と朝廷の権威を高めることにあった。光格天皇は、そうすることを「あるべき天皇」の務めとして自らに課したのではないか。

以下に、光格天皇が在位中にさまざまな朝儀・神事の再興をねばり強く取り組む姿をみてゆくが、その特徴として、次の二点を挙げておきたい。(1)天皇が主体的に朝政を主導していること、(2)幕府との関係で従来のあり方、慣行を見直して強い姿勢をとろうとし、時に従来の慣行から逸脱するところがあったこと、の二点である。

天皇主導の朝政

天皇は一六歳の天明六年（一七八六）に、朔旦冬至旬《さくたんとうじのしゅん》と赦《しゃ》の再興、内侍所仮殿《ないしどころかりどの》の造営と新嘗祭《にいなめさい》の再興、実現しなかったが真言院《しんごんいん》の再興などに取り組んだ。天皇は、武家伝奏《てんそう》を御前に招いて、あるいは議奏《ぎそう》を通して天皇の意思である「内密の叡慮《えいりょ》」「思召《おぼしめし》」を伝え、それにより朝儀の再興を実現しようとしている。そこに、朝政における光格天皇の主導性や強い意思とねばり強さをみることができる。

天皇と関白《かんぱく》が相談し（その過程に武家伝奏と議奏の両役も関わる）、上皇がいればその意見を求めたうえで朝廷としての意思を決定する、これが通常の朝廷政務の処理、あるいは朝議の決定のあり方である。ところが、天明六年頃から光格天皇の主導性が表に現れ、関白の関与が小さくなる。

関白鷹司《たかつかさ》輔平《すけひら》が天明八年に、そのあたりの事情を説明している。後述する復古的御所造営をめぐり幕府と交渉していた輔平が、天明八年八月十六日付で幕府老中松平定信《さだのぶ》に送った書状のなかで、朝廷の内情について次のように書いている（東京大学史料編纂所蔵「編年史料稿本天明八年」十所収「松平定教文書」）。

桜町天皇が早く退位したあと、天皇が若くして亡くなったり女帝だったりしたため、摂政《せっしょう》ばかりが続いた、たまたましばらくのあいだ関白の時もあったが、天皇が幼かったり虚弱だったりしたため、関白とはいえ摂政に近かった、現在の光格天皇は成長し、九条尚実《なおざね》が摂政から関白に就任（これを「復辟《ふくへき》」という）した日から発病し、病気のまま（十分に職務を果たせないまま）三年のあいだ関白職にあったため、早くから朝廷政務の処理に慣れ、一、二人の近臣らが意見を申し上げているのであろうが、ことさらご壮健で自身で政務万端を処理され、近来にないまことに喜ばしい時節である、

つまり光格天皇は、十代後半に早くも朝廷政務を主導していたというのである。輔平は、そのようになった事情を説明している。

相次ぐ天皇の早世

桜町天皇以降、天皇が若くして亡くなったり女帝だったりした、と鷹司輔平は言う。冒頭の近世天皇表をみると、桜町天皇は二八歳という若さで七歳の桃園天皇に譲位し（三年後に三一歳で亡くなった）、桃園天皇は在位一五年、二二歳で亡くなり、後桜町天皇

は女性天皇、二三歳で践祚《せんそ》し在位八年で一三歳の後桃園天皇に譲位、後桃園天皇は在位わずか九年で二二歳で亡くなってしまった。桃園、後桃園天皇は若くして亡くなり、後桜町天皇は女帝だった。東山、中御門、桜町天皇も譲位後すぐに亡くなり、長命の天皇はいなかった。

一条道香《みちか》は延享《えんきょう》三年（一七四六）十二月、関白に就任し、桜町天皇が譲位し七歳の桃園天皇が受禅《じゅぜん》すると、延享四年五月に摂政になり、宝暦《ほうれき》五年（一七五五）二月に関白に就任したが宝暦七年三月に辞職、そのあと近衛内前《うちさき》が関白になり、宝暦十二年七月に桃園天皇が二二歳で亡くなって女性の後桜町天皇が践祚すると摂政になり、明和《めいわ》七年（一七七〇）十一月に一三歳の後桃園天皇が受禅するとそのまま摂政を続け、安永《あんえい》元年（一七七二）八月に関白になり、安永七年二月に辞職、そのあと九条尚実が関白に就任、安永八年十一月に後桃園天皇が亡くなり光格天皇が践祚すると摂政になり、天明《てんめい》五年（一七八五）に関白になった。

桃園天皇受禅から後桃園天皇が亡くなるまでの三三年間で、関白在任期間は一四年間、摂政の期間が一九年間だった。たしかに、関白在任の期間の方が短く、しかも関白が在任していても桃園、後桃園両天皇はともに二二歳の若さで亡くなっている。そのため、本来摂政は天皇の政務を代行し、関白は天皇の政務を補佐するという違いがあるが、この三三年間は関白のときでも摂政と同じだったという。天皇は在位するものの朝廷政務に携わることがほとんどなかったらしい。

関白の長病と天皇

九歳で践祚した光格天皇の場合、九条尚実が摂政になり、天皇一五歳の天明五年二月に六九歳で関白になった（近世の天皇が一五歳になると機械的に摂政が復辟、つまり関白になる。ただし女性天皇は摂政のままである）。しかし就任した日から発病し、病気のまま三年（実質約二年一か月）間関白職にとどまり、天明七年三月に七一歳で辞職した、と後任の関白である鷹司輔平はいう。九条尚実みずから天明六年十月十日、自邸に招いた武家伝奏へ次のように事情を語っている（「油小路隆前卿伝奏記《あぶらのこうじたかちかきょうてんそうき》」宮内庁書陵部蔵）。

去年関白に就任して以来病気になり、まったく出仕できない（禁裏御所に行けない、という意）、いつ全快し出仕できるのか分からないまま二年たってしまった、これまでも辞職を申し出たが、左大臣（鷹司輔平）も長らく病気で、天皇に拝賀《はいが》もできないくらいだという、右大臣（一条輝良《てるよし》）が関白になると超越（右大臣が左大臣を飛び越して就任）になり、きっと不本意に思うだろうという一族の心遣いで見合わせられてきた、しかし超越の先例は多い、そこで関白辞職を申し上げるので天皇に言上してくれ、なお公式には職事《しきじ》を通じて申し上げるのではなく近日中に申し上げる、

関白に就任して病気になり、禁裏御所に行けない状態のまま二年過ぎてしまった、と九条尚実本人の口から語られている。おそらく、光格天皇と関白九条尚実の直接的な対話による意思疎通はほとんどなかったのであろう。

武家伝奏は閏十月十五日、天皇に関白の辞職の意思を伝えた。天皇は、わかった、私が幼稚の頃から補佐してくれ、今年の再興（朔旦冬至旬や新嘗祭などを指すか）はひとえに関白の勲功と思う、新嘗

祭が済むまでは職事（蔵人頭《くろうどのとう》。朝廷の管理運営の責任者で、天皇と関白との連絡役も務めた）を通じて辞職を言上することを差し控えるよう伝えよ、と指示（「綸言《りんげん》」）している。武家伝奏は仙洞御所に廻り、関白辞職をしばらく見合わせよという天皇の命令があり、それを関白に伝えることを後桜町上皇に言上し、承知したという回答を得ている。

こうして、天皇に関白辞職をしばらく押しとどめられた九条尚実は、翌年天明七年一月十日、職事を通じて辞職を願い出て数度慰留されたが、老年（七一歳）を理由に許可された。九条尚実の辞職、左大臣鷹司輔平の関白就任の案を京都所司代に伝達し、幕府の了承を得て三月一日に正式に辞職した。

九条尚実は、病気（高齢もあるか）のため関白の職務を十全に果たせなかったらしい。また、父でもある上皇が存命ならば、天皇が二〇歳近くになるまで上皇が朝廷政務をみるのが通常だった（その後「政務委譲《せいむいじょう》」をする）。ところが光格天皇の場合、上皇は女性だった。光格天皇は、父親の上皇不在で上皇らしい上皇はいない、関白は長病で関白らしい関白はいない、という条件のもとに置かれた。

光格天皇一五歳の天明五年には、とくに積極的な動きは見られなかったが、一六歳になった天明六年から、にわかに朝廷政務を主導する動きが見られるようになった。それが、鷹司輔平がいう、早くから朝廷政務に慣れ、一、二の近臣の助けを借りながら政務を処理していた、という内実である。ここにいう一、二の近臣とは、おそらく議奏の前権大納言中山愛親《なるちか》（天明二年から議奏。四六歳）と前権大納言広橋伊光《これみつ》（安永九年から議奏。四二歳）と思われる。その根拠は、彼らがしばしば天皇の意向を武家伝奏に伝える場に登場しているからである。

一六歳の天明六年は、光格天皇にとって画期になった年である。翌年天明七年正月に、天皇の「御成長」につき、それまでの「小児科」の医師（「御匙《おさじ》」）から「大人科」の医師に交代になっている（「油小路隆前卿伝奏記」）。つまり、天明六年から七年にかけて、肉体的にも大人になったのである。一五歳を過ぎた近世天皇が自身で務める（関白などによる代理はない）元旦の四方拝《しほうはい》も、天明七年から出御を始めている（天明六年元旦はちょうど日食だったため行われなかった）。

このような事実をふまえると、天明六年のいくつかの再興（実現しなかったことも含めて）にあたって、天皇が関白を通じることなく、自ら武家伝奏を招いて意思を伝え、その実現に強い主導性を発揮していた事情を理解できるだろう。天明八年のことになるが、関白が、天皇は壮健で朝廷政務万端を処理していることを、近来にない有りがたい事態と喜んでいたほどであった。

光格天皇は、天明六年にまだ一六歳ながらも近臣の助けを借りながら朝廷政務を処理し、朝儀・祭祀の再興に意欲を燃やして取り組み始め、その一部を実現したのである。

2　幕府への強い姿勢

天皇が置かれた現実

江戸時代の天皇・朝廷が置かれた政治的な現実は、惨憺たるものがあった。後水尾《ごみずのお》天皇（上皇）は、寛永《かんえい》二十年（一六四三）に即位した子の後光明《ごこうみょう》天皇に三通の「御訓戒書」を書いた（『宸翰英華』）。後水尾はその中で、自らの体験に基づく現状認識と天皇・公家・朝廷の生き方を説諭している。

まず、「かつては天皇の命令、勅定《ちょくじょう》（勅命）に逆らう者はいなかったが、今はその効果はない、幕府の力が圧倒的に強く、何ごとも武家の自由になる世の中だから、武家が天皇の命令に従わないのは当然のことだが、累代の臣下である公家すら天皇の命令を軽視してばかりいる、武家も公家も、天皇の言うことなどきかない世の中なのだ」と天皇が置かれた現状を語る。

そして、その現実の中に生きる天皇の生き方を諭す。「すべて武家が取り仕切る世の中だから、天皇が何ごとも昔のように命令できることはない、幕府からたくさんの横目（目付）が京都に入り込んで情報を集めているので、天皇に関する噂が京都市中にのぼる前に江戸に伝わり、幕府の評定の場に出れば、天皇だけではなく多くの人びとが迷惑を蒙ることになる、だから身を慎むことが重要である、また、近年の公家たちは考え方が悪くなり、家々に伝わる家職（業）を真剣にやろうとする者がほとんどいないといわれる、臣下の素行が悪いのは天皇の恥だから、公家たちを正道に引き戻すためにはまず天皇が身を慎み、範を示すべきだ」と教訓を与える。

後水尾天皇（上皇）は、江戸幕府の圧倒的な力のもとにひれ伏す天皇の現実をリアルに語る。そして、かつてと異なり抗いがたい幕府の圧倒的な力が支配している時代に生きていることと、臣下であるはずの公家すら勅命を軽視するほどの状況であることをよく認識し、天皇は身を慎んで（あるいは身の程を知って）幕府との軋轢を避けることを第一とするよう求めたのである。

十八世紀末の天皇・朝廷

十八世紀末の天皇・朝廷が置かれた現実は、十七世紀前半のそれと大差なかった。左大臣一条輝良《てるよし》は天明六年九月十日の日記（「輝良公記」東京大学史料編纂所蔵）に、「現在は武家の勢力が天下を覆い尽くしている、何ごとも幕府の権力が強い、それは如何なものか、そうあるべきではない世の風俗である」と、江戸幕府の権力が天下を覆い尽くす現実に悲憤慷慨している。このような幕府への反感や怒りは、公家たちの日記にしばしば書かれている。

尊号《そんごう》一件を素材にした実録物『小夜聞書《さよききがき》』（東京大学付属図書館蔵南葵《なんき》文庫本は寛政十三年〈一八〇一〉の写本）には、「しかるに近代関東（幕府）の権威強く、別して禁裏を恐れたてまつらず、万事関東の所存にまかせ取り計らい申されければ、当時衰微の禁庭《きんてい》（朝廷）なれば、いかがなされかたもなく、つねづね宸襟《しんきん》（天皇の心）を悩ましおわしましける、左右の賢臣もおのおの口を閉じて一言申す人もなく、誠に武家次第の世の中なり、歎かぬ人もなかりけり」と書かれている。幕府の強権の前にひれ伏す朝廷を同情して描いている。

しかし、光格天皇は意気軒昂に、この天皇・朝廷の現実を改善しようと取り組んだ。そのいくつかを紹介しておこう。

倹約令と朝廷

幕府は天明七年六月に寛政の改革に着手、八月に三か年の倹約令を出し、朝廷にも倹約を求めた。所司代は八月二十四日、書面で「御所方御入用取締り」、すなわち支出の切り詰めを禁裏、仙洞、大女院、女院に申し入れた（以下「油小路隆前卿伝奏記」）。武家伝奏は翌二十五日、所司代の書面を議奏に見せた。その写しがないので具体的な内容はよく分からないが、朝廷に何らかの返答を求めたらしく、関白は、天皇の日常的な支出にまで倹約が及ぶと、天皇が不自由になり恐れ多いので、よく考えて所司代へ返答するよう武家伝奏に命じている。また関白は、所司代の書付に（倹約により）やむを得ないことにまで差し障りが出るほど倹約しろ、という主旨ではないと書かれていることを念頭において考えるように、とも指示している。

武家伝奏は九月二十二日、幕府から倹約を求められていることを天皇が知らないと、天皇があれこれ御用を仰せ出されるたびに議奏が認めないことになり恐れ多いので、関白から言上して天皇が知っているようにしたい、という主旨の書付を議奏に見せ、九月二十九日、その件を関白に申し入れた。しかし関白は十月一日、倹約のことを知らせると天皇はすべて窮屈に考えられ恐れ多いので言上できないと拒み、この件を考えろと武家伝奏と議奏に命じた。武家伝奏は十月五日に、お伝えすれば万事不自由に考えられ恐れ多い、天皇が仰せ出されたことをお断りするのは経費が用意できないからなので仕方がない、倹約令の三年間は長橋局（御所の長橋にいる勾当内侍《こうとうないし》らの女官が、天皇に取り次ぎ、天皇の言葉を伝えた）の方でやってもらうべきか、という内容の書付を関白に差し出した。

関白は十月二十三日、(1)倹約令により天皇御前のことをあれこれ申し立てるのはどうかと思う、(2)議奏に考えを問うと、幕府は天皇に支障が出るようなら評議を改めるというのだから、天皇に差支えがあると幕府に申し渡すべきだという回答があったので、この主旨で考えるようにと武家伝奏に指示を与えた。そして十月二十九日に禁裏付に、箇条書で倹約を求めた書面のようにはうまくやれないので返却する、なおよく考えてくれと伝えている。幕府が求める禁裏御所の倹約では天皇が不自由する、という理由で突き返したのである。これは、天皇が不自由することのないように、天皇の食事が粗末にならないようになど、老中が所司代に繰り返し指示していたこと（佐藤雄介『近世の朝廷財政と江戸幕府』）を根拠にした行為であろう。

武家伝奏は十一月十一日、倹約について禁裏付が差し出した書付（内容は不詳）を関白に見せ、関白は同月二十二日、とくに意見はない、長橋局と議奏にも見せるようにと指示した。これで、禁裏御所の倹約に関する朝廷と幕府のやり取りは終わっている。

朝廷は寛政二年から倹約を励行したらしい。「実種公記」寛政二年四月三日の記事に、「この節御省略の儀仰せ出さるのあいだ」と記されているので、寛政二年四月には倹約が指示されたらしい。同日記の六月十九日の条で、今月十六日に京都町奉行所が市中の遊女全員を召し捕らえ、洛中洛外で大騒動になっているという情報を得た今出川実種は、「すこぶる苛政《かせい》の至りなり」「前代未聞」と批判し、松平定信が老中になって以来このような厳しい政策が多いと指摘したうえ、「就中《なかんずく》、禁中および御所々々御省略のこと謂《い》われなきことなり」と、禁裏御所（天皇）にまで倹約を求めるのは不当だ、と非難している。さらに、人びとがひどく困窮しているので、天下大乱も近いのではとも書いている。

天皇怒る

朝廷が倹約を励行して剰余が出たことから、寛政三年十月、幕府から武家伝奏以下に褒美（「給物《たまわりもの》」）を配ると言ってきた。給物は、武家伝奏と議奏五名に巻物五、それとは別に議奏には銀一〇枚、長橋局には銀二〇枚ずつ、それ以下の女官や御省略掛などまでなにがしかの褒美である。女院の女官らにも渡すべきかと武家伝奏から問われた関白一条輝良は、そうすべきだと指示している（「輝良公記」）。これで一悶着が起こった。

関白は翌日、この件を光格天皇に言上した。すると天皇は、幕府の命令で倹約をしたわけではない、天皇の考えで倹約したのだから、幕府からの「会釈《えしゃく》」（挨拶）はあり得ない、と怒り、幕府が給物をまず禁裏の奥向きに差し出し、それを奥向きから関係者に配ればよいものを（将軍から天皇への献上物の分配はそのように行われる）、幕府が直接配るのははなはだ不都合だ、幕府からは賞もあれば罰もある、筋違いなので認められない、うまく取り計らえ、と関白に命じた。関白一条輝良は、この倹約のことはまったく知らなかった（倹約令は関白就任以前のこと）ので処理できない、武家伝奏の方でうまくやってくれ、と頼み込んでいる。天皇は、筋違いだと怒り、給物の受領を拒否させようとした。

武家伝奏がこのことを申し入れると所司代は、取り計らい不行き届きで、事前に相談しなかったためにこのよう失態をおかした、どのようなことになっても仕方ないと観念している、今回のところは勘弁していただき、なんとか幕府の指示通りにしてくださるようお願いしたい、今後このようなことのないようにしますので、よろしく取りなしてほしいと武家伝奏に頼み込んだ。武家伝奏はこれを関白に伝え、所司代の立場が困ったことになるようなら考えなければならない、と天皇が昨日語っていたので、関白はそのことを言上するよう指示している。十月二十五日、武家伝奏は関白に、天皇は、今度の行き違いで所司代が難儀し、一命にも関わることになってはかえって憐愍《れんびん》も薄くなるので、今回は幕府が言ってきた通りに給物を配るように指示した、と伝えている。そしてこの日、給物が配分された。翌二十六日に武家伝奏がそのことを所司代に伝えると、恐れ入り勿体ないと天皇の意向を有り難がり、以後、このような時は事前に相談してから行うと約束している。さらに、倹約は三年が過ぎたので、いったん緩めることも伝えている（以上「輝良公記」別記）。

権大納言今出川実種は、十月二十六日の日記に次のように書いている。「聞くところによると昨日（十月二十五日）、関白および両役（武家伝奏・議奏）、勾当《こうとう》内侍（長橋局のこと）、台所掛役人らに幕府から賜物があり、伝奏は紗綾五巻、議奏は紗綾五巻と白銀一〇〇両、長橋局は紗綾一〇巻と白銀二〇枚、その他は分からない。受領を断ろうという気持ちもあったが固辞できないということで、受納することになったという」。実種は、受納拒否の動きも、また受領に至った経緯も知っていたらしい。

そのうえで実種はこの給物一件について、今回の給物の理由ははなはだ不当で道理がない、禁裏から賜るなら問題はない、どうして幕府が禁裏に倹約を命じるなどのことがあってよいものか（「武命をもって禁中御省略のこと沙汰あるべくや」）、道理に合わない、と幕府を強く非難している。天皇とほぼ同じ理由で批判しているので、天皇の主張は公家らの考えに合致していたか、あるいは天皇の意向を実種らが漏れ聞いて知っていたかのどちらかだろう。

天皇の不満——幕府との交渉方式

天皇は寛政三年十月十二日、武家伝奏の人選に関わって関白一条輝良に、「武家伝奏に相応しい人物像（「伝奏替仁体《にんてい》の事」）」として「いろいろ良く心得た者（「得と心得候者」）がよい、武家（幕府）が天皇・朝廷を恐れ敬う（「恐敬」）ようになることがよろしい」と語ったという（「輝良公記」別記）。幕府が天皇・朝廷を恐れ敬うようにするとは、現実の立場を逆転させるような発言である。

天皇は寛政四年三月十日、やはり武家伝奏に関わって、「天皇の意向である御内慮を幕府に伝える際、いつも武家伝奏が所司代の屋敷に行き、所司代は武家伝奏の屋敷には来ない、所司代の公用人も武家伝奏の屋敷に来ない、そのやり方は納得がいかない、今度、太田資愛《すけなる》が静養のため江戸に帰り、もしも新任の所司代に代わった時にそれを改めるべきだ、昔はそのようだったが、明暦《めいれき》年間〈一六五五〜五八〉。その頃の武家伝奏は野宮定逸《ののみやさだとし》と清閑寺共房《せいかんじともふさ》）に高野（高野保春《やすはる》が武家伝奏を務めたのは元禄十三年〈一七〇〇〉〜正徳《しょうとく》二年〈一七一二〉なので、年代が合わない）が武家伝奏を務めている頃から現在のようになったらしい、なおよく先例を調べる、中院通茂《なかのいんみちしげ》が武家伝奏の頃（元和《げんな》九年〈一六二三〉から寛永七年〈一六三〇〉まで武家伝奏。後水尾天皇の譲位一件の責任を問われ、江戸召喚のうえ幽閉された）、徳川将軍二、三代頃までは、所司代も武家伝奏の屋敷に来ていたらしい」と関白に語っている（「輝良公記」別記）。朝廷と幕府（所司代）との交渉のスタイルを問題にし、武家伝奏が所司代屋敷に行くという現行のスタイルを改め、所司代も武家伝奏の屋敷に来るようにしろ、というのである。まことに意気軒昂たる二〇歳ちょっとの天皇である。

これらの発言のなかに、幕府に対して強い姿勢をとろうとする光格天皇が読みとれる。これが、後に説明する御所造営、神嘉殿《しんかでん》造営、立后《りっこう》、尊号《そんごう》一件に見られた、朝廷と幕府が慣行としてきた交渉の手順を踏み越え、幕府が警戒の眼を向けることになる根源である。

3　光格天皇の意識

光格天皇の意識を、傍流意識、君主意識、皇統意識の三点からみてみよう。

強い傍流意識

江戸時代の天皇は、天皇の実子が次々と皇統を嗣いだ。しかし光格天皇は、天皇の子ではなく閑院宮という世襲親王家の王子から後桃園天皇の養子になって践祚し、皇統を嗣いだ。光格天皇は、江戸時代初の天皇の実子ではない異例の天皇だった。つまり、傍流（傍系）から天皇位に就いたということである。

光格天皇は、享和《きょうわ》元年（一八〇一）に派遣した伊勢公卿勅使に持たせ、伊勢神宮内宮《ないくう》の神前で読み上げさせた三月八日付の宸筆宣命《しんぴつせんみょう》に付けられた「辞別《ことわく》」（別段に申すこと。つまり伊勢の神にとくに申し上げたいこと、祈願したいことを書いている）に、「辞別《ことわ》けて申さく、兼仁眇々《びょうびょう》たる傍支《ぼうし》の身にして、辱《かたじけな》く天日嗣《あまつひつぎ》（皇位）を受け伝える事は、ひとえにこれ深き御護り厚き御恤《めぐ》みに依りてなり、倩《つらつら》この事を思惟《おもう》に旁支よりして、皇統を続《つ》ぎ奉るは」（『宸翰英華』）と書いている。傍流、すなわち閑院宮家から皇統を嗣いだことを強く意識している。

光格天皇は寛政十二年（一八〇〇）八月八日、議奏たちに石清水八幡宮と賀茂社の臨時祭再興の叡慮を伝えた（「国長卿記」）宸筆《しんぴつ》御沙汰書のなかで、「愚《ぐ》（光格天皇）は宗室《そうしつ》（皇族）の末葉、しかして不測の天運、辱く至尊の宝位（皇位）に登る、誠に神明社稷《しゃしょく》の擁護蔭福《いんぷく》なり」（『宸翰英華』）と書いている。宗室の末葉、すなわち閑院宮家という傍流から不測の天運により天皇の位に就いたというのである。天皇みずからが書く宸翰、宸筆の文書に、繰り返し閑院宮家という傍流から図らずも皇位に就いたと書かれていることから、天皇の傍流意識の強さを窺い知ることができる。

傍流から皇位を嗣いだことを意識したのは天皇だけではなかった。世間には、次のような見方をする人びとがいた。尊号事件を素材にした実録物、『小夜聞書《さよききがき》』（東京大学付属図書館蔵南葵《なんき》文庫に、寛政十三年〈一八〇一〉二月の奥書《おくがき》のある写本が収められている）の一節である。

当代の主上《しゅじょう》（天皇）は閑院宮典仁親王の御末子にて、先帝後桃園院御不例《ふれい》（病気）の時に御養子になされ、ほどなく践祚《せんそ》ましましける、よって御血筋も遠くなりし故に、諸人軽しめ奉《たてまつ》るにはあらずといえども、何やらん御実子の様には存じ奉らず、一段軽きように存じ奉る族《やから》もこれありけり、右の趣にも候や、関東（幕府）の取り計らいも粗略なるように思われける、

光格天皇が、閑院宮家から後桃園天皇の養子になり皇統を嗣いだため、天皇家の血統、血筋から遠いことを理由に、公家や廷臣たちのなかには、光格天皇を軽く見る、あるいは軽く扱うところがあったという。それは朝廷内部だけではなく、幕府の扱いにも見られるという。光格天皇は、直系ではない傍流という理由で公家たちからも幕府からも軽く見られ、扱われるところがあったと見られている。確実な史料による確認を得られないので、事の真偽は分からないが、あり得ない話ではなかろう。こ

れは、時代を超えて傍流の者の辛く口惜しいところであり、当人にとって気分の良いものではなかろう。

光格天皇の傍流意識は、その生涯にどのような意味を持ったのか。傍流であるがゆえになおさら理念的な「あるべき天皇」像を追い求め、努力して天皇としての自己の権威の強化を図った、ということは考えられる。傍流意識がバネになることはあり得る。

強い君主意識

光格天皇は、寛政十一年（一七九九）七月二十八日付で後桜町上皇に長文の書状を送った。この書状は、上皇が天皇に何ごとか教訓を与えた書状への返書とされる（『宸翰英華』）。この書状から、天皇の君主意識をよく読み取ることができるので、長文になるが該当する箇所を抜き出してみよう。

もっとも仰《おお》せの通り、人君は仁を本といたし候事、古今和漢の書物にも数々これ有る事、仁はすなわち孝、忠、仁、孝は百行の本元にて、誠に上なき事、常々私も心に忘れぬよう、仁徳の事を第一と存じまいらせ候事候、ことに仰せども蒙《こうむ》り候えば、猶更《なおさら》に存じ候事、（中略）仰せの通り身の欲なく、天下万民をのみ慈悲仁恵に存じ候事、人君なる物の第一のおしえ、論語はじめあらゆる書物に皆〳〵この道理を書きのべ候事、すなわち仰せと少しも〳〵ちがいなき事、さて〳〵忝《かたじけな》く〳〵〳〵存じまいらせ候、猶更心中に右の事どももしばしも忘れおこたらず、仁恵を重んじ候はば、神明冥加《しんめいみょうが》にもかない、いよ〳〵天下泰平と畏《かしこ》み〳〵入りまいらせ候、（中略）仰せの通り何分自身を後にし、天下万民を先とし、仁恵、誠信の心朝夕昼夜に忘却せざる時は、神も仏も御加《か》護《ご》を垂《た》れ給う事、誠に鏡に掛けて影をみるがごとくにて候、（中略）さて〳〵日々雨をねがい候事、今朝も拝《はい》の時、また内侍所《ないしどころ》にても誠心に祈り申し候事にて候、何分〳〵衆民《しゅうみん》の為ひとえに〳〵〳〵〳〵一雨の御恵みをのみ祈り〳〵入りまいらせ候事候、

「人君」すなわち君主としての心構えを、後桜町上皇が与えた教訓に重ね合わせて細々と書いている。それは、万民に慈悲仁恵を施すことが君主の務めとする認識に尽き、それにより神仏の加護も得られ天下に泰平をもたらすことができるという主旨である。これは、万民の上に立つ君主としての天皇像である。現実や実態ではなく、理念的な、あるいは「あるべき天皇」像に過ぎない。しかし、強い君主意識というべきである。

神仏の庇護と文武の補佐

光格天皇は、寛政十二年八月に石清水八幡宮と賀茂社の臨時祭再興の叡慮を表明した宸筆御沙汰書（『宸翰英華』）のなかで、「愚《ぐ》（光格天皇）もとより不肖不徳、ひとえに上は神明宗廟《そうびょう》和光同塵《どうじん》の恩覆《おんぷく》により、下は執権《しっけん》幕府、文武両道の補佐をもって、在位安穏すでに二十有余年に及ぶ」と書いた。光格天皇自身は不肖不徳だが、上は天照大神をはじめとする神々と天皇家の先祖や仏の蔭ながらの庇護により、下は関白と幕府（将軍）の文官・武官の補佐により、安穏に在位すること二〇年を超えた、という。上は神仏の加護、下は文武官の補佐を受けて在位する天皇、という認識を示す。神仏に護られ文武官の補佐を受けて在位し、万民の豊楽と安穏を願い祈るこ

とを務めとするのが天皇、という意識を読みとることができる。

光格天皇が、このような天皇認識と意識をいつから持ったのかを確定することは難しい。後に説明する天明《てんめい》七年（一七八七）六月に窮民救済を幕府に要請したことは、このような意識からと言えるかもしれない。寛政内裏造営をめぐる交渉のなかで、幕府側は天皇の窮民救済要請を「生民《せいみん》（民。人民）困窮御厭《いと》い」と表現していた。また、同年十一月の大嘗会《だいしょうえ》の折に詠まれたとされる和歌は、民の平安をひたすら祈る「御仁恵の御製」として民間に流布した。これは、民間の光格天皇像でありイメージである。

このような万民の安穏を願う天皇意識は、光格天皇に固有のものとはいえない。霊元《れいげん》天皇は、天和《てんな》二年（一六八二）正月に派遣した伊勢公卿勅使に持たせた宸筆宣命《せんみょう》（『宸翰英華』）のなかで、「ことさら両三年のあいだ五穀不熟、万民餓饉《がきん》せるに、脱衣《だつえ》の善政をも施さず、身を責めるの祈謝《きしゃ》をも致さず」と書き、二、三年続いた不作のため人びとが飢饉で苦しんでいるにもかかわらず、それを救えなかったことを伊勢の神に謝罪している。光格天皇も、享和《きょうわ》元年（一八〇一）三月に派遣した伊勢公卿勅使に持たせた宸筆宣命（同前）に、「脱衣の善政をも施さず、身を責めるの祈謝をも致さず」と霊元天皇と同じ文言を記している。定型的な文言なので、ある特定の天皇に固有のものではなく、この部分は理念的、伝統的な天皇の意識というべきであろう。

強い皇統意識
——天皇の自署

光格天皇は、歴代天皇のなかでも皇統意識の強い天皇だった。天皇が文章などを書いた後の自署からみてみよう。光格天皇は、般若心経《はんにゃしんぎょう》や阿弥陀経《あみだきょう》などの写経、阿弥陀仏の名号《みょうごう》を書いたあとに、数多く署名している。

天明五年十月十二日の般若心経の書写に「兼仁謹書」、寛政三年十一月二十九日の阿弥陀経の書写に「兼仁合掌三礼」と署名していたが、寛政六年七月に亡くなった実父閑院宮典仁親王のため、同年十月に阿弥陀仏名号一千遍を書いた後に「神武百二十世兼仁合掌三礼」と自署した。これ以降、神武天皇から数えて第一二〇代という、連綿たる皇統に連なる者という意識を示す「百二十代兼仁」あるいは「百二十世兼仁」「百二十統兼仁」などの自署が登場する。なお、文化十年（一八一三）十二月二十二日の後桜町天皇初七日の供養として真言百八遍を書いた奥に、「大日本国天皇兼仁合掌敬白」と自署している（以上すべて『宸翰英華』）。これは皇統意識というよりは、大日本国（日本国の正式名称）の天皇という意識が表明され、別の意味で興味深い。

後陽成《ごようぜい》天皇（一五七一～一六一七。在位一五八六～一六一一）は、歌道の伝書である「仮名文字遣《づかい》」の写本の奥書に、「慶長二稔《ねん》孟春下澣　従神武《じんむより》百数代末孫《ばっそん》和仁《かずひと》廿七歳」と自署している。神武天皇から百数代目の後裔《こうえい》和仁、まさに皇統意識である。同じ頃に書かれた和歌の述作である「和歌輿勝覧」も、まったく同じ自署である。譲位後の慶長《けいちょう》十七年（一六一二）四月二日に、南禅寺第二世南院国師像の賛《さん》に、「従神武百余代末孫太上天皇（花押）」と自署し、譲位後なので太上天皇と記している。慶長十九年二月の「源氏物語」の奥書、同年八月九日の「伊勢物語秘説伝授状」、元和《げんな》元年七月の「法華経」の奥書にも、神武天皇から百数代の後裔である太上天皇と自署している（すべて『宸翰英華』）。後陽成天皇は、在位中も譲位後も皇統意識が強かった。徳川家康から強い圧迫を受け、天皇家のなかでも孤立した後陽成天皇の最後の拠り所は、皇統意識だったのかもしれない。

桜町《さくらまち》天皇（一七二〇～五〇。在位一七三五～四七）は、後陽成天皇が女御《にょうご》と尚侍《しょうじ》の席次について書いたものを写した「女御尚侍位次《いじ》御問答」の奥書に、「享保二十年九月廿一日　人皇百十六代孫昭仁《てるひと》」と自署している（同前）。一一六代の後裔《こうえい》昭仁であると記しているので、皇統意識をうかがうことができる。

『宸翰英華』に載せられている範囲でも、歴代の天皇が皇統意識を持っていたことは疑いない。その点で、皇統意識は光格天皇に固有のものとはいえないものの、しばしば自署していることから、とりわけ強かったとはいえるのではないか。傍流・傍系であるが（あるいはそれゆえに）連綿たる皇統を嗣ぐ者、という皇統意識が強かったともいえる。

大日本国天皇兼仁

皇位継承儀礼のひとつに、天皇の安穏と天下泰平、災厄除去などを祈る天曹地《てんそうち》府祭《ふさい》があり、陰陽道の家である土御門《つちみかど》家によって執行された。その際の祭文《さいもん》である天曹地府都状《とじょう》は、黄色の紙に朱書され、天皇の名と日付は天皇自ら墨書する。光格天皇の安永十年（一七八一）一月三十日の都状には、「大日本国大王「兼仁」十一歳謹啓」と記されている（『光格天皇実録』）。江戸時代における都状の署名を確認できた明正《めいしょう》天皇と後西《ごさい》天皇は「南浮州大日本国大王」、東山天皇と中御門天皇は「大日本国大王」である。明正・後西の場合、仏教的世界観に基づく「南贍《なんせん》部州《ぶしゅう》」に連なる「南浮州」の地名が、大日本国の上に冠されている。東山天皇からはそれがなくなって、「大日本国」だけになり、光格天皇もそれを継承している。

平安時代、後冷泉天皇の永承《えいしょう》五年（一〇五〇）十月十八日の都状は、「南閻浮州《なんえんぶしゅう》大日本国天子「親《ちか》仁《ひと》」（『新訂増補国史大系　朝野群載』）で、「南贍部州」に連なる「南閻浮州」が大日本国の上に冠されている。それが、江戸時代の明正・後西天皇の都状に引き継がれた。しかし、「大日本国天子」であり「大日本国大王」ではない。この点は、江戸時代の天皇は継承していない。「天子」か「大王」か、この差異と変化の理由は説明できない。

都状と「真言百八遍」との差異があることに配慮しなければならないが、「真言百八遍」において「天子」でも「大王」でもなく「大日本国天皇」と光格天皇が自署していることに注目する必要があろう。大日本国の天皇、という天皇意識の表明である。後に説明するが、天保《てんぽう》十一年（一八四〇）に亡くなり、翌年「光格天皇」と諡号《しごう》・天皇号を贈られ、八七五年ぶりに死後の称号として「天皇」が再興されることと関連しているのかもしれない。

なお桜町天皇は、延享《えんきょう》元年（一七四四）に水無瀬《みなせ》（大阪府島本町）の後鳥羽天皇御影堂に納めた「仁王般若経」の奥書に、「延享元年十二月廿二日　皇帝昭仁敬書」と書いている（『宸翰英華』）。「皇帝」という認識もまた注目される。

第三章　朝儀の再興・復古

1　天明六年の再興・復古

中絶朝儀の再興

光格天皇の在位中で特筆すべきことは、朝儀および神事の再興・復古である。天皇は寛政十二年（一八〇〇）八月八日、議奏に示した石清水八幡宮と賀茂社の臨時祭の再興を求める宸筆御沙汰書（『宸翰英華』）のなかで、「朔旦旬《さくたんのしゅん》、新宮旬《しんみやのしゅん》など再興、その他諸公事《くじ》、節会《せちえ》より始めて巨細の事に至る、おのおの潤飾《じゅんしょく》を加うるのもの、枚挙すべからず、幸甚々々、なんぞ毫端《ごうたん》に尽《つ》くさむや」と書いている。朝廷の政務や儀式のうちで再興したもの、立派にしたもの、復古させたものは枚挙に遑《いとま》がないほどだと誇っている。再興・復古された朝儀や神事の数が多かったので、のちに「寛政再興年中行事」（東京大学史料編纂所蔵）という本が作られたほどである。

表2にみるように、朝廷の朝儀は、江戸時代を通じて緩やかに再興されてきた。光格天皇の時代は、後水尾・霊元《れいげん》・桜町天皇の時代と並ぶ朝儀再興のピークであるとともに、たんなる再興にとどまらず復古を目指したのが画期的だった。先の宸筆御沙汰書に例示されていた朔旦冬至旬・新宮旬《にいみやのしゅん》の再興のほか、大嘗会・新嘗祭の復古、禁裏御所の復古的造営などがかなり集中的にあり、さらに伊勢公卿勅使の復古、石清水八幡宮・賀茂社臨時祭の再興などが挙げられる。

光格天皇による朝儀の再興・復古は、天明六年から始まる。

天明六～七年の政治・社会状況

まず、再興・復古の動きが始まる天明六年から七年にかけての政治・社会状況を説明しておこう。

天明六～七年は、天明の飢饉がピークを迎えていた時である。それだけではない、天変地異が相次ぎ幕府政治も混乱し混沌とした状況が生まれ、社会不安が高まってきた時でもある。権大納言今出川《いまでがわ》実種《さねたね》の日記「実種公記」から京都におけるその様子をみてみよう。

天明六年五月、日光東照宮例幣使《れいへいし》として派遣された参議正三位冷泉為章《ためあき》の一行に従っていた医師山科里安の従者一人が、紀伊藩の同心により道中で殺害された、という噂が伝えられた。これを聞いた今出川実種は、天皇・朝廷に対してこのような無礼を働き、しかも東照宮奉幣という神事の際に刃傷《にんじょう》に及んだことは、すこぶる奇怪なことだが、末世なので仕方のないことかと、激しい憤りを書き付けた。

同年七月には、関東の洪水の状況が伝えられた。江戸は一面満水、深い所は一丈（約三メートル）、

表2　江戸時代の朝儀再興年表

年	事　項
1614年(慶長19)	踏歌節会の再興（1588年以来）
1623年(元和9)	後七日法の再興（1461年以来）
1628年(寛永5)	県召除目の再興（1601年以来）
1646年(正保3)	伊勢例幣使の再興（日光例幣使の始まり）
1679年(延宝7)	石清水八幡宮放生会の再興（1465年以来）
1683年(天和3)	皇太子冊立の儀の再興（1348年以来）
1687年(貞享4)	大嘗会の再興（1466年以来）
1694年(元禄7)	賀茂祭＝葵祭の再興（応仁の乱以来）
1738年(元文3)	大嘗会の再再興
1740年(元文5)	新嘗祭の再興（1467年頃以来）
1744年(延享元)	七社（伊勢・石清水・賀茂・松尾・平野・稲荷・春日）奉幣使（1442年以来）と宇佐宮・香椎宮奉幣使（1321年以来）の再興
1786年(天明6)	朔旦冬至旬の再興（1449年以来）・新嘗祭の再再興（1778年以来）
1787年(天明7)	大嘗会の復古
1790年(寛政2)	御所の復古的造営・新宮旬再興
1791年(寛政3)	神嘉殿再興（新嘗祭の復古）
1801年(享和元)	伊勢公卿勅使の復古
1808年(文化5)	太政官印（外印）の再興
1813年(文化10)	石清水八幡宮臨時祭の再興（1432年以来）
1814年(文化11)	賀茂社臨時祭の再興（応仁の乱以後中絶）
＊1824年(文政7)	修学院御幸の再興
＊1837年(天保8)	朝覲行幸の再興
＊1841年(天保12)	天皇号・諡号の再興（光孝天皇以来）

注：＊は譲位後の再興。

浅い所で二、三尺（〇・六〜〇・九メートル）、溺死人は数知れず、愛宕山《あたごやま》（東京都港区）が崩れて麓の三寺が倒壊したという、今年の春は二度も大火（一月の江戸大火のことか）があり、今度は大洪水、昨年は大地震（天明三年の浅間山大噴火のことか）と大異変が続いている、近年、運上《うんじょう》と号して国民の金銀を掠め取り、今度は融通と号して家ごとに課役をとる（全国御用金令）、このため万民は苛酷な政治に苦しんでいる、天は幕府の不徳を憎んで災害をもたらしている、謀叛《むほん》が起こるのも近い、と書いている。今出川実種は、昨年から大災害や異変が続く事態を、国民から金銀を取り立てようとする幕府の悪政に対する天罰とみなし、幕府に対する謀叛・反逆が近づいているのではないかとすら予測している。

そして九月九日に、老中田沼意次《おきつぐ》が八月二十七日に罷免されたことを伝えられた。今出川実種は、田沼意次は権勢があり国政を任せられてきた、近年の課役もみな田沼のしわざである、世の人はこの事態をこぞって憂えていたので、退役したことを皆が大喜びしているという、自分には田沼への怨みはないが、天は田沼の悪事を憎んだのだろうか、課役の件は中止になったという、これは天下太平のもといであり、めでたいめでたい、と喜んでいる。さらに九月十三日には将軍徳川家治《いえはる》の死が伝えられ、五日間の廃朝《はいちょう》（天皇が朝廷の儀式や政務に臨まないこと）が触れられた。幕府の最高実力者田沼意次の失脚、将軍徳川家治の死と、幕府に重大事件が続いた。

このような社会不安の高まりと幕府内部の変動を見すえたのか、朝廷内部に新たな動きが始まった。

普請鳴物停止令

将軍が死去すると、江戸幕府から全国民が静粛のうちにその死を悼むことを命じる「普請鳴物停止令《ふしんなりものちょうじれい》」が出された。普請とは各種の土木建築工事、鳴物とは音楽や芸能の楽器の「音」に象徴される歌舞音曲《かぶおんぎょく》を指し、さらには多くの人が集まりざわめく市も規制された。さらに殺生を控えさせる殺生禁止のため、漁労停止も行われるなど、さまざまな面にわたり日常生活が規制された。人びとは高声を発せず静寂を保ち、ひそやかに暮らすことを求められたのである。

将軍の死の場合、規制される日数は全国で五〇日に及んだ（なお、普請工事や芸能者の歌舞音曲については、工期や生業に支障が生じることから、早めに規制が解除された）。ちなみに、天皇・上皇の死の場合も普請鳴物停止令が幕府から出されたが、規制の日数は京都だけ五〇日で、それ以外は五日だけだった。ここに、江戸時代の天皇と将軍の力の差がはっきり見える。

近代になっても、天皇（明治・大正）が亡くなると政府から江戸幕府と同じように「音曲禁止令」が出され、全国民が喪に服すことを強制された。昭和天皇は昭和六十三年（一九八八）秋に重体におちいったことが公表され、翌年一月に亡くなった。この時は、天皇の国制上の位置が戦前戦後（大日本帝国憲法と日本国憲法の違い）で変化したこともあり、政府から「音曲禁止令」が出されることはなかった。しかし、「自粛」という得たいの知れない巨大な同調圧力が社会に加わり、幼稚園の運動会や村の神社の祭礼などまでが「自粛」させられた。この間の異様な空気は、いまだにはっきりと記憶に残る。

鳴物停止令と楽器

将軍家治の死は九月八日に公表され、その日から普請鳴物停止が命じられた(『御触書天明集成』一四二四・一四二五)。朝廷には、天明六年九月十二日に伝えられた。しかし神事中だったため、天皇に伝えると廃朝になり神事が中断されるので、翌朝に言上した。朝廷では十三日から廃朝五日、仙洞御所では「物音」を止める「御慎」五日の措置をとった。また、普請鳴物停止が京都市中に触れ出されたことも禁裏付から伝えられ、公家たちも生活上の「遠慮」・「慎み」が求められたことは言うまでもない。

普請鳴物停止令は、九月二十八日から普請が解除され(同前一四四九)、発令から五〇日になる十月二十八日、生業《なりわい》とする者(芸能者など)に限り鳴物も解除された(同前一四七六)。

九月二十五日、朝廷雅楽を管轄した公家である四辻《よつつじ》家は、天皇所蔵(「御物」)の笙《しょう》の修理を林日向守に依頼した。四辻公亨《きんあき》は、林は鳴物停止令が出されている町方の在住だが、朝廷御用なので「吹き試《ため》し」は構わないのではないか、と所司代に問い合わせたところ不許可になった。四辻は修理期限が遅れることを恐れ、四辻邸内で「吹き試し」はできないか、と武家伝奏に交渉している(「油小路隆前卿伝奏記」)。このように、たとえ朝廷(天皇)御用でも、またただ「吹き試し」するだけでも、町方で楽器を鳴らすことは鳴物停止令に反するのである。

鳴物停止令と朝廷・公家　幕府からの直接の指示・命令はないものの、天皇、公家たちも「慎み」を求められたことは言うまでもない。しかし、町方に出された鳴物停止令が、禁裏御所内や公家の屋敷内に直接に及ぶことはなかったようである。

九月二十日、天皇が日常の生活を送る禁裏御所常御殿《つねごてん》の小座敷において、雅楽の会である「御楽《がく》」が催されている（「実種公記」）。そこでは、「一越調《いちこつちょう》　音取」以下に数曲が挙げられているので、天皇と公家の少人数で雅楽の稽古がされたことは疑いない。

琵琶の家である西園寺家から今出川家に養子にきた今出川実種は、今出川邸で他の公家とともにしばしば「楽会」を催し、稽古や演奏会を行っている。今出川家では、九月二十一日からその「楽会」を再開した。将軍家治の死去という「関東凶事」なので、実種は、「楽会」を開くのはどうかと思っていた。しかし、昨日（二十日）禁裏で「御楽」があり、さらに内々の指示もあったので、花園家（花園家四代実廉《さねやす》が桂宮家仁《やかひと》親王から琵琶を伝授され、この家も琵琶を得意とした）らと申し合わせ、この日から「楽会」を催した。だが、雅楽の家である四辻家では、思うところがあるといって「楽会」をしばらく開かないという。

このように、公家の家により、普請鳴物停止令が出ている間の「楽会」開催の可否の判断は分かれていたらしい。禁裏御所の「御楽」は小人数の参加により開かれ、また公家邸内の稽古は問題ないという指示があったらしい。

将軍の死による鳴物停止令が出ているにもかかわらず、天皇は楽器を使って音の出る「御楽」を開き、稽古とはいえ「楽会」を催していた公家もいた。

誕生日を祝えなかった右大臣

右大臣一条輝良《てるよし》は、天明六年九月十七日が三一歳の誕生日だった。ところが、すでに述べたように九月十二日に将軍家治の死が伝えられ、普請鳴物停止令が出された。このため一〇日間の漁労停止令が出され、野菜の市まで幕府が咎め止めさせられてしまった。前者は殺生を控える意味があり、後者は市に集まる人びとのざわめきを控える意味があったのだろう。

このため、一条輝良はやむを得ず誕生日の祝賀を延期した。そのこともあって一条輝良は、幕府への憤懣を「武威さかんの時世、説《と》くべからずの至りと云々《うんぬん》」「ひとえにもって当時の時宜《じぎ》武威天下に偏満《へんまん》す、何ごとも関東（幕府）筋の儀さかん、然《しか》るべき也と云々、いかがのこと、然るべからざる世の風俗の至りと云々」と日記にぶちまけている（『輝良公記』）。幕府の威勢の強さを嘆き、激しく憤っている。

自分の誕生日を祝えなかったという個人的な事情があるものの、幕府の威勢に対する公家たちの反感・反発の強さを示すものでもある。

朔旦冬至旬の再興

十一月一日（朔日《さくじつ》）が冬至にあたる日を朔旦冬至《さくたんとうじ》といって吉日とし、天皇は紫《し》宸殿《しんでん》に出御して群臣に酒と肴を賜って祝った。これを朔旦冬至旬《しゅん》といい、ほぼ一九年に一度めぐってくる。朔旦冬至旬は宝徳《ほうとく》元年（一四四九）から中絶していたが、天明六年十一月一日に三三七年ぶりに再興された。

光格天皇は、五月に朔旦冬至旬を再興させる意向を表明した。天皇は五月六日、武家伝奏に「今年の朔旦冬至に平座《ひらざ》（天皇が出席しない儀式のこと）は残念なので節会を再興したい、と関白に話してあるので、関白からその話があったら取り計らえ、まず内々に伝えておく」と命じた（『油小路隆前卿伝奏記』）。この記事によると、天皇自身が武家伝奏にその意向を内々に伝えている。朔旦冬至旬の再興は、天皇主導によるものだった。

武家伝奏は六月十四日、所司代屋敷を訪れて朔旦冬至旬再興を申し入れた。これまでの平座では下《げ》行米《ぎょうまい》（関係者に配分される米）一二八石四斗を禁裏財政から支出していたが、旬の再興なので幕府から二〇〇石ほど出すよう求めている（同前）。

この件について、所司代からなかなか回答が来なかった。そこで武家伝奏は八月十六日、長らく中絶していたので再興には調査や準備の時間が必要だから、と書状により回答を催促した。幕府からの回答が二か月以上もなかった理由は、幕府ではその頃、老中田沼意次の辞職に繋がった重要政策の行き詰まり、さらに将軍徳川家治の死去などが続く混乱状況にあったからである。

所司代から八月二十六日、老中の再興許可を得られたとの回答がもたらされ、武家伝奏は二十八日に所司代へ正式に申し入れた（「御再興　御内慮の事演説書」同前）。所司代から九月二十九日、再興と下行米二〇〇石の進上が認められたことを伝えられた（同前）。このような幕府との交渉を経て、朔旦冬至旬の再興が決まり、十月四日に公家たちに公表された（「朔旦冬至旬の儀、御再興の由触れ来る」「実種公記」）。

朔旦冬至旬の再興は、八月末に幕府の内々の承諾を得て、天皇の内慮を正式に幕府に伝えた。幕府との間で再興を決めたうえ、九月二日に「当年朔旦冬至につき旬の儀、御再興あるべきやの叡慮につきおのおの所意の趣を申すべし」と、再興の可否について意見を求める勅問が出された（「輝良公記」）。

強引に再興

ところが、勅答のなかに再興を疑問視する声があったらしい。それは、前天皇である後桃園天皇が安永八年十一月に亡くなったので、十一月は忌月《きげつ》（忌日、すなわち命日のある月）にあたる。忌月に慶事であり宴会を伴う朔旦冬至旬を再興するのは如何なものか、というものである。忌月には、重陽《ちょうよう》、端午《たんご》、踏歌節会《とうかのせちえ》などの宴会を止めるのが先例だった。再興を推進した議奏《ぎそう》の中山愛親《なるちか》は、九月四日に前権大納言正親町公明《きんあき》に送った手紙に、「最初から忌月のことに気づかず赤面の至り」と書いているので、十一月が忌月であることをすっかり忘れていたらしい（「公明卿記」東京大学史料編纂所蔵）。

いったんは再興を断念したが、中山愛親らはしごく残念に思い再興を追求した。元応《げんおう》元年（一三一九）十一月十五日に後醍醐天皇生母である談天門院《だんてんもんいん》が亡くなったが、建武《けんむ》二年（一三三五）十一月に後醍醐天皇が紫宸殿に出御し宴会を催した先例を「園太暦《えんたいりゃく》」（洞院公賢《とういんきんかた》の日記）から見出し、再興は如何かと思われるものの先例がないわけではない、と主張している（いずれも「輝良公記」）。結局、議奏中山愛親らが奔走し、やや強引に再興が決まった。

再興にあたって問題となった忌日・忌月の扱いについて、天皇は十月二日、忌月、忌日について勅問し、たとえば右大臣一条輝良から「忌月、忌日の先例は両端あり、天皇のお考え次第」（同前）などの勅答を得た。そこで天皇は十月三日、武家伝奏を招いて「これまで、忌月を憚る場合もあり憚らない場合もある、当代（光格天皇の代）は、忌日はあるが忌月はないという法を採用する」という方針を示した。天皇は、上皇（「思召なし」）と関白以下の勅問衆（五摂家）も賛成したのでこの方針をとる、と命じた。これにより、朔旦冬至旬再興のネックになった忌月の問題を解決しようとした。ただ関白は、前七日（十月六日より前七日、十一月三日より前七日）は慎むが、それ以外の日は尋常の通りにすることを申し入れるように指示した（「油小路隆前卿伝奏記」）。これを表向きにすると、天皇の命令と関白の指示とが齟齬する。しかし、再興は十月四日に公表された。天皇（および中山愛親ら議奏）の意向が強く、天皇の主導でことが決まっている様子をうかがえる。

大納言今出川実種は当日の日記に、「今日朔旦冬至なり、旬の儀行わる、宝徳元年（一四四九）より已来《いらい》中絶、兼日《けんじつ》催しあるにより卯《う》一点束帯《そくたい》を着し参内」と記し、宝徳元年から中絶した儀式であることを明記している。そのうえ、儀式それ自体をまことに詳細、かつ図入りで日記一五丁にわたって記録している（「実種公記」）。九月二日に勅問を受けた右大臣一条輝良は、廃絶していた朝廷儀式（「公事」）を再興しようとする叡慮は喜ばしい、おいおいいろいろな儀式が再興される時代になり、まことに喜ばしき御代《みよ》である、と日記に書き付けている（「輝良公記」）。

旬・節会の赦と叙位

武家伝奏は閏十月二十三日、関白に朔旦冬至につき赦《しゃ》を幕府に掛け合うので指示してくれと申し入れている。やや錯誤があったらしく、朔旦冬至の赦ではなく、豊明節会《とよのあかりのせちえ》（新嘗祭・大嘗会の翌日に宮中で行われる宴会。賜禄《しろく》や叙位などがあった）の赦のことだった。

十一月十五日になっても、赦について幕府の回答がなかった。武家伝奏は、豊明節会の日が近づいてきたので、まず「形のごとく作法のことこれ有るべし」と、準備をすると所司代に申し入れ、その許可を得ている。十一月十九日に、所司代から囚人免赦のことは関東の了承が済んだとの連絡があり、豊明節会の赦は幕府から許可された。十一月二十二日の豊明節会の日、陣《じん》の座を設け恩赦が決められ太政官符が出されている（「実種公記」）。具体的な事柄はよく分からないものの、その翌日の二十三日に検非違使《けびいし》が獄舎に向かうという記事がある（「油小路隆前卿伝奏記」）。

天皇は閏十月二十五日、武家伝奏を招いて、朔旦叙位を行う、小除目下行《こじもくげぎょう》で不足ならば、新嘗祭の残り米を充てるべきかと伝え、よく考えるようにと命じ、閏十月三十日には、豊明節会の赦と朔旦叙位の件を幕府に達すように指示した。

武家伝奏は十一月三日に関白邸を訪れ、朔旦叙位の件について相談している。伝奏は、朔旦叙位について先日天皇から命じられたが、幕府との交渉は時間的に無理であり、また、朔旦冬至旬の再興を申し入れた時に一緒にすべきだったのを漏れ落とし（「漏脱」）失態になるので、今回は見合わせたいと説明し、関白の理解を得ている（「油小路隆前卿伝奏記」）。

正月五日の叙位再興

光格天皇は十一月十三日、武家伝奏を招いて次のように命じた。朔旦叙位は先例が豊明節会の際の叙位で、もはや時間的に間に合わないので取り止める、そこで正月五日の叙位を再興したい、その実現が難しいようなら、節会の調度類で足らない分（具体的に平文御倚子《いし》、御酒具、臣下酒具ほかを挙げている）を新嘗祭の残り米で新調すべきか。武家伝奏はすぐ関白邸に行って「綸言《りんげん》」を申し入れ、伝奏としての意見を述べ、関白の同意を得ている。武家伝奏は十一月十五日に天皇へ、正月五日の叙位については、もはや時間がなく年内に幕府との交渉ができない、また、恒例の儀式になるので交渉は難航するだろうと説明し、そのうえで大歌所《おおうたどころ》再興の際のやり取りとそれを踏まえた方針を言上している。

宝暦《ほうれき》二年（一七五二）に大歌所（大歌は、正月節会・白馬《あおうま》節会・踏歌節会、新嘗祭・大嘗会などで用いられる歌で、その教習や管理をしたのが大歌所）再興の際、幕府は天皇が二〇歳位になるまで新法（朝儀再興など）はないようにと摂政に申し入れてきた（『大日本近世史料　広橋兼胤公武御用日記』三・七参照）。これはその時だけで永久のことではないだろうが、現在大納言が「年若」（権大納言の徳川家斉《いえなり》は一四歳）なので、それを理由に再興などを申し入れないようになどと言ってくると、いろいろ差し障りが生まれる。そこで、来年の将軍宣下《せんげ》が済んだ後に申し入れるようにしたい、と言上すると天皇は了承し、あとで指示すると回答した。さらに武家伝奏は、節会調度の件はすべてはできないが、少しずつ段々にやっていくようにしていただきたいと言上し、天皇の了承を得た（「油小路隆前卿伝奏記」）。天皇が意図した正月五日の叙位は、幕府との交渉が先延ばしになったのである。

なお翌年天明七年に、小除目の下行米に関して次のようなやり取りが、武家伝奏と禁裏付との間で交わされている。武家伝奏は天明七年五月九日、小除目下行米が二〇〇〇石余も不足しているので、取替《とりかえ》（立替）を申し立てる評議の最中である、下行米が差し支えるかどうか考えてくれと申し入れると、禁裏付は同月十二日に文書で、天明六年凶作によりさまざまな定式分の渡し方が六月から差し支えているので、この冬までの臨時分の渡し方に支障があるだろう、しかし、当秋の米の作柄はまだ不明なので、いまは差支えの有無を答えられない、と回答している。関白は五月十四日に伝奏に対して、とにかく小除目は行われる、下行米が今年は差し支えるならば、明年になって支給する、という方針を指示している（同前）。

内侍所仮殿の造営計画

光格天皇は天明六年七月二日、内侍所《ないしどころ》（紫宸殿の東南にある神殿で、天照大神の御霊代《みたましろ》とされる鏡を安置。賢所《かしこどころ》ともいう）の修復について自身の考えを示した。それは、たびたびの地震（六月二十二日にやや規模が大きく、その前後に小規模な有感地震が続いた）と長雨により内侍所の傷みがひどく、このまま放置しておくのは不安だ、「皇居」（天皇日常の住まいの意）はどうでもかまわないので、内侍所を早々に修復したい、というものだった。この天皇の意向を受けて武家伝奏は、小御所《こごしょ》の襖は修繕でよい（取り替えなくてよい、の意）ので、内侍所の修復にとくに努力する（「ことさら出精取り計らい」）よう所司代に伝えてくれと禁裏付に申し入れている（「油小路隆前卿伝奏記」）。

閏十月十日、関白から武家伝奏に天皇の内密の叡慮が伝えられた。それは、内侍所の修復ができても仮殿（内侍所本殿を修復しているあいだ用いるために造る仮の内侍所）を取り壊さず残し、新嘗祭をその仮殿で行うようにすれば、今後内侍所を修理する際に仮殿を造る必要がなくなる、というものだった。さらに閏十月十五日、天皇は武家伝奏を招き、内侍所仮殿についての意向を正式に伝え、さらに、これまで内侍所仮殿は本殿と同じ様式に造ってきたが、仮殿を新嘗祭を行う神嘉殿代《しんかでんだい》として使うことから、少し手を加えた絵図面を作成して渡した。つまり、内侍所仮殿を解体しないで神嘉殿代として使うため、新嘗祭ができる様式に仮殿を造営するという方針である。仮殿の造営場所についても指示を与えている。そしてこの方針は、上皇と相談し、関白も承知していることだと説明している（同前）。

この内侍所仮殿について、天皇は内々で武家伝奏に指示を与え、ついで内々に上皇・関白と相談してその賛同を得て、その後あらためて正式に武家伝奏に指示を与えている。この件についても天皇の意向が強く、天皇主導で進められていることが分かる。

武家伝奏は十一月十一日、内侍所仮殿を解体せずその仮殿で毎年の新嘗祭を行う、という天皇の内慮を所司代に正式に申し入れた。禁裏付は十一月十八日、関東服中（将軍家治の死去による服喪中の意）に内侍所仮殿などを取り計らい、朝廷の方で差支えがないならば幕府に伝える、という所司代の書状を武家伝奏に渡した。所司代の書状を読んだ関白は、一年間（服喪期間）そのまま放置するのは如何なものか、関東服中でも構わないと思うが、天皇と上皇の考えをうかがえと武家伝奏に指示した。天皇は関白の判断に賛成し、上皇の意見を求めるよう命じた。

上皇は先例の調査を求めた。武家伝奏は十一月十九日、関東服中に内侍所の修理をした先例はない、九代将軍徳川家重《いえしげ》が亡くなった宝暦十一年（一七六一）に伊勢神宮造替《ぞうたい》のための山口祭《やまぐちさい》（造営用の材木を伐り出す山の口《くち》の神を祀って伐木作業の安全を祈る儀式）の例はあるが、それを今回の准例にするのは如何なものか、手沙汰《てざた》（禁裏財政からの支出）で速やかに造営すべきではないか、と意見を述べている。これに対して関白は十一月二十一日、手沙汰といっても幕府の了承が必要であり、名目の差だけのことにすぎない、ずっと建てておくのだから、関東服中に造営した神殿などと世間で噂されたら如何なものか、そこで、まず内侍所内陣の雨漏り箇所を職人に調べさせ、来年十月まで保つようならば、忌《き》明《あ》けの来年十月に申し入れればよいのではないか、この意見を上皇に伺うように、と武家伝奏に命じている。関白は天皇の計画案に消極的だったらしい。このように、天皇の内侍所仮殿についてのアイデアは、早期には実現しそうになかった。

天皇の強い意思

しかし光格天皇は諦めなかった。天皇は十二月二十八日に伝奏を招き、関東服中を理由にして内侍所修復を延期するのはおかしい、関白と申し合わせ早く幕府に伝達せよと命じている。関白は翌二十九日、上皇に伺ったらお考えはないということなので、幕府へ通達しても構わないと答え、宝永《ほうえい》六年（一七〇九。五代将軍綱吉《つなよし》が死去した年）の伊勢神宮正遷宮・春日社正遷宮、内侍所渡御《とぎょ》、正徳三年（一七一三。前年に六代将軍徳川家宣《いえのぶ》が死去）の貴布祢《きぶね》（貴船）社正遷宮の事例などを挙げている。しかし、翌年天明七年になっても事態は進まなかった。

関白は天明七年三月五日に武家伝奏へ、内侍所仮殿の件を大嘗会《だいじょうえ》以前に決着させるため催促せよとの天皇の命令を伝え、幕府との交渉を命じた。しかし幕府は、「内侍所仮殿はこれ迄の通り」と、天皇のプランを認めない回答をしてきた。それでもなお天皇は諦めなかった。天皇は幕府の回答ははなはだ残念だと納得せず、関白は天皇の強い意思を受けて、五月五日に伝奏へもう一度交渉するよう命じた。

天皇の仮殿への強い意思が通じたのか、五月二十七日に幕府から内侍所仮殿造営を認める決定が伝えられた。これを聞いた天皇は、「御機嫌の旨」を幕府に伝えるよう指示している。まさに御機嫌だったろう。関白は五月二十九日、⑴享保以来三度目で、木作始《きづくりはじめ》から本殿渡御まで六か月かかるので、今回は大嘗会挙行のため急いで造営する必要がある、⑵来月上旬に木作始を命じて差支えないか、⑶

本殿修復は九月中に終えるようにしたい、と所司代に伝え返答を求めさせた。六月一日に所司代から、木造始は準備のため一〇日猶予してほしいと回答があり、関白は、当月十日以降に木作始の日時を決めるので準備するよう申し渡している。

しかし六月五日、仮殿を日華門《にっかもん》の南方に造営すると、他の建物との関係で支障が生まれるため、場所を日の門北方、小御所の庭にかけて建てることに変更し、さらに神嘉殿として使うには中門を造る必要のあることが判明したりと、ばたばたもたもたしていたが、六月十四日に木作始があり着工された。

内侍所仮殿の木作始の日、今出川実種は、「幕府は、内侍所はかなり破損しているが、まだ二十年経っていないうえ（安永三年〈一七七四〉の造営）、今年は将軍家服中などを理由にして承知しなかった、しかし朝廷から強く命じた結果了承したという、近来、内侍所仮殿は本殿ができると取り壊すという、しかし今回は仮殿をそのままにしておくことに決まった、この仮殿を神嘉殿代にするという、昨年からの天皇のお指図があり、今度幕府が承諾したという、目出度い目出度い」と日記に書いている（「実種公記」）。天皇の強い姿勢に幕府が折れて了承したという経緯から、仮殿造営と神嘉殿代としての利用の実現をめでたい、と感慨を述べている。

内侍所仮殿を神嘉殿に見立てる（神嘉殿代）という天皇の構想は、天明八年一月の京都大火により実現しなかった。だが後述のように、神嘉殿（正確には神嘉殿代）造営は、寛政三年（一七九一）に実現する。なお、文化十二年（一八一五）八月、その神嘉殿を造り替えるため、内侍所仮殿に使った材木を再利用するという天皇の意向が示された（『光格天皇実録』）。この場合は材木だけであるものの、内侍所仮殿を再利用するという天皇の構想は生き続けたのである。

光格天皇の案件実現に向けたねばり強い意思と、仮殿再利用という現実的で合理的な考え方を読みとることができる。天皇の主体的、主導的な行動は際だっている。

新嘗祭の再興・復古

新嘗祭《にいなめさい》は、陰暦《いんれき》十一月下《しも》の卯《う》の日に行われ（現在は十一月二十三日勤労感謝の日）、天皇がその年に収穫された新穀を神に捧げ、ともに食べる神事である。新嘗祭は、宮中祭祀の中で最も重要なものである。もとは、内裏のすぐ西にある中和院《ちゅうかいん》の正殿を神嘉殿といい、そこに天皇が行幸し親祭していた。しかし、寛正《かんしょう》四年（一四六三）を最後に二七〇年余り中絶し、元文《げんぶん》五年（一七四〇）に再興された。それ以前は新嘗御祈と呼んで、吉田社（京都市左京区吉田神楽岡町）の神祇官八神殿《じんぎかんはっしんでん》（神祇官代《だい》と称した）で吉田家が執行していた。元文五年に再興された新嘗祭は、御所内の紫宸殿を神嘉殿に見立てて行われていたが、安永《あんえい》八年（一七七九）の後桃園天皇の死去により再び中絶してしまった。

光格天皇は、この新嘗祭の再興を図った。それは、内侍所仮殿の造営とも絡んでいた。関白は天明六年閏十月十日、武家伝奏に天皇の勅語と内密の叡慮を伝えた。それは、(1)新嘗祭は今年から挙行する、(2)今年の新嘗祭は内侍《ないし》（長橋局の女官のうち掌侍を指す）が出向き、来年は大嘗会なので再来年から行幸する（親祭する）、(3)内侍所仮殿を解体せず残し、そこで新嘗祭を行う、以上の三点だった。これにより、再び新嘗祭の再興が決まったのである（すべて「油小路隆前卿伝奏記」）。大嘗会を挙行する前に新嘗祭を行うことについては、先例の存在を根拠にしている。

こうして新嘗祭は天明六年十一月二十一日に挙行され、再び再興された。紫宸殿を神嘉殿に見立てて執行され、天皇の行幸もなかった。内侍所仮殿を神嘉殿に見立て（神嘉殿代）て新嘗祭を親祭するという天皇の構想は、天明八年の京都大火により実現しなかった。だが後述するように、神嘉殿（正確には神嘉殿代）を造営し天皇が行幸して親祭することは、寛政三年（一七九一）に実現する。

朝廷の最も重要な祭祀である新嘗祭を神嘉殿において天皇が親祭する、新嘗祭本来の形に復古させようとする天皇の意思が、天明六年の時点でうかがえる。その点では、新嘗祭の単なる再興ではなく、大火により実現しなかったものの新嘗祭の復古でもあった。

京都御所紫宸殿（宮内庁京都事務所提供）

右大臣一条輝良は、「頗《すこぶ》る下万民の人まで大変に喜ばしく思っている」と、新嘗祭の再興を歓迎する記事を日記に書いている（「輝良公記」）。

真言院の再興

後七日《ごしちにち》の御修法《みしほ》は、毎年正月八日から十四日まで内裏の真言院《しんごんいん》において、玉体《ぎょくたい》安穏・国家隆昌・五穀豊穣・万民豊楽を祈願する真言密教の法会《ほうえ》である。南北朝期あるいは室町時代末期に中絶し、元和《げんな》九年（一六二三）に再興されたが真言院は再興されなかったので、紫宸殿を真言院に見立て実施されていた。真言院とは、平安大内裏中和院《ちゅうかいん》の西にあった真言密教の修法を行う所で、後七日の御修法がなされていた。しかし、安元《あんげん》三年（一一七七）に焼けた後は転々とし、紫宸殿で行われるようになったという。そのため、正月八日から七日間は、朝廷の政務や儀式などに紫宸殿を使えないという問題があった。

光格天皇は閏十月十五日、武家伝奏を招いて内密の考えを伝えた。それは、(1)これまで紫宸殿を用いてきた後七日の御修法を、小御所《こごしょ》を真言院に見立て行う、(2)懺法講《せんぼうこう》（法華懺法講）も小御所で実施する、以上の二点だった。

天皇は十二月十九日に武家伝奏を招き、後七日の御修法は来年から小御所で行うと明言し、ついてはその経費の支出に支障はないかと尋ねた。武家伝奏は、小御所の庭に設けるだけなら費用はそれほどかからないので支障はないと回答している。翌年天明七年正月三日に、禁裏付から変更事項について質問などがあったが、正月八日から小御所において後七日の御修法が行われ、阿闍梨《あじゃり》法務前大僧正尊淳が修した。このことを聞き知った下鴨社の社人《しゃにん》は、「これは今上《きんじょう》皇帝昔を思し召す故か」（「下鴨社祠官光連日記」東京大学史料編纂所蔵）と、天皇の復古への姿勢を歓迎している。

天明六年十二月十九日に後七日の御修法を小御所で行うことを決めると、法務前大僧正尊淳が真言院再興を願い出た。天皇は、やむを得ないことだとして再興を指示した。しかし、この再興にはさまざまな障害があったらしく、軌道修正せざるを得なかった。天皇は天明七年正月三日に武家伝奏を招き、適当な地面（敷地）があれば再興ということになるが、現在急には造営できないので真言院再興まで小御所を使う、と重ねて命じている。さらに八月二十日、小御所では後七日の御修法を十全にできないという理由で、来春から元通り紫宸殿で実施することに戻した（「油小路隆前卿伝奏記」）。真言院再興はそのうちに、ということで終わっている。

天明六年には、再興が実現した朝儀、再興を図ったがうまくいかなかった朝儀がこもごもあり、矢継ぎ早に朝儀の再興を進めようと前のめりになっている光格天皇の姿を見ることができる。

倹約令と禁裏財政

幕府は、凶作が続き浅間山噴火などの自然災害も加わって年貢収入が減ったため、天明三年十二月に七か年倹約令を出した。幕府の財政緊縮は、幕府が財政丸抱えしている禁裏にもその影響が及んだ。

禁裏財政は、禁裏御料からの年貢収入により賄われていた。禁裏御料は、豊臣秀吉の時代に一万石、江戸幕府が元和《げんな》九年（一六二三）に一万石増やして二万石、さらに宝永《ほうえい》二年（一七〇五）に一万石増やして計三万石だった。十八世紀以降、幕府や藩に限らず禁裏の財政も次第に悪化していった。禁裏御所の支出が禁裏御料からの収入では賄えなくなり、幕府は「取替金《とりかえきん》」という立て替え（実質は無利子の貸付）により補塡していた。享保年間から寛政三年（一七九一）までに積もり積もった取替金の額は、約五一万両以上になったという。幕府は安永《あんえい》三年（一七七四）、禁裏の財政を管理する口向《くちむけ》役人ら四〇人を粛清し、勘定所役人を派遣して監督を強化するなど、禁裏財政を運営する組織に大鉈をふるい、支出抑制を図ってきた。そして、安永七年（一七七八）に定高《さだめだか》制を導入した。それは、禁裏御所の年間予算の上限を銀七四五貫目（金一両＝銀六〇匁両替で金一万二四一六両に相当）、その他に奥向き金八〇〇両と決め、禁裏御料と関係なく、この金額が禁裏財政を賄う収入となった（禁裏財政については、佐藤雄介『近世の朝廷財政と江戸幕府』による）。

しかし、禁裏御所の支出はこの定高を超えるようになった。定高の超過額は、天明五年に銀五三貫目、天明六年に銀六二貫目、天明七年に銀六三貫目にのぼった。禁裏付は天明六年二月七日、前年の支出がかなり増加し、その不足分銀五三貫目が今年分の財政を圧迫しているので、「平日御用格別御用捨」、すなわち特別の経費削減、倹約を武家伝奏に求めた。所司代からも、御月見御用金七〇〇両を調達できないので格別省略することを求められた（なお、この年の御月見は月食により中止）。六月二十一日には、小御所の襖の張替を、倹約令により幕府が諸事省略しているので、傷んだ箇所の繕いで済ますよう求められた。

禁裏付は天明六年八月七日、特段の理由もなく支出が増加し、このままでは今年は銀一〇〇〇貫目ほどの支出になると見込まれることから、厳しい倹約を求めた。結局天明六年は、定式・臨時分合わせて銀一〇〇三貫四〇〇目と金一三〇〇両の支出となり、定高額を銀二五八貫四〇〇目と金五〇〇両も超過してしまった。具体的な内容まで分からないが、禁裏付（幕府側）と武家伝奏（朝廷側）が話し合って決めた分を除き、禁裏側から申立てなく支出した銀六二貫六〇〇目は、今年（天明七年）の定高で埋め合わせることになり、翌年への繰越しが増えると財政運営ができなくなる、と禁裏付は警告した。

老中松平定信は、天明七年に寛政の改革を開始した際に勘定奉行から、天明の飢饉対策と前年に亡くなった将軍徳川家治《いえはる》の葬儀費用のため、来年の天明八年には百万両もの財政不足になる、と告げられた。同僚の老中にこのことを伝えると、みな真っ青になったという（「宇下人言」『宇下人言・修行録』岩波文庫）。明和七年（一七七〇）に幕府御金蔵に約三〇〇万両も蓄えられていた金が、天明八年には八一万両にまで激減してしまった（幕府財政の動向については、拙著『勘定奉行の江戸時代』ちくま新書、二〇一八年）。幕府財政の悪化は、朝儀や神事の再興・復古、とくに後述する復古的御所造営を目指す光格天皇の意欲と矛盾・対立することになる。

瑞鳥あらわる――白烏

天明六年十一月二十三日、京都近郊山科郷竹鼻《たけはな》村で珍鳥が捕獲された（以下この鳥については、神沢杜口《かんさわとこう》「翁草」日本随筆大成第三期22巻、今出川実種の日記「実種公記」、「油小路隆前卿伝奏記」による）。捕らえたのは、七条新地上ル二ノ宮町に住む吉田屋喜右衛門という猟師だった。この噂を聞きつけた見世物師がひと儲けを企んで、この鳥を高い値段で買い取ろうとしたところ、妙法院宮（門主は真仁法親王。閑院宮典仁親王の子で光格天皇の兄）がこの噂を知り、その珍鳥を引き取った。実際にみると羽の色がところどころ白く、全身は赤紫色だったという。もしや白烏《しろからす》ではと思った妙法院宮は、十二月八日に参内し光格天皇に見せた。天皇は、瑞鳥《ずいちょう》とされる白烏ではなかろうかと推測し、学者の家である清原家と菅原家の人びと、および朝廷の先例や故実に詳しい大外記《だいげき》らにこの珍鳥を見せた。瑞鳥か否かの判断を十二月十三日までに回答するよう求めた。

この鳥を実見した人びとは、烏に疑いないが、半分白く半分は柿色、真っ白ではないが赤くも蒼くもない、烏の特徴を備えていて羽の多くが白い、翼と尾が白色、羽が白色などと、おのおの観察結果を書いている。いずれも、真っ白な鳥ではないと見ている。

白鳥とは何かについて、前中納言高辻《たかつじ》（菅原）胤長《たねなが》は、羽の色が白色だけの白鳥を「瑞物」という、非参議唐橋《からはし》（菅原）在熙《ありひろ》は、混じりっけのない白色の鳥が白鳥であると回答した。つまり、白鳥とは真っ白な羽の鳥で、それが「瑞物」「瑞鳥」ということになる。実見した鳥は部分的に羽が白いので白鳥とは言いきれなかったものの、高辻と唐橋は、羽の色は真っ白ではないが普通の鳥とは違う、羽や尾の白いのも白鳥というのではないか、などとやや苦しい結論を引き出している。天皇が白鳥ではないかと推定しているので、学者が「迎合」しているように読める。

このような経緯の末、天皇は十二月二十八日、武家伝奏に、珍鳥は白鳥と決定する、上皇にお伝えして異存がなければ来る元日に群臣に白鳥出現を知らせる、この方針に異存はないかと問い、武家伝奏は異議なしと答えている。

白鳥は、日本だけではなく吉兆、祥瑞《しょうずい》（めでたいしるし）とされ、十世紀前半に古代律令法の施行細則を集大成した『延喜式《えんぎしき》』治部省《じぶしょう》に、祥瑞が大瑞・上瑞・中瑞・下瑞の四段階に分けられ、三番目の中瑞に白鳥がある。白鳥は祥瑞のなかの中瑞である。

白鳥出現は祥瑞

大外記中原師資・師武と左大史《さだいし》小槻《おづき》敬義の意見は、この白鳥の意味を考えるうえで興味深い。彼らは、白鳥の出現がいかに祥瑞であるのかを、歴史を遡って説明する。天慶《てんぎょう》五年（九四二）四月八日に神祇大祐大中臣正直が白鳥を献上し、前年天慶四年に古代における朝廷への反乱事件として有名な藤原純友《すみとも》の乱（承平《じょうへい》・天慶年間に起こった平将門《まさかど》と藤原純友の反乱を承平・天慶の乱と呼ぶ）平定の報賽《ほうさい》として奉幣《ほうへい》があったことと、天明六年に新嘗祭が再興されたこととを結びつけている。光格天皇が安永七年以来中絶していた新嘗祭を今年再興したことが、祥瑞としての白鳥出現になったのではないかという。また、昌泰《しょうたい》元年（八九八）に白亀が河内国（大阪府）に出現した祥瑞があり、それが朔旦冬至旬の後のことだったので、光格天皇が今年三五〇年ぶりに朔旦冬至旬を再興させたことが、白鳥出現に繋がったともいう（「公明卿記」）。つまり、朔旦冬至旬と新嘗祭の再興が、祥瑞としての白鳥出現になったという意見である。

白鳥とはいうものの、本当のところは全身真っ白ではなく、部分的に羽の白い鳥だったらしい。それにもかかわらずかなり強引に祥瑞としての白鳥としたのは、朔旦冬至旬と新嘗祭などを再興し、十八世紀末に新たな胎動をみせる天皇と朝廷の前途に、吉兆をみようとしたのだろう。

「儀制令《ぎせいりょう》」に、祥瑞は元日に（諸臣に）聞かせ、生きて捕獲したものは山野に放す、と規定されている（「油小路隆前卿伝奏記」）。それに従い、天明七年元日に祥瑞出現を群臣に聞かせ、捕獲地に放すことになった。白鳥は天明七年正月十三日、京都町奉行所の与力や猟師、鳥屋などに厳重に護られながら、捕獲された山科郷竹鼻村の山中に放たれた。その二日前の十一日に、瑞鳥であるから捕らえることと、白鳥に似た鳥を見世物に出すことを禁じる町触が京都に出された（『京都町触集成』第六巻）。捕獲した猟師には褒美が与えられた。

2　天明七年御所千度参りと朝廷・幕府

天明七年の政治・社会状況

光格天皇が即位した安永八年から天明七年までの、大坂市中と江戸の米価を示したのが表3である（山崎隆三『近世物価史研究』塙書房、一九八三年、第二章第一節による）。米価は、大坂米市場の主要銘柄である肥後米と筑前米で、十二月の等級「中米」一石の値段を銀で表示している。なお、十二月は米価が最も安定する時期とされる。江戸の米価は、一石の値段を金で表している。

光格天皇が即位した安永八年と翌九年は、米価の安い年だったが、天明二、三年は全国的に凶作となり、とくに同三年の飢饉で米価は高騰した。そして天明六年は全国的な大凶作になり、大坂米市場の米価は年末十二月に安永八、九年の二倍にも跳ね上がった。最も安定する十二月の米価なので、これが翌年天明七年の端境期である夏にかけてさらに上昇してゆく。以上が、天明七年の政治・社会状況の前提になる。

各地で打ちこわし

各地の都市で米価が高騰し生命を脅かすほど深刻になり、とくに五月になると各地で生存を求めて一揆、打ちこわしが頻発した。京都に近い地域でも打ちこわしや騒動が起こった。その情報を聞いた権大納言今出川実種は、五月十九日の日記（「実種公記」）に次のように書いている（現代語訳）。

表3　大坂・江戸米価表

年次	肥後米	筑前米	江戸米価
安永8年	47・5匁	43・5匁	0・934両
9年	47・0匁	43・5匁	0・914両
天明1年	55・0匁	53・0匁	1・009両
2年	75・1匁	73・1匁	1・143両
3年	98・0匁	92・5匁	1・351両
4年	66・0匁	70・0匁	1・094両
5年	61・0匁	55・0匁	1・123両
6年	101・0匁	95・5匁	1・429両
7年	80・0匁	77・0匁	1・229両

伝え聞くところによると、近頃は米穀の値段が非常に高く、毎日餓死する者が少なくない、世の中に米穀は少なくないのだが、所々に隠されていると噂されている、そのため、大坂の町人が一揆を起こし、米商人の家を打ちこわした、五月十一日から毎日打ちこわしているので、打ちこわされた家はもう数十軒にもなる、堺、播磨、紀伊などのあたりでも打ちこわしが起きているという、これは幕府の奉行たちが政道に暗いからだという、人びとは大乱が近いのではと憂え顔をしかめている、

京都に近い大坂、堺、播磨、紀伊あたりの打ちこわしの噂を聞いて、幕府政治が悪いため大乱も近いのではと憂えている。そして、六月四日の日記には江戸の打ちこわしの情報を書き留めている。

伝え聞くところによると、先月十九日より二十四日まで関東（江戸）で騒動があったという、（大坂などと同じように）これもまた困窮民が一揆を起こし、町家を打ちこわした、数百人という群集は鉦《かね》と太鼓を打ち鳴らして行動し、彼らを阻止しようとする者

は、おのおの竹槍のような兵具を備え、侵入を防ぐために鹿垣《ししがき》を造り戦っているという、まさに兵乱と言うしかない、なんとも言いようがない、

打ちこわし勢は合戦の陣中で使われる鉦と太鼓を使って行動し、これに対抗する者は竹槍のような武器で武装し、鹿垣を造って侵入を阻もうとしているという。実種からすると戦乱のように思えたのである。

このように、京都に近い大坂やその周辺地域、さらには江戸で大規模な打ちこわしが起こり、そのありさまは公家に戦争、兵乱のようだと思わせるほどのものだった。そのような噂が耳に入ってきたちょうどその頃、京都では御所千度参りが始まったのである。

天明七年四～六月の京都

米価の高騰、飢饉状況は、京都も例外ではなかった。四月晦日に、京都市中、とくに場末に困窮人が多いので、富裕者に救済を命じる町触（『京都町触集成』第六巻一四二五号）、五月十日頃と五月十八日には町内での助け合いを命じる町触（同前一四三二号・一四三四号）、大坂とその周辺の打ちこわしの噂が伝わった五月二十八日には、騒動の発生を防止するよう町役人に命じる町触（同前一四三六号）が出され、深刻化する飢饉状況が伝わってくる。

六月二日の町触（同前一四三九号）によると、五月に打ちこわしの噂を聞きつけ、「見物」に人びとが集まるという事件があったらしく、京都でも一触即発の状況が生まれていた。同町触によると、他国・他地域では一揆・打ちこわしが起こっているが、京都ではそのような騒動がないという。六月二

日には、米の隠匿・売り惜しみの調査を町役人に命じ（同前一四四一号）、九日には行倒れ人の処置も触れている（同前一四四二号）。

京都町奉行所の対応は、町内の助け合いと町役人による取締りを町触により指示する程度のものだった。

御所千度参り始まる

六月に入ると、禁裏御所の築地塀《ついじべい》の周りを廻り拝礼する人びとの姿がみられ始めた。当時の記録には「御千度参（詣）り」「禁裏御所廻参」などと表現されているので、本書では「御所千度参り」と呼ぶ。

京都御所の築地塀（唐門付近）

越後屋京本店の日記「永書《ながしょ》」（三井文庫蔵）によると、御所千度参りは六月初めから始まった。その数は、初めのうちは一〇人とか二〇人だったのでそれほど目立たなかったため、誰も気づかないほどだったが、次第に増えて一五〇人位の日もあった。

六月初め、京都市中の所々に札が貼られていた。張札《はりふだ》の内容は同じ主旨だが、文言の異なる二種類が「永書」に写されている。所々の門に貼られていた札に、「天下太平五穀成就と認め、下に稲を打ち違え（稲穂の絵）この如く画く、もっとも粉色《ふんしょく》なり」と説明がつけられている。天下太平五穀成就と書いたその下に彩色された稲穂の絵が描かれ、ついで次のような「小書《こがき》」

がある。

近来凶作と申し成《な》し米穀高直《こうじき》、困窮人多く世上難儀仕《つかまつ》り候、これにより六月十一日禁裏へ御千度参り仕り候御志しこれ有る方は、御参り成らるべく候、

もう一つは、油小路松原の辻の門に貼ってあった張札で、次のように書かれていた。

米穀豊作のため、禁裏へ御千度参り仕《つかまつ》り候、稲荷大明神の霊夢《れいむ》蒙《こうむ》り候につき、当月十一日信心の方は御参詣有るべきものなり、

豊作（それにより飢饉から逃れる）を願うため、六月十一日に禁裏御所へ千度参りしようと呼びかける内容で、主旨は同じである。このように御所千度参りを呼びかけるポスターが、京都市中各所に貼られていたらしい。

「永書」によると、人びとの御所千度参りと張札のことが、長橋局《ながはしのつぼね》を通して光格天皇の耳に入り、天皇は「不便《ふびん》のことに思し召し上げられ、そのままに差し置き、追い散らし申すまじく」と、御所千度参りの人びとに同情を寄せ、制止したり追い散らしたりしないようにと指示したという。そのことを漏れ聞いて有り難いことだと感動して参詣人が増え、見物にやって来た人までも千度参りの列に加

わったため、人数は九日には六、七〇〇〇人ほどになった。「参詣者」に握り飯を配る公家も現れ、九日に配られた「参詣者」の数は六〇〇〇人余だったという。関白の鷹司輔平家からは、「強飯《こわめし》」（餅米で作った赤飯か）が配られたと噂された。「大外記師武記《だいげきもろたけき》」（国立公文書館蔵）六月十日の条には、日によって三万人とも書かれている。

なお、京都の住人から江戸の知人に宛てた六月（日付不詳）の手紙（国立公文書館蔵「落葉集」九。以後、京都人の手紙と呼ぶ）によると、禁裏付は参詣差止めを伺い出たが、上皇から、信心で参詣しているのだからそのままにしておくように、と命じられたという。

六月十一日の様相　そして、張札《はりふだ》が呼びかけた十一日、「永書」によると参詣者は五万人に膨れあがっている。それは張札の力だったようである。「永書」は、その日の様子を次のように書いている。

十一日の参詣人はおよそ五万人余りもいるだろう、広い大路に爪も立てられないほどの群集だ、ことにこの日は拝賀《はいが》があるので公卿らが輿《こし》で通行されるが、下座《げざ》（平伏すること）しなくても咎《とが》めることもなく、参詣人を避けて通っている、女院御所からは切飯《きりめし》（四角にした携行用の飯）が二つずつ配られ、梶井門跡からはお茶がふるまわれた、茶はその場で飲んだが、切飯はお供え物だといって食べる者はなく、紙に包んで家に持ち帰っているという、十一日は張札の効果か、御所千度参り参加者は五万人余もいたという。参詣者に女院（恭礼門院《きょうれいもんいん》富子・桃園天皇女御《にょうご》）から切り餅、梶井門跡（門主は当時無住）からお茶がふるまわれたという。十一日のこととは特定できないが、京都人の手紙によると、禁裏御所では築地塀の周りをめぐる溝を掃除させて御所内のわき水を流し、有栖川《ありすがわ》宮からはお茶がふるまわれ、上皇からはりんご三万個（夏に熟す小りんご）が配られ、昼過ぎにはなくなったという。千度参りに対して公家たちは好意的だったことがうかがえる。京都人の手紙から、いま少し千度参りの様子をみてみよう。

今日は大坂の人が多いので祇園会《ぎおんえ》のために上京したものとばかり思ったら、実は千度参りにやってきた人びとで、大坂でも千度参りの噂でもちきりになっている。船賃半額という千度参りのための施《せ》行船《ぎょうぶね》まで運航されている。大坂だけでなく近江や河内の人びとも浮かれ出て、まるで明和《めいわ》八年（一七七一）の伊勢お陰《かげ》参りのときのようだ。あまりに千度参りの人数が多いので、飢饉と無縁の裕福な町人も奉公人などを連れて見物にやってきて、思わず千度参りの列に加わっていることもあり、茶屋町、祇園、島原などの遊女や芸者も着飾って加わっている。明け六時（午前六時）からの朝参りから夜参りまであったが、夜参りは禁止された。最近は日中ひどく暑いので人数は少なくなったが、八半時（午後三時）から浮かれ出る人数はかなりにのぼる。千度参り参加者を相手に、菓子、酒と肴、トコロテンや瓜を商う者が五、六〇〇人もいる。

これによると、御所千度参りの様子は伊勢お陰参りのようでもあり、祝祭のようでもある。伊勢松坂の国学者本居宣長も六月十五日の日記に、今月上旬から京都町人が禁裏御所に参詣し、南門で拝んで五穀成就を祈っている、次第に人が多くなり、大坂、河内、近江、丹波そのほか近国からも追々参詣し、大群集となったそうだ、と書いている（『本居宣長全集』第一六巻、筑摩書房）。神沢杜口《かんざわとこう》の「翁草《おきなぐさ》」にも、ことに大坂からたくさんの人が上京し、淀川をのぼる船は、御所参りといえば船賃を安くしてくれるという、と書かれている。京都の住人のみならず、大坂をはじめとする近国からもやってきていたようである。

天皇へ直訴

京都人の手紙に、「南門・唐門散《さん》（賽《さい》）銭《せん》四十貫文余り毎日ござ候よし、もっともその内十二銅包紙にいろいろ願書《ねがいがき》ども訴えもござ候よし」と書かれている。越後屋京本店の「永書」には、「南門・唐門の内は十二銅山をなし、散銭敷石《しきいし》を埋め」「南門・唐門の散銭、最初は銘々十二銅など献じ候えども、九日頃より役人衆付き添い居て、散銭無用との下知《げち》す、しかれども十二銅など上げ候者もあらあらこれ有り」と書き留められている。なお、天皇は六月十二日、千度参りの人びとが、貧窮し難渋しているのにわずかずつでもお賽銭を出すことは大変なので止めさせるよう指示し、武家伝奏が穏やかに制止するよう所司代側に申し入れている（「油小路隆前卿伝奏記」）。

御所千度参りに参加した人びとは、禁裏御所の築地塀の周りを何遍か廻り、南門や唐門の前で拝礼し、賽銭として紙に包んだ銭十二枚を投げ入れた。あたかも神社へ参拝するのと同じ様子であり、天皇を神に見立てた祈願だった。銭が四〇貫文あまりというと、一人十二文（枚）として、賽銭を投げ込んだ者だけでも三万数千人以上いたことになる。

人びとの願掛けは五穀成就だった。すなわち豊作、それによる飢饉からの脱出を天皇に祈ったのである。注目すべきは、京都人の手紙にあるように、賽銭を包んだ紙に、願いごとや訴えが書かれていたことである。「永書」には、賽銭の包み紙に何か願書のように書いたのもあるという噂があり、屋敷筋の意味など書いたのもあるともいう、と書かれている。屋敷筋とは、京都町奉行所を指す語である。

京都人の手紙は、これまで京都町奉行所に何度も（米価引下げとか救済とかであろう）願書を出したが、ひとつとして窮状を救う対策をとってくれなかったので、京都市民は町奉行所に願い出るのをやめ天皇に訴えることにしたのだ、と御所千度参りの背景を説明している。つまり、人びとは京都町奉行所（幕府）を見限って、御所千度参りという形式で天皇（朝廷）に直訴したということなのである。

天皇に直訴の事例

今出川実種は日記の天明七年六月十日のところに、京都の町人や近在の庶民たちが、禁裏御所（「禁城」）を廻り南門で拝んでいる様子は、百余年前にもあったという風聞があるがいまだかつて聞いたことがない（「未曾聞事也」）、しかしながら、聖徳（天皇の徳）を仰ぐとはめでたいことだ、毎日人数が増え、今日は数万人という、と書いている（「実種公記」）。

百余年前にも同様のことがあったのかどうか確認できない。四二年前のことだが、延享《えんきょう》二年（一七四五）四月に、河内国内の百姓が天皇に直訴しようとした事件は起こっている。それは、「胡麻《ごま》の油と百姓は絞れば絞るほど出るもの」と言い放った、といわれる勘定奉行神尾春央《かんおはるひで》らが、畿内から中国筋を巡回して行った厳しい年貢増徴と検地の撤回を訴えた事件である。四月十五日に河内国二四か村から一万三〇〇〇人もの百姓が京都に出てきて、天皇に訴願すると主張し、左大臣・右大臣にも訴えるためその屋敷に向かったという。同月十八日にも河内国の百姓が京都に出てきて、京都所司代、京都町奉行、京都代官らに訴えたが相手にされず、武家伝奏に懇願しても駄目だったので天皇に直訴に来たという（「公城卿記《きんむら》」東京大学史料編纂所蔵）。これは、百姓が幕府の措置の撤回を求めて天皇に訴願しようとした、前代未聞の事件だった。

窮民救済を幕府に求める

飢饉による人びとの窮状は、天皇の耳にも入っていた。関白は五月十三日、この頃末々の者が困窮していることから、祈禱をするよう天皇から指示があったと内々で武家伝奏に知らせ、七社七寺に祈禱を命じる費用が大丈夫か調べるように命じた。武家伝奏が調べたうえ、先例では下行《げぎょう》（手当支給）はないので費用はかからないと回答している（「油小路隆前卿伝奏記」）。五月二十日に、長雨（「霖雨《りんう》」）により七社七寺に祈禱が命じられた（「実種公記」）。長雨により不作になることを恐れ、五穀成就を祈らせたのだろう。飢饉状況を受けて、天皇・朝廷は動き始めていた。

そこに、六月に入り御所千度参りが始まり、十一日頃には五万人とも推計される人びとが禁裏御所の周りを廻った。その翌日十二日、関白鷹司輔平は武家伝奏を呼び、次のような指示を与えた（以下「油小路隆前卿伝奏記」）。

世上に困窮し飢え死亡している者がたくさんいることを、天皇と上皇がひどく不憫《ふびん》に思われ、いつもお指図がある、施米や賑給《しんごう》などを朝廷で決められないのか、幕府が米を出して救済するようにできないのか、あるいは朝廷からそれを幕府に指図できないのか、この頃人びとが築地内を廻って拝礼している、飢え困窮して祈っている、あれこれ天皇はこの事態にひどく心を痛めている、この件で所司代と相談する方法を考えるように、

天皇が飢饉の惨状を心配し、なんとかするように幕府に申し入れることはできないのか、と心を痛めているので、所司代と相談する方法を考えよ、と関白から先日も指示があり、再三の指示になることから、武家伝奏二人は、所司代に相談しますと関白に申し入れた。武家伝奏は、十四日に参内する所司代に申し入れる内容の案文を関白に見せたところ、関白から、それでよいので明後日相談せよ、と指示された。

武家伝奏は十四日に参内した所司代に相談をもちかけ、書付を渡した。武家伝奏は書付の性格について、「演説書をもって申し談じ候わけにてはこれなく、まことに申し取り相違なきための書付のよし」と説明している。「演説書」とは、たとえば天明六年八月二十八日に朔旦冬至旬再興を朝廷から幕府に正式に申し入れた際、武家伝奏は「御再興　御内慮の事演説書」を所司代に渡している。つまり、十四日に渡した書付は、天皇の意向を正式に伝える文書（「御内慮の事演説書」）により相談したのではなく、口頭で申し入れたことに誤解などが生まれないようにするためだという。さらに「くれぐれこれを示す」というように、さらにその主旨を念を入れて説明し書付を渡している。

窮民救済を幕府に求める天皇の意向を伝えるという前代未聞の申入れなので、幕府がどのような反応や反発を示すのか予測できなかった。そのため武家伝奏はかなり慎重に、あるいおずおずとした調

子で申し入れ、書付を渡している様子が読みとれる。簡単にいえば、おっかなびっくりである。

朝廷から幕府への書付　所司代に渡した書付は、武家伝奏側には書き留められていない。しかし、所司代が老中に送った六月二十八日付の上申書に「伝奏衆申し聞けられ候は」として、次のような文面が幕府側に書き留められている（「御勝手方御用留」『内閣文庫所蔵史籍叢刊』第三〇巻、汲古書院、一九八三年。現代語訳にした）。

伝奏衆が話されるには、世上が困窮し、飢えている卑賤《ひせん》の者がたくさんいるということが天皇の耳に入り、天皇と上皇は心を悩まされ、いろいろ指示を出すのだがどうにもならないため、ますます悩まれている、この頃、多くの下賤の者が御築地内に集まり、数回にわたり築地塀の周りを廻っている、飢餓から逃れようとして祈っていると聞く、もっと大規模になったらよろしくないが、制止するようなことでもない、卑賤の者たちが飢えて死ぬことにならないような措置はないものだろうか、所司代の方で考えてくれと関白が命じた、その旨を強く申し入れるという性格のものではなく、口頭で伝えたことを書き取ったまでのものという別紙を渡された。

所司代が老中に伝達している内容は、表現の差異は別として、関白が武家伝奏に指示したものとほぼ同じである。所司代は正確に老中に伝達している。残念ながら、武家伝奏が所司代に渡した書付である別紙は書き留められていない。

「窮民救済勅書」の流布

「北叟遺言《ほくそういげん》」（東京大学史料編纂所蔵）の第三十冊「明寛之際《めいかんのきわ》」（天明と寛政の境目という意味で、天明末年から寛政初年の触書などを収録している）に、次の史料が収められている（原文のまま）。

勅書之覚
　米穀高価一統
　困窮落塗炭
　不安
　宸襟被　思召之間
　　万民安堵之可成様可取計
　関白殿下被　命に付執達依而如件
　月日　　両伝奏
　　　　老中衆

米の値段が高くて人びとが困窮し、塗炭《とたん》の苦しみに落ち入っていることで天皇が心を悩まされているので、人びとが安心して暮らせるよう取り計らえと関白が命じたので、武家伝奏から老中に伝達するという文面である。要するに、人びとが苦しんでいるのを天皇が心配しているから救済するように、という主旨である。関白の命令を武家伝奏が老中に伝達するという、御教書《みぎょうしょ》のような文書様式で、これを「勅書」としているのである。「落葉集」十五（国立公文書館蔵）には、「綸言《りんげん》米世話」という表題でほぼ同文（「安堵之可成様」が「安堵之可成懐を様」になっている）のものが写され、『天明大成録』（『日本経済大典』第二十二巻）にも収められている。

文面はほぼ同じであるが、文書としてやや書式の整っているのが次の史料である（上越市立高田図書館蔵榊原家文書）。これは「公儀より出候御書付幷裁許《さいきょ》写」という冊に収められ、「天明八申年、余《よ》於東都《とうと》（江戸）公儀衆ヨリ借リ写也」と注記がある（原文のまま）。

米穀依高価世上困窮、万民一統堕塗炭、不易宸襟被思召之間、可成万民安堵之思様可執計、依執達如件、　両伝

未（天明七年）七月

文意は前の三点と同じであるが、前三点の出所が不明なのに対して、素直に解釈すれば、江戸で「公儀衆」、すなわち幕府役人から借りて写したと読め、出所が記されている。朝廷から幕府に渡された書付の内容は、すでに説明したように六月二十八日付の所司代上申書にあるものであり、「勅書」が渡されたとは到底考えられない。その点で「勅書」は偽文書であり、誰かの創作であろう。

このような偽文書が数通確認できることから、広く流布したとは言えないかもしれないが、朝廷が

いる。

幕府に天皇の要望として窮民救済を申し入れたことは、外部にある程度は知られていたことを示して

幕府の対応

京都所司代は六月十四日に武家伝奏から書付を渡された際、この頃その件について老中と相談しているところであり、なお考えてみたい、と回答している。そして所司代は、対策をまとめた書付を六月二十八日に武家伝奏に渡し、同日付で上申書を江戸の老中に送ったのである。老中は、七月十八日と二十日の二回にわたり所司代に指示を与えた。七月十八日の達書では、六月二十二日付で指示した救い米を放出し、なお千度参りが続き飢人がいるようなら、所司代として対策を立て手当したうえで再度伺うようにと指示した。七月二十日付の達書では、不当な米価つり上げなどによる騒動を防ぐことを、京都町奉行に命じるよう指示している。

日にちは不詳だが、六月二十二日より前に所司代は救い米の放出を老中に伺い出たらしい。老中は、飢饉は諸国おしなべてだといって渋っていたが、伏見奉行からも要請があったことから、六月二十二日付で、京都は五〇〇石、伏見は二〇〇石を上限とし、二条御蔵の米を放出してよい、と指示を与えた（以上、前出「御勝手方御用留」）。これを受けて所司代は七月八日、救い米として五〇〇石を放出するよう京都町奉行に命じた、と武家伝奏に伝えている（「油小路隆前卿伝奏記」）。窮民救済の措置を求めた天皇の意向を伝達してから一か月近くも経ったものの、救済措置が実現したのである。幕府は大坂城代に七月六日頃、大坂市中へ四〇〇石から五〇〇石、堺に二〇〇石を上限とする救済米の放出を認め、七月二十四日に京都所司代へ、大津代官の要請による救済米を一〇〇石を上限として放出する

のを認めている（「御勝手方御用留」）。幕府は六月下旬から七月初めにかけて、上方諸都市への救い米放出による飢饉対策をようやくとったのである。

朝廷では八月一日、世上の困窮と救済措置について関白と所司代が会談する機会を設けようとして、関白鷹司邸に所司代が訪れるよう求めた。申入れられた所司代は、先例の有無や、いまの社会状況で会談するとさまざまな臆測を呼ぶのではないかなどと回答し、会談に消極的で猶予を求めた。なお、武家伝奏との会話のなかで、近日中に救い米を申し渡す予定であり、それでもなお相談したいことがあるならば、と答えている。事実、八月五日に、米一〇〇〇石の放出を京都町奉行に指示したと伝達している（「油小路隆前卿伝奏記」）。幕府は、天皇の要請に応え合計で救済米一五〇〇石を京都市中に放出したことになる。

なお、御所千度参りは断続的に続いたらしい。それをめぐり、早く強制的に制止したい所司代側と、それに反対する朝廷側とのやり取りが繰り返された。十月十五日、所司代側は、この頃御所千度参りは収まったが再発するかもしれないという理由で、制止する町触を出したいと申し入れた。しかし関白は、千度参りが収まったのなら町触は必要ないし、再発しても先頃程度なら制止には及ばない、と突っぱねている（同前）。いずれにしても、六月初めから始まった御所千度参りも、十月半ばには終息したらしい。

飢饉で飢えた人びとの救済は、幕府が担う政務、行政である。朝廷が、幕府に窮民救済を求めるのは幕府の政務に口を差し挟むことになり、江戸時代において空前の出来事だった。だから朝廷は、幕府の反応を恐れ、こわごわ天皇の意向として伝えたのである。幕府は、これに対して救い米の放出による救済措置を講じた。天皇の「要請」に応じて幕府が動いた、ということになる。ただ、この時の所司代戸田忠寛《ただひろ》は、所司代を務めればほとんどが老中に昇進するにもかかわらず、老中になることなく所司代で終わってしまった。これは、御所千度参りを制止できず、朝廷からの窮民救済要請を幕府が受け入れざるを得なったことを問題にし、所司代としての失態の責任をとらせたのであろう。

なお、天保《てんぽう》の飢饉のさなかの天保八年（一八三七）四月にも、朝廷は同様の申入れを幕府に行い、幕府は救済措置の状況を報告している（「日野資愛公武御用日記」国立公文書館蔵）。飢饉時などに朝廷が救済措置を幕府に求めることは、天明七年が先例になったのである。

幕府の対外情勢報告

すでに説明したように、大政委任とは、将軍・幕府が天皇・朝廷から政務を全面的に委任され、天皇・朝廷からなんら干渉を受けることなく政治を行うという主旨である。将軍・幕府が、天皇・朝廷から窮民救済を申し入れられ、それに応じて救済措置を講じたのは、大政委任論からは疑問符がつく。窮民救済は、幕府が担う政務だからである。天皇・朝廷が大政委任論から逸脱し、幕府政治へ介入したともいえる。

ところが、文化四年（一八〇七）六月二十九日、前年秋から蝦夷地《えぞち》でロシアと紛争状態にあった幕府は、その紛争状況を朝廷に報告した（「伊光記《これみつ》」東京大学史料編纂所蔵）。これは、幕府は対外情勢を朝廷に報告する、朝廷は対外情勢の報告を幕府に求めることができる、という先例になった。文化四年まで、幕府は対外情勢を朝廷に伝えたことは皆無だった。それは幕府が担う政務だからである。

弘化《こうか》三年（一八四六）八月、朝廷は頻繁な外国船の渡来を踏まえて、幕府に海岸防備の強化を求める「海防勅書」を出した。それと同時に朝廷は、文化四年の先例にならって最近の対外情勢を報告するよう要求した。幕府はそれに応じて、外国艦船の渡来状況を報告している（『孝明天皇紀』一）。嘉永六年（一八五三）六月にペリーが来日した際、幕府が朝廷にペリー来航を伝えアメリカ大統領書簡を伝達したのは、この先例に従ったのである。

天皇・朝廷は、幕府に対外問題・対外政策に関して情報を求め、海岸防備の強化など幕府の政務に口を差し挟む、あるいは干渉できたことを弘化三年の「海防勅書」は示している。これも、大政委任論からするとやはり疑問符がつく、大政委任からの逸脱である。しかし、何も問題が起こらなかったのは、文化四年の幕府の対外情勢報告が先例になったからである。その意味で、文化四年の幕府による対外情勢報告は、幕末政治史にとって重大な出来事だったのである。

3　続く再興・復古

復古的大嘗会の挙行

天皇は、天明七年元旦早朝の四方拝《しほうはい》に践祚後初めて出御し、正月の節会その他の儀式にも出御した。一七歳の光格天皇は、天明七年から「一人前の天皇」として朝廷儀礼に臨んだ。それは、前年から見られた朝廷主導の姿からすれば当然のことだったであろう。

大嘗会《だいじょうえ》は即位した天皇の最初の新嘗祭で、朝廷にとって最大の祭祀（「大祀」）である。文正《ぶんしょう》元年（一四六六）の後土御門《ごつちみかど》天皇から約二二〇年間も中絶、貞享《じょうきょう》四年（一六八七）の東山天皇のときに再興されたが、次の中御門《なかみかど》天皇のときは行われず、その次の桜町天皇の元文《げんぶん》三年（一七三八）に再再興され、以降ずっと挙行されてきた。光格天皇は、天明七年十一月二十七日に大嘗会を行った。

左大臣一条輝良は大嘗会当日の日記に、「今日践祚《せんそ》大嘗会、主上《しゅじょう》兼仁、御十七、これを行わる、もっぱら古儀を追わる、御再興の類、すこぶるもって多しと云々」と書いている。今回の大嘗会は、なるたけ古い形式に復古させようとし、そのために再興されたものが多いと指摘する。一条輝良はその理由を、「貞享以来の形よろしからず、貞観《じょうがん》・延喜《えんぎ》などの式のごとく作進《さくしん》しかるべきか」と書く。二二〇年ぶりに再興された貞享四年の大嘗会はよろしくないので、律令《りつりょう》の施行細則を集大成し、朝廷の政務・儀式と年中行事の典拠とされた貞観式、延喜式にのっとるべきだという主張である。貞享に再興された大嘗会は、幕府がそのための臨時の経費を出さなかったため、かなり省略した形式で行われ、直後からさまざまな批判が出された。それを改めようということである。

著者の力量不足から、復古の内容を具体的に説明できない。そのため羅列的な紹介になるが、いくつか紹介しておきたい。

天皇は正月四日、武家伝奏を御前に呼び、今年の冬に大嘗会を挙行する、昨年冬に伝達するつもりだったが、将軍家治の死という「関東凶事」のためこの春の伝達になった、と幕府に伝えよと指示した。武家伝奏は正月十一日、所司代に十一月に大嘗会を行いたいという御内慮を伝達した。二月十三日、所司代から幕府の了承を得られたと連絡があった。三月三日、大嘗会を十一月に挙行することが公表され、大嘗会伝奏は議奏中山愛親《なるちか》、奉行職事は坊城俊親《ぼうじょうとしちか》が任命された。そして、十一月二十七日に挙行されたのである。

貞享以来の大嘗会から変更された第一は、大嘗会に供える新穀を献じる土地（二か国）を定める国《こく》郡卜定《ぐんぼくじょう》を、八月に行っていたのを古来通りの四月に戻したことである。三月十四日に関白から伝奏に、大嘗会抜穂《ぬきほ》村を近江国志賀《しが》郡・野洲《やす》郡、丹波国桑田《くわた》郡・氷上《ひかみ》郡のうちから吟味すべしと命じられた。そして四月二十八日に国郡卜定が行われた。

第二は高御座《たかみくら》（天皇が座る椅子）で、関白は五月五日に武家伝奏に、近来は豊明《とよのあかり》節会のみ高御座を設けているが、今度は旧儀のように、辰《たつ》と巳《み》の両日も悠紀殿《ゆきでん》、主基殿《すきでん》御帳《ちょう》に設けることにし、そのため高御座に継壇が必要なので費用の件を相談するよう指示している。

第三は田舞《たまい》（五穀豊穣を祈る舞）の再興で、関白が五月十六日に伝奏に、大嘗会巳日節会《みのひせちえ》（主基の節会）の田舞再興を伝えている（以上「油小路隆前卿伝奏記」）。なお、十一月十八日に関白鷹司邸で、清《せい》暑堂神宴《しょどうしんえん》拍子合が行われた。清暑堂とは、平安大内裏の豊楽院九堂の一つで、大嘗会ののち天皇が出御し御神楽が行われた堂である。関白邸での清暑堂神宴拍子合は、ひさしく中絶していたが今回再興されたという（「実種公記」）。

細部の詳細を説明できないものの、光格天皇の大嘗会は、いくつかの点で復古的なものだったらしい。

御仁恵の御製

老中松平定信は上京した天明八年(一七八八)五月、御所造営問題を交渉するため関白鷹司輔平と会談した。幕府の造営方針を説明した文書のなかで、大嘗会の時に光格天皇が詠んだとされる和歌(「大嘗会のとき御仁恵の御製」)が、民間で有り難い歌と評判(「民間にても何となく有り難き旨申し唱え」)だと書いている(「松平定教文書」東京大学史料編纂所蔵「編年史料稿本天明八年」十所収)。その和歌は、

身のかいは何を祈らず朝な夕な　民安かれと思うばかりぞ

というものである。これが、万民の安穏を祈る天皇の有り難い御製として評判になったという。また、光格天皇が将軍徳川家斉《いえなり》に贈ったとされる、

民草に露の情けをかけよかし　代々の守りの国の司は

という和歌も、仁政を願う光格天皇の有り難い歌として世に広まっている(東京大学史料編纂所蔵「蒲堂叢書」見聞雑録四、写本により字句の異同あり)。

どちらも、万民の安穏な暮らしをひたすら祈り、幕府に仁政を求める天皇の姿が和歌により流布している。もっとも、右の和歌二首は、『御製集』第十一巻(列聖全集編纂会、一九一六年)に収められて

いないことから、御製和歌ではないらしい。これは、安穏な生活を希求する民衆、幕府に仁政を求める民衆の思いが、天皇の和歌や御所千度参りの折の「勅書」「綸言」に託されたのだろう。

興正寺大僧正勅許一件

浄土真宗興正派の本山で、京都市下京区の西本願寺南側に接し、六条通と堀河通に面した大寺である。准門跡《じゅんもんぜき》である興正寺《こうしょうじ》門跡常順への大僧正勅許が物議を醸した。興正寺は、であることから大僧正を希望し、関白鷹司輔平からも実現を願う願書が添えて出された。鷹司家とは、先代門跡が鷹司兼煕《かねひろ》の猶子《ゆうし》という関係にある。そして、関白は六月十九日に勅許された翌日、この件を幕府と交渉するよう武家伝奏に命じた。

ところがこの大僧正勅許には問題があった。それは、安永《あんえい》七年（一七七八）に興正寺と仏光寺《ぶっこうじ》（准門跡。浄土真宗仏光寺派の本山。元の寺名が興正寺で仏光寺と改名）などは大僧正を永久に願い出てはならないという御内慮を幕府に伝え、了解を得て興正寺にも命じ、請書もとっていた。そのため、今回の勅許はそれと齟齬したのである。六月二十一日に所司代からその点を衝かれ、今回の勅許は筋が通らないのではないか、と疑念が出された。朝廷では、僧正が高齢で重態、かつ関白の願書もあることから、幕府に御内慮を伝えることなく勅許した、と幕府に説明するよう武家伝奏に命じている。

武家伝奏は六月二十八日、所司代屋敷を訪れ、興正寺大僧正勅許のやむを得ない事情を幕府に伝えるよう求めた。武家伝奏は内々で所司代に、「勅許を早速伝達すべきだったが、天皇は、ちょうどその頃の暑さのためややぼうっとされていたが（後述の通り、その頃天皇は病気中である）、この頃はすっきりされて指図したのではないかと思う、日数が経っているので不審に思われるかもしれないので、内々で事情を説明した」と語っている。

所司代は江戸の老中と相談したうえ、七月二十九日に次のような老中の指示を武家伝奏に伝えた。「たとえ病気が重篤になっても、一応は御内慮を幕府に伝えるべきであり、緊急事態なら所司代と相談すべきだったので、今回の勅許は道理に合わない、しかし、いったん勅許したのだから、今回のことについて幕府から何も指図しない（黙許ということか）、この件に限らず、緊急のことでも幕府へ御内慮を伝えることなく勅許するのは問題であり、しかも今回の件は安永七年の経緯があるので、たとえ緊急事態になっても、いったん御内慮を幕府に伝えてから勅許すべきだった、この点を武家伝奏に達しておくように」。

御内慮を幕府に伝え、その承認のうえで勅許・決定という手順を踏むように、という主旨である（以上すべて「油小路隆前卿伝奏記」）。それが、朝廷と幕府の慣例的な手続きである。今回の一件は、勅許してから幕府と交渉するという異例の手順だった。このような慣例的手続きから逸脱することが、これ以降繰り返されることになる。次々と朝儀の再興・復古を図り、さらに窮民救済を申し入れるなど、従来とはやや異なる動きをみせる天皇と朝廷に幕府はクギを刺した、と見るのは読み過ぎだろうか。

天皇病む

光格天皇は、御所千度参りが盛んな頃から病気になり、長い間かなり深刻な容態だったらしい。病気のことは秘され、関白や奥向きの者しか知らなかった。関白は六月十九日になって、武家伝奏に病気のことを伝えた。この日、天皇が先頃から病気であり、百々俊亮と三角了敬両名に拝診《はいしん》（診察のこと）を命じるので手続きを急ぐこと、ただし御不予《ふよ》で拝診というとものものしく（「事々しい」）なるので、平日の拝診のように取り計らうよう命じた。翌日所司代の了承を得て、二十一日に両名に拝診を申し渡している。同日、今日は病状が良好ということで、武家伝奏と議奏は御機嫌伺いをするように指示された（同前）。

権大納言今出川実種は日記の六月二十三日に、近習の公家が最近御前に召されないことを不審に思っていたところ、天皇は病気だが快方に向かっているという病状を近習衆が内々で承知しておくように伝えよと、関白が議奏に命じたと記している（「実種公記」）。

容態は良い方に向かっていたが、七月二日の夜から痛みが出て食事の量も少なく、三日の夕方からもっと痛みが強くなり、それが繰り返されたため一晩中眠れず食事もとれず、四日の朝も同様の容態が続いた。拝診の医師に病状の書付（容態書）を提出させ、武家伝奏が医師を呼んで直接に尋問すらしている。かなり深刻な病状だったらしい。

七月四日には、龍一斎という按摩（導引《どういん》）が閑院宮家に出入りしている巧者で、光格天皇も幼少の頃に診てもらっていたと閑院宮典仁親王から推薦があり、関白は龍一斎の身元調査を命じた。六日には拝診の手続きをとるよう命じ、七日に所司代の了承を得た。八日に、拝診を命じるにあたり医師の位階である法橋《ほっきょう》（法印《ほういん》、法眼《ほうげん》に次ぐ）にはしたくない、という関白の意向が示された。拝診医師たちが九日、快方に向かっているときに按摩療治は妨げになる危惧を挙げ、龍一斎登用の延期を申し入れている。関白や拝診医師たちには、按摩の拝診に抵抗感があったらしい。十四日には、快方に向かっているので両役の御機嫌伺いは無用と指示された。

七月十九日には、ここ二、三日再び腹痛が続いたため、関白は、拝診の医師に「医案御薬剤」を尋問するよう武家伝奏に指示し、各医師に書付を提出させた。病状は「大略御肝癖御往来」という診断で、食事の量も次第に増え、腹痛も収まっている、という状況だった。二十日に天皇は「御静」で、今朝から畑柳安が「人参養胃湯」を処方したという。二十五日、二十六日に龍一斎の拝診が申し渡され、誓詞血判の起請文《きしょうもん》などの手続きがとられている。関白は八月五日、七社七寺に祈禱させるよう武家伝奏に命じている。ただ、御不予平癒《へいゆ》の祈禱では、これまで秘していた天皇の重病がばれてしまうので、「天下泰平　玉体安全　宝祚長久」とするように申し渡している。

天皇の二か月以上にわたる病気はやっと全快し、八月二十七日に床払い（床上げ）の祝いが行われている（以上の経緯は「油小路隆前卿伝奏記」）。天皇の病気は、激しい腹痛を伴った消化器系の病らしい。拝診の医師である生駒元珉が七月六日、左大臣一条輝良に「御病症は御虫のよし」と漏らしている。そこでは、「只今においてはいささか御療治後《おく》れ候」とも語り、治療が少し手遅れだったらしい（「輝良公記」）。

なお、翌年天明八年二月には疱瘡《ほうそう》に罹っている。二月二十五日に、発熱が続いた天皇を診察した医師団が、疱瘡という診断を下している（「輝良公記」）。三月十三日に第一度、十六日に第二度、十九日に第三度の酒湯《ささゆ》で疱瘡は癒えた（「実種公記」）。

公家への叱責

天明七年一月十六日の踏歌節会《とうかのせちえ》での出来事だった。踏歌節会とは、天皇が一月十六日に紫宸殿に出御し、女性楽人《がくにん》たちの舞踏を見る節会で、天皇の長久と五穀豊穣を祈った。この節会の場に天皇が出御中にもかかわらず、踏歌節会外弁の権大納言徳大寺実祖《さねみ》、同権大納言今出川実種、同権中納言醍醐輝久《てるひさ》、同権中納言広幡前基《さきもと》、同参議姉小路公聡《きみあき》が早出（早く退出した、という意か）したため、昇殿していたのは同権中納言甘露寺篤長《あつなが》わずか一人になってしまったことが、節会を蔑ろにした行為として問題にされた。

天皇は一月二十日に武家伝奏を御前に呼び、本来なら厳重に処罰するところだが、今回は宥免するので以後慎むようにと記した書付を渡し、各人に申し渡すよう命じた。五人の公家は、議奏の示唆を受けて「恐懼《きょうく》」（出仕を停め謹慎すること）を伺い出ている（「油小路隆前卿伝奏記」）。

叱責された今出川実種によると、踏歌節会の日、実種は所労により陣《じん》の後に早出したのだが、早出した公卿が多く、かつ居眠りして転倒した者もいるなど、節会に混乱があったらしい。実種らは禁裏御所に呼ばれ、申渡の書付を見せられ、以後みだりに早出しないようにと戒められた。恐懼の至りなので所労ということで引籠《ひきこもり》（自宅謹慎・籠居）を伺い出るよう議奏から示唆され、伺い出たところそれには及ばないと命じられている。

天皇による叱責は恐れ多いが、所労による早出はやむを得ないことであり、これまでの規則でもあること、いまだかつて早出してはならないという指示はないことなどを挙げ、叱責に不満たらたらだった。実種は、踏歌節会内弁の権大納言清閑寺益房《せいかんじますふさ》が、花族《かぞく》（清華家《せいがけ》のこと。五摂家に次ぐ家柄。西園寺・今出川・徳大寺・醍醐・広幡・久我・三条・花山院・大炊御門家）の連中が申し合わせて早出したと疑い、「鬱憤《うっぷん》」、つまり、積もり積もった不満から、名家《めいか》（羽林家《うりんけ》の次の家柄で、日野・広橋・烏丸・勧修寺家など）の議奏と語らってこの叱責になったのだと推測した。

実種は、名家による清華家への「いやがらせ」と理解している。現在は古儀（再興・復古）を追求している時なのに、古くから認められてきた所労による早出を叱責するのは矛盾だという。ここ一、二年、踏歌節会でいつも早出しているにもかかわらず、今回「御咎め」を受けたことは、まことに身の不幸だと不満を書き連ねている（以上「実種公記」）。

また一月十二日には、議奏中山愛親から右大臣一条輝良に宛てた書状で、正月の三節会に一度も出席していないのは「如何に存じ候」と尋ねている（「輝良公記」）。一条輝良が節会に出ていないことを、節会軽視、すなわちそれは天皇を「軽視」することではないかと疑っているのだろう。

光格天皇は、幕府に対してだけではなく、公家たちへも厳しい姿勢で臨んでいるのである。

4 御所の復古的造営と復古の風潮

天明の大火

現在、通年で一般公開になり私たちが見ることができる御所、すなわち京都御苑内の御所は、安政《あんせい》元年（一八五四）四月に焼け、同二年に造営された建物である。焼失以前の建物は、天明《てんめい》八年（一七八八）一月に焼け、寛政《かんせい》二年（一七九〇）に造営されたものであるが、安政二年再建の御所は、焼失以前とほぼ同じものといわれる（藤岡通夫『京都御所』中央公論美術出版、一九八七年）。これから取り上げる寛政二年に完成した御所は、現在のそれとほぼ同じと考えてよいようである。

天明八年一月三十日から二月一日にかけて、京都は応仁の乱以来の大惨事という大火により、禁裏御所、仙洞御所などもすべて灰燼に帰した。ちなみに、罹災は一四二四町に及び、京都市中の過半を焼き尽くし、二条城も被災した。御所は、宝永《ほうえい》五年（一七〇八）に焼けて以来なので、八〇年ぶりの焼失ということになる。

天明八年一月三十日の天候は、朝は晴れていたが夕方申刻（午後四時）から大雨、亥刻（午後十時）頃から雷も鳴り、夜の間じゅう猛烈な風雨になった（「実種公記」）。

暁寅刻（午前四時頃）、御所の南東、鴨川左岸にある建仁寺前の宮川町の通称椽辻子《どんぐりずし》（鈍栗図子《どんくりずし》・団栗《どんぐり》図子）の空家から出火、折からの猛烈な風にあおられて延焼していった。御所も危険になり、天皇は亥（午後十時）半刻に、関白、父閑院宮典仁親王、兄美仁親王、内大臣近衛経熙《つねひろ》、前内大臣西園寺賞季《よしすえ》、弟聖護院新宮盈仁法親王その他が供奉し、鳳輦《ほうれん》に乗り下鴨社へ避難した。鳳輦をかつぐ駕輿丁《かよちょう》が揃わず、大混乱だったらしい。ついで丑刻（午前二時）に下鴨社を出て、寅刻（午前四時）前に聖護院に移っている。ここも危険と思われたが、風が収まり火勢は衰えたので聖護院に止まった。そしてここが、寛政二年（一七九〇）十一月まで仮御所になったのである。仮御所に定めた聖護院は、光格天皇が天皇になっていなければ出家して入寺していた寺である。これも因縁というべきか。この遷幸《せんこう》

聖護院（京都市左京区聖護院中町）

（天皇が居所を移すこと）の間に御所の炎上が伝えられた。

ちなみに、上皇は青蓮院《しょうれんいん》（宮門跡、粟田口）、大女院青綺門《せいきもん》院《いん》は照高院《しょうこういん》（宮門跡、白川村）、女院恭礼門院《きょうれいもんいん》と女一宮欣子《よしこ》内親王は林丘寺《りんきゅうじ》（尼門跡、修学院村）を仮御所に定めた。

今出川実種は、「前代未聞の火災なり」と書いている（「実種公記」）。その理由は、御所が焼けた宝永五年以前の火災では焼け残った建物も多かったが、今回は、禁裏御所・仙洞御所・大女院御所・女院御所、摂家、清華家その他の公家の家がほとんど焼けてしまい、寺院は一〇〇余、神社は七〇余、町家は数知れずという有り様だったからである。堂上の公家で焼失を免れたのは、花山院、大原、阿野、植松、広幡、油小路、吉田、萩原、土御門家など、公家町から離れた所の屋敷だけだった。日記の記述から、あまりの惨状に茫然自失する実種の姿を見ることができる。

前々年の天明六年十一月に現れた白鳥は本当に祥瑞だったのか、疑わせる惨状だった。しかし、光格天皇と朝廷は、これを「好機」に御所の復古的造営に突き進んでゆく。江戸時代、御所の造営は幕府の責任で行われ、五万石以上の大名に御築地金《おついじきん》を賦課したり、お手伝い普請を命じたりなどして再建してきた。とくに天明八年は幕府財政が厳しい状態にあったため、幕府自身の負担と諸大名への負担転嫁をなるたけ減らそうとし、御所造営をめぐり幕府と朝廷の間で厳しい交渉が繰り広げられた。

造営の始動

大火で焼けた禁裏御所は、寛政二年に重要な朝廷儀式を執行する紫宸殿と清涼殿が平安時代の内裏の様式に復古し、紫宸殿南の庭を囲む回廊と紫宸殿の南正面にあたる正門の承明門《しょうめいもん》、それに相対する外郭門の建礼門《けんれいもん》が再興され、きわめて復古的な様式の御所に生まれ変わる。

朝廷では天明八年三月二十五日、議奏《ぎそう》三名（中山愛親《なるちか》・広橋伊光《これみつ》・勧修寺経逸《つねいつ》）を造内裏御用掛、権中納言日野資矩《すけつね》、前参議堤栄長《よしなが》、高丘紹季《たかおかつぐすえ》を造内裏奉行に任命し、造営の態勢を作った。そして同時に、平安内裏の古制に則って造営しようとする動きが始まった。

禁裏御所の復古的造営を可能にした前提として、裏松光世《うらまつみつよ》（一七三六〜一八〇四）畢生の研究成果である「大内裏図考証《だいだいりずこうしょう》」が重要である。裏松光世は、前権中納言裏松益光《ますみつ》の養子で、従五位下左少将になったが、宝暦八年（一七五八）に宝暦事件（桃園天皇の近習公家ら二七人が処罰された事件）で咎められ、宝暦十年に剃髪して固禅《こぜん》と称した。それから天明八年（一七八八）に参内《さんだい》を許されるまでの三〇年間、文献や古絵図などを広く調査して平安時代の大内裏の考証に没頭、その成果を「大内裏図考証」にまとめあげたのである。大内裏の構造、各殿舎の配置と内部の構造、建物内部の屏風や絵までを復元的に明らかにした、たいへんな労作である。寛政内裏完成後の寛政九年（一七九七）、朝廷の命令で三〇巻五〇冊の清書本を献上した。

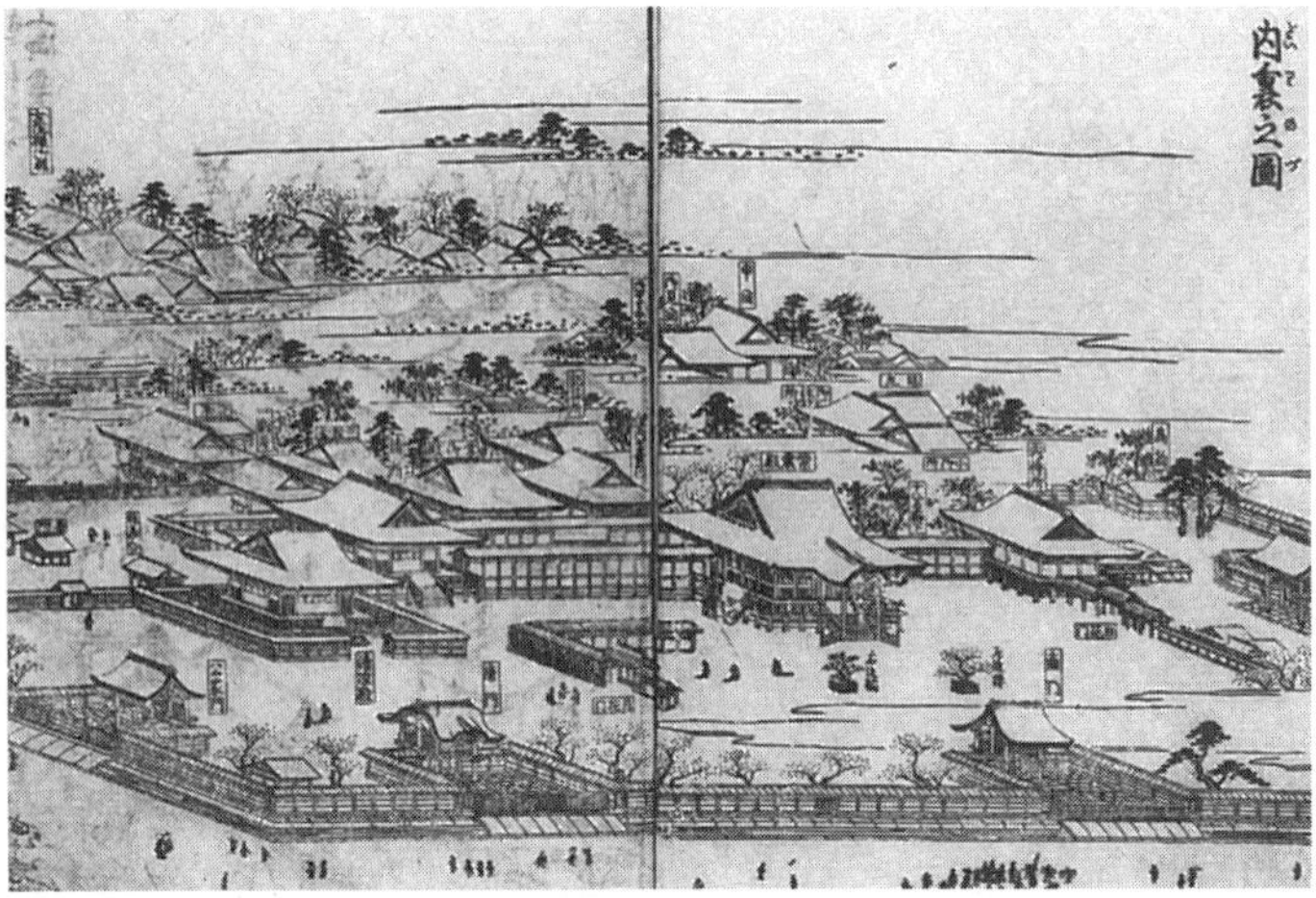

焼失前の京都御所（『都名所図会』より）

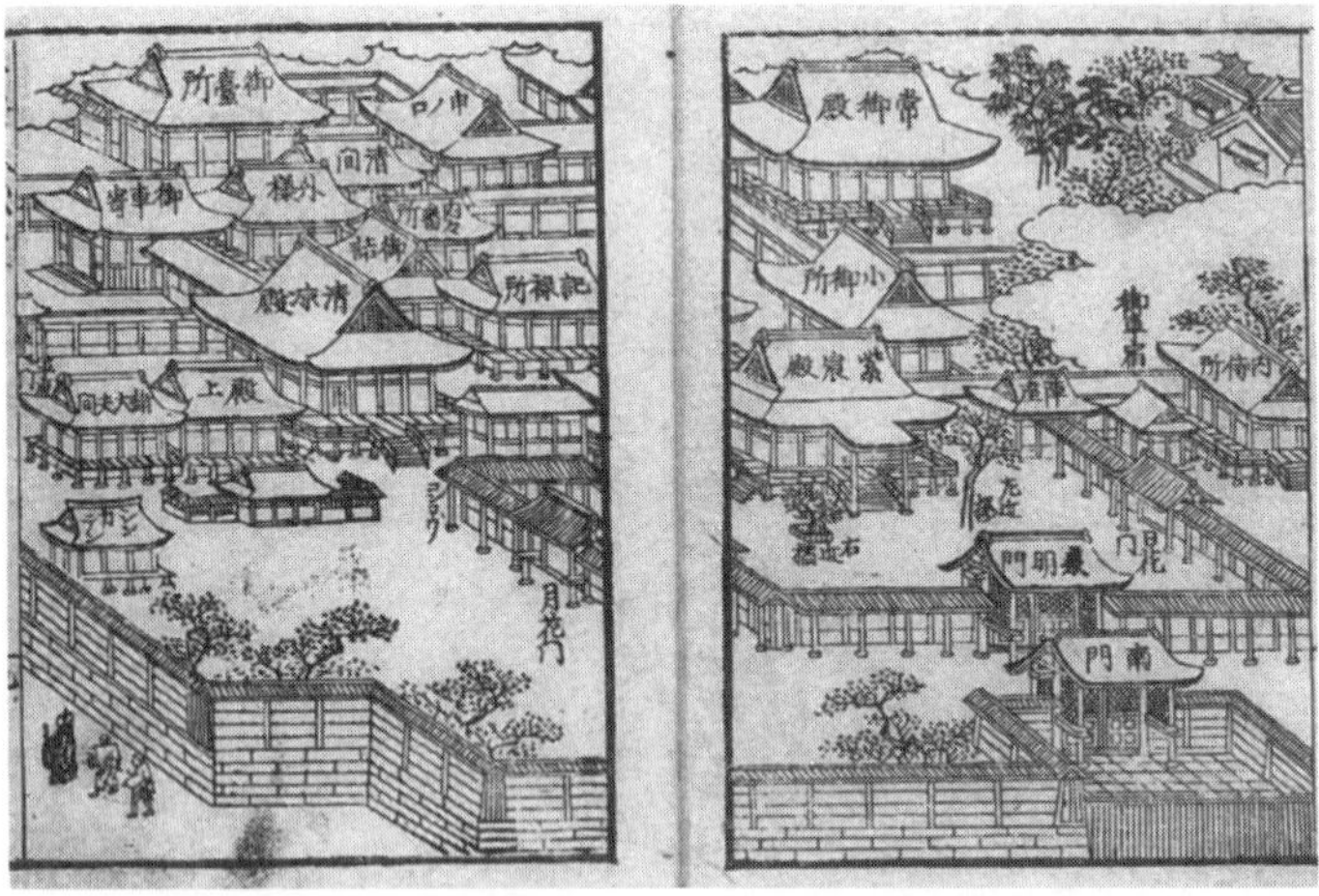

焼失後新たに造営された御所（『雲上明覧』より）

裏松固禅の参内

朝廷は安永《あんえい》七年（一七七八）、桃園天皇十七回忌を機に宝暦事件で科した処罰を解いた。そして天明八年三月十六日、さらに「入道《にゅうどう》の面々、安永七年（処罰を）免《ゆる》さるところ、今度参内免さる」と参内も許した（「輝良公記」）。この措置により、裏松固禅は晴れて参内できるようになり、心血を注いだ大内裏の考証を実際に活かす機会を得ることになった。裏松固禅を含む八人の入道の参内を同時に許したのは、固禅を参内させるための措置だったらしい（考証学者藤貞幹《とうていかん》は、固禅以外の七人は、固禅の「御相伴《しょうばん》」と見ている〈「蒙斎手簡《もうさいしゅかん》」。松尾芳樹「藤原貞幹書簡抄『蒙斎手簡』上・下」〉）。「蒙斎手簡」によると、固禅は三月二十五日に初めて、それから四月上旬まで毎日のように参内したが、参内の理由、つまり何の御用で参内するのかは秘密だったという。

朝廷は固禅が初めて参内した同日の三月二十五日、前述の通り議奏広橋伊光らを造内裏御用掛に任命するなど、造営事業の態勢作りを始めた。固禅の動きから、三月の早い段階で、新造内裏に古儀（この場合、平安時代の内裏の様式を意味する）を採用しようとする動きが始まっていたことが見てとれる。

固禅は天明八年四月一日、内裏造営につき尋ねることがあるので申し上げるようにと命じられた（「裏松家譜」東京大学史料編纂所蔵）。つまり固禅は四月一日から、正式に御所造営について諮問を受ける顧問のような立場になり、宮殿の平面図や建物内部の調度などについてしばしば諮問されることになった（詫間直樹編『京都御所造営録』一、序説）。

古儀の採用

内裏新造にあたって「古儀」を用いることについて、天皇は四月三日に勅問を発した。関白は参内した左大臣一条輝良に、内裏新造に古儀を用いることについて意見を問い、一条輝良は「ごもっとも」と回答している（「輝良公記」）。このようにして、朝廷が新造内裏に古儀を採用することは、四月初めに決められた。そして、朝廷内の態勢を整えるとともに幕府との交渉に入ってゆく。

四月（日付不詳）、議奏で造内裏御用掛の広橋伊光は、朝廷の具体的な方針と要望を記した書付を所司代松平乗完《のりさだ》に渡した（「寛政御造営最初記」「公事余筆」国立公文書館蔵）。この書付は、所司代から幕府御所造営惣奉行の老中松平定信に送られた。その書付により、天皇の意向、指示を次のように伝えた。

仮御所では不安なので、儀式を行う殿舎《でんしゃ》などの造営ができればすぐに移りたい。ただし、紫宸殿、清涼殿はこれまでそれなりに備わっていたが、たとえば紫宸殿は壇上がなく、母屋廂間数《おもやひさしけんすう》も足らないため、即位礼をはじめ通常の節会の際にも少しずつ支障があり、儀式の威儀に欠けるところがあった。数年来、旧制のように造営したいと思っていたが、諸般の事情からその機会を得られなかった。しかし今回は新規の造営なので旧制のように造りたい。もちろん禁裏御所全体ということではなく、紫宸殿と清涼殿を旧制のように造営し、儀式の威儀を整えたい。造営に使う材木についてえり好みはしない。禁裏御所の南門と四脚門《しきゃくもん》の間が狭く、昨年の大嘗会《だいじょうえ》の時は南門外の道路を通行止めにして仮に利用したほどなので、南門外の道路を御所の敷地に組み込んで広げてほしい。

紫宸殿・清涼殿を旧制（古儀）に則って造営し、敷地面積を少し南側に拡張して朝廷儀式の威儀を整えたい、というのが天皇の初発からの意向であった。天皇は、紫宸殿・清涼殿について図面を見せ、そのように造営することを求めている。この線で内々にまとまったら、表立って「御内慮」を幕府に伝えることになる。結局、紫宸殿・清涼殿の復古、承明門、建礼門の再興など、天皇初発の意向通りに造営されることになる。

造内裏御指図《さしず》御用掛《かかり》に勢多章純と土山武辰の両名が任命されたのが四月七日、指図作成の具体的な作業が進められるのは五月からなので（『京都御所造営録』一）、右記の書付にある図面はおそらく簡略な絵図のようなものだったろう。寛政御所造営は、まず朝廷側から復古的造営の意向、計画が打ち出され、指図の作成まで始められた。そして、幕府側の御所造営総奉行の老中松平定信が五月二十二日に上京し、朝廷側との交渉になった。

ここまでの経緯で重要な点は、御所造営についての「御内慮」に対する幕府の回答（承認・不承認）がないうちに、朝廷では議奏以下の造営担当者を任命し、古儀採用を決めて指図担当者も任命していることである。これは、朝廷と幕府の間で何回かの交渉・往復を繰り返して具体化させるという、従来の朝廷と幕府の交渉の手続きとはかなり異なっている。朝廷が、自らの意思を強力に実現させようとしているのが重要な点である。

幕府の造営構想

幕府は三月二十二日、老中松平定信を総奉行とし勘定奉行以下の御所造営担当を決めた。このような体制を作ることは初めてであり、幕府側も従来にない態勢をとっている。造営総奉行の松平定信は、上方視察と御所造営に関する朝廷側との交渉のため五月二十二日に上京、二十三日に二条城、二十四日に京都市中の巡見、二十五日に参内、二十六日に焼け跡見分、二十七日に市中巡見、二十八日に暇乞《いとまご》いの参内、二十九日に関白鷹司邸、晦日は伏見、宇治、山崎の寺社巡見、そして六月一日に京都を発ち大坂に向かった（『京都町触集成』第六巻による）。

定信は自叙伝「宇下人言」（『宇下人言・修行録』岩波文庫）のなかで、仮御所聖護院を訪れた際の様子を「仮皇居の御さま見あげしに、いかにも狭少の、主上《しゅじょう》（天皇）には青蓮院宮《しょうれんいんのみや》（誤りで聖護院《しょうごいん》）を行在所《あんざいしょ》（天皇の仮の住まい）とし給いぬ、御場所にして、御歩《ある》きの御間もなかりしかば、関東にてもさこそあるべし、上京のうえ御狭少に候はば、いかようにも御たてなし（建て増し、か）など沙汰すべきとの命を蒙《こうむ》りしと、御付《おつき》（禁裏付）をもって両卿《りょうきょう》（武家伝奏）へ申し入れしかば、堂上《とうしょう》（公家）にてもことに忝《かたじけ》なしとぞ沙汰しける」と書いている。聖護院に置かれた仮御所があまりにも手狭で、天皇が不自由していることを知り、江戸で予想した通りだったらどのようにでも建て増しをするようにと将軍から命じられていると、禁裏付を通して武家伝奏に申し入れたところ、公家たちは忝ないことだと評判しあっていた、という。

前所司代戸田忠寛《ただひろ》から、聖護院仮御所が警備などの面で不十分とは伝えられていたが、定信は現地を見てあまりの「手薄」さに驚いたという。仙洞仮御所（青蓮院）、大女院仮御所（知恩院）、女院仮御所（妙法院）は支障ないが、禁裏仮御所（聖護院）だけが野中にあり警備が行き届かないので、禁裏御所の造営から始めるように指示したという（『京都御所造営録』一）。

幕府が計画していた御所造営は、五月二十五日付で武家伝奏に申し入れた「京都　御所向き御普請の御書付」（「落葉集」百十）によく出ているので紹介しよう（現代語訳）。

仮御所は狭く警備の面で不安なので、早々に御所を造営すべきだが、どれほど急いでも大規模な造営なのですぐにはできない、宝永五年の造営は、急いでも翌年までかかった、今回は宝永の時より大火だったので、必要な手当も多く多額の費用がかかるが、仮御所で天皇が不自由しているので一刻の猶予もならない、しかし、現在は山の木も少なくて材木の調達が難しい、そのうえ物価も以前と違うため調べがつかない、近年は凶作が続き民力は衰え、諸大名も困窮しているので、大名に造営のお手伝いを命じ、その金額が多いと（負担を転嫁される）下々が困窮することは明らかだ、それを避けたいのは天皇も幕府も同じことなので、まず仮普請して元の御所に戻り、引き続いて元のように御所を造営すればよいのではないか、仮普請といっても儀式を行う御殿と天皇の住む御殿などは檜造り、檜皮葺《ひわだぶき》にし、それ以外は樅・杉・松を交えた板葺《いたぶき》にしてしばらく保つようにしたい、幕府の方からこのような仮普請を申し出るのは差し控えたいので、朝廷の方からそのように命じてほしい、

幕府の御所造営計画は、まず仮御所を造営して天皇を戻し、ついで時間をかけて焼失前と同じ御所を造営する、というものだった。本格的な造営は長い時間と多額の費用を必要とするので、飢饉により打撃を受けた人民を苦しめることになるという、天皇（朝廷）も納得せざるを得ない理由を挙げた。

朝廷が計画する平安内裏の古制にのっとって造営することなど、幕府の当初の構想にはまったくなかった。御所の復古的造営か、仮御所ついで元通りの御所造営か、朝廷と幕府の造営計画は真っ向から対立していた。

定信と関白の交渉

定信は五月二十九日、関白鷹司輔平邸を訪れて会見し、御所造営問題を交渉した。「蒙斎手簡」によると、会談は「二時ばかり」、つまり四時間に及んだという。定信は会談に至るいきさつを、御所造営に費用がいくらかかるのか不明である、天皇は復古のお考えなのでどのような指示が出るか分からないので、関白に会って詳しく事情を説明しようと考えていたところ、関白の方も会いたいというので会談が実現した、と書いている（「宇下人言」）。会談の場で関白に、造営にあたっての定信と幕府の考え方を記した「呈上の書付」を渡している（「松平定教文書」東京大学史料編纂所蔵）。

定信はまず、凶作と飢饉、浅間山の噴火や大洪水などの自然災害に対処したためにおちいった幕府の困難な財政事情を説明する。ついで、厳しい財政緊縮により財政再建を図っている途上に御所が炎上したことは、草木が芽吹きの時に霜や雪にあったようなもの（「草木の萌《も》やさんとして中頃霜雪に会い候」）と比喩的に語る。物価上昇のため造営費用の増加も見込まれ、しかも諸大名も領民たちも困窮しているので、御所造営のお手伝い（費用の負担）を命じるとますます困窮する。それでは、立派な御所が造営されても、人民の脂と血を絞り取って造られた（「宮室の美をなし候ものは、これまた小民の膏血《こうけつ》〈人の脂と血。人民から重税を絞りとる意〉に候」）と批判されかねない。諸大名にお手伝いさせず、幕府の負担だけでできればよいのだが、財政事情がそれを許さない。数年経てばなんとかなるのだが、残念なことだ。現在、社会一般に分不相応に贅沢な風俗が蔓延しているので、これを質素倹約の風俗に戻したい。御所を質素に造営するならば、奢侈な風俗を改め質素倹約をせよという天皇の意思表明になる。それにより、草木の芽吹きの時にちょうど雨が降るようなもので、たちまち人びとは息を吹き返す（「草木萌《も》やさんとして時雨の下り候ごとく、たちまち蘇息《そそく》〈蘇生〉つかまつり候」）。白鳥の祥瑞、大嘗会の「御仁恵の御製」も評判になっている。具体的には、焼失前の御所を基準にしてできるだけ質素に造営し、しかも急ぐ必要のない建物は繰り延べ、民力が元に戻った段階で「潤色《じゅんしょく》」を加えること（立派にするの意）にしてほしい。人民の困窮の回避（「生民《せいみん》〈人民〉困窮御厭《いと》いの義」）、幕府の財政危機（「関東この節御繰り合わせよろしからず」）、奢侈の風俗矯正（「奢侈の弊風御救い」）という面から、質素な御所の造営を納得してほしい。

五月二十五日付の書付と同じ主旨であるが、立派な御所の造営は人民を苦しめることになる、という点を強調している。それは、前年六月に窮民救済を求めた天皇の要請、万民の安穏を願った大嘗会の「御仁恵の御製」との矛盾を衝いた、恫喝とも言えるものである。とくに「生民困窮御厭い」は、朝廷側を納得させる重要な語句として時々持ち出される。一方で、天皇・朝廷が質素の範を垂れれば社会一般の奢侈の風俗を改めることができる、いわば「禍転じて福となす」という点も持ち出し、硬軟織り交ぜて御所の復古的造営の翻意を迫ったのである。

この会談では、御所造営に関する相互の意思疎通が図られた。その後の推移をみるとここでは結論が出ず、その意味では定信の説得はうまくいかなかったらしく、以後も相互の書状、あるいは所司代を通じた折衝が続く。

幕府は天明八年十月、五万石以上の大名に、「禁裏ならびに御所々そのほか御築地御入用」として前回（宝永造営）と同じく一万石につき五一両二分を上納するよう命じた。ただ、天明の飢饉の後であることに配慮し、従来は一度に上納させたものを天明八年、九年の二年間で納めることにしている（『日本財政経済史料』第一巻）。また幕府は、熊本藩と鹿児島藩におのおの二〇万両もの多額の上納金を命じた（高槻泰郎「金納御手伝普請にみる幕藩関係」藤田覚編『幕藩制国家の政治構造』吉川弘文館、二〇一六年）。

朝廷側の作業

朝廷では四月七日の造内裏御指図御用掛の任命に続き、修理職、非蔵人の造営御用掛なども任命された。御所の復古的造営のための指図作りも、五月十七日から紫宸殿を手始めに開始された。この指図作りはかなり隠密に行われた。「すべてこの度の御絵図口外相ならざる儀は棟梁どもも承知」「引き候（図面をかく）絵図も皆隠密」「所司代・御付にても出来候こと御申し候へども、いか様の絵図と申す事一向申し聞けず、なかなか口外致し候ことにてはこれ無く候」（『京都御所造営録』二）など、図面の内容を口外しないことを徹底し、隠密に作成している様子が伝わってくる。

所司代から五月十七日、老中松平定信の上京にあわせて、紫宸殿以下の坪数について内々の問い合わせがあった。松平定信が五月二十二日に上京することから、所司代からたびたび催促された。朝廷はそれまでに所司代に絵図を渡したかったが、結局は間に合わなかった。それでも五月二十三日に「御絵図」ができ、坪数書付を添えて指図御用掛から造内裏御用掛に提出されている。しかし、この絵図は所司代や定信に渡されなかったらしい。五月二十六日には所司代から造営について何ごとか伺いがあり、回答書を渡している。

松平定信と関白鷹司輔平との会談後も指図の作成は続けられたが、建坪をいかに減らすのかが論点の一つとなっている。造内裏御用掛は六月二十一日、天皇の意向で紫宸殿・清涼殿から延びる回廊と承明門などを造営することから、その分だけ表向きも所々の建坪を減らし、学問所・後殿・御三間などは追って造営、そのほか伝奏・議奏役所は玄関の坪数を減し、口向きもかなり減らすという方針を打ち出した。口向きは、炎上以前は一五二四坪余（宝永造営時とその後の増築分八〇坪の合計）、今回の計画は一五一四坪余なので、一〇坪余とわずかながら減している。

造内裏御用掛は七月十九日、絵図完成が遅れて幕府に送る時節になってもまだできない、老中松平定信は御殿向きについてはほぼ承知したが、口向きについては分からない、送られた絵図を幕府も精査しなければならないので、早く送るようにと江戸から催促が来ている、と指図完成を急がせた。七月二十一日には、紫宸殿と清涼殿の彩色した絵図ができたらしい。禁裏付から厳しく催促されたため、八月四日に八月十三日までに仕上げることになった。八月十二日にはおおむねでき上がり、造内裏御用掛の点検を受けている（同前）。

このように指図作成にもたもたしているうち、八月七日付の松平定信の書状が、十三日に関白鷹司輔平に届いた。定信の書状は見当たらないので、八月十八日付の関白の返書から推測するしかない。要点は、仙洞《せんとう》（上皇）・大女院・女院御所の普請工事をいましばらく延期することだった。定信の書状を受け取った関白は、怒りと困惑（「時宜《じぎ》に乗じ申さず、心中穏やかならず」）を覚えたらしい。その原因は、やっと指図が出来上がろうというその時に、定信から造営についてあれこれ申し入れた書状が着くという間の悪さである（「松平定教文書」）。

関白は八月十八日付松平定信宛の返書のなかで、まず仙洞御所以下の御所について、それぞれ事情がありすでに減坪もしているので、要望に応えることは難しいと拒否している。ついで、やっとできた指図を所司代に渡してあるので（『京都御所造営録』一によると、清書絵図が出来たのが八月十七日、所司代に渡したのが八月二十日）、関白として減坪などできないとしたうえで、所司代に渡した指図を幕府の方で検討し、減坪などを具体的に言ってくれれば再検討したいと答え、そのうえで、指図を作成するまでにできる限りの減坪は行った、と幕府のさらなる減坪要求に釘を刺している（「松平定教文書」）。

造営問題、天皇の勝利

幕府の回答は、造内裏御用掛が十一月六日に造内裏御指図御用掛に伝えている。その内容はおおむね、(1)回廊は新規であり大規模なのでしばらく見合わせるべきだと前に指示したが、儀式の場なので叡慮の通り造営、(2)回廊で増える分は常《つね》御殿を狭くするように提案したところ、その通りにしているが、さらに御内儀向き・対屋向きや表の方、口向きの減坪を求める、の二点であった。幕府は、朝廷が渡した指図に紙（掛紙《かけがみ》）を貼り付けて修正してきた。

朝廷は、(1)が実現したことからこれを受け入れることにした。その背景に、紫宸殿などの復古が大事で、常御殿などはどのように粗末でも済むことだという光格天皇の意向があったらしい。また、宝永御所造営の時は、常御殿は美麗に造られたが紫宸殿などは粗末だったともいう（「蒙齋手簡」）。紫宸殿・清涼殿などの復古と常御殿の質素な造営という点から、光格天皇の復古的御所造営にかけた強い意思と、後に質素を好まれたという幕府の光格天皇評の理由が分かる。

老中は所司代松平乗完《のりさだ》に幕府の造営方針を伝え、所司代は天明八年十一月十七日、京都町奉行と禁裏付にそれを伝達した（東京大学史料編纂所蔵「御所々御入用筋書抜」四）。それは、(1)紫宸殿・清涼殿そのほか回廊など大昔のことを調べて復古を強く望まれ、その分の坪数は増えたが他の箇所で減坪もある、(2)その上（材木の種類や木質などにこだわらないなど）質素を好まれているので、今回は特別に天皇の考え通りに造営する、という内容である。なおいくつかの減坪を指示しているものの、天皇が求めた復古的な御所造営という基本線を実現することが決まったのである。その点で、この御所造営問題は天皇・朝廷側が勝利したのである。

なお、幕府は造営工事が始まってからも、御所千度参りの際に天皇が求めた「生民困窮御厭い」を持ち出し、それを逆手にとって造営費用の節減を図っている（寛政元年六月に松平定信が所司代に与えた指示など。同前）。

幕府の強い反発

御所造営についての当初の構想を断念し、天皇・朝廷が強く要求した復古的御所造営を受け入れた幕府は、それによって天皇・朝廷尊崇の姿勢を示す一方、天皇・朝廷に強く反発した。

先に紹介した老中が所司代に幕府の造営方針を伝えた天明八年十一月十七日の文書には、今後の朝廷対策も指示されていた。(1)禁裏御所向きのことは、現在の形で今までやってこれたのだから、朝廷が「新規の御好み」を言ってきても幕府は取り合わない、その点を所司代は承知しておくこと(所司代は取り次がないこと、という意味)、(2)大昔にあったからといって今もやるということにはならない、造営などはなおさらのこと、表立って申し入れることや朝廷の儀式(「表向きさえ相発し候こと、並びに公事などの儀まで」)なども現状通りでよい、この点も所司代は心得ておくこと、というのが主旨である。

松平定信は自叙伝「宇下人言」のなかで、そのあたりのことを「いずれ復古というとても、そのほどもあるべき也、新制度は履霜《りそう》の漸《ぜん》おそるべければ、已後《いご》御新制の儀は所司代にてかたく御ことわり(断り)申し上げしかるべし、この儀よくよくあと(後)役へも申し伝え維持すべき旨仰せ出さる」(『宇下人言・修行録』岩波文庫)と書いている。

朝廷からのあらゆる新規の要求を拒絶するよう、後任者にも引き継ぐことを所司代に命じたのである。この所司代への指示のなかに、復古的御所造営を押し切られて認めざるを得なかった松平定信の無念さと反発を読みとれる。御所千度参りの折には窮民救済を申し入れ、さまざまな朝儀の再興・復古を精力的に進めようとしている天皇・朝廷が、復古的御所の造営を実現した余勢をかって、さらに新規の要望や朝儀の再興・復古を求めてくることを警戒し、それに歯止めをかけようとしたのだろう。

ここから、後で取り上げる、光格天皇が実父閑院宮典仁親王に太上《だいじょう》天皇の尊号《そんごう》を贈ろうとした一件など、松平定信にとってとても認められるような案件ではなかったことが分かる。これが尊号一件

（事件）の伏線であった。

御所造営の工事は、天明九年（一月十九日に改元され寛政元年）一月から始まる。

造営開始と完成

禁裏御所などの敷地（焼け跡）は、一月五日に幕府の普請担当役人、勘定組頭や普請役、大棟梁らに引き渡され、二月十九日には、江戸から造営担当の勘定奉行柳生久通《ひさみち》、作事奉行安藤惟徳《これのり》らが京都に到着した（『京都御所造営録』一）。御所造営の膨大な各種工事に関わる請負の入札《いれふだ》が、町触で公告されている（『京都町触集成』第七巻）。京都大火による御所炎上から約一年経って、再建のための造営工事が本格化する。

建築を始める前に、御所の焼け土を捨てて新しい土に入れ替え、それを固める作業（「地形築堅め」）が行われた。禁裏御所については、三月二十四日から二四日間の予定で、洛中洛外町続きの町々の男の老人と子供、そのほか市中の困窮した者や虚弱で外働きできない者が対象になり、一町から一日二六人が順次この地固め作業に出て、「鳥目《ちょうもく》」（銭）を支給された。仙洞御所は、四月二十八日から一二日間の予定で同じやり方により地固めが行われた。なお、大女院御所、女院御所の地固めも、順次同じ方式だった（同前）。この地固め作業のやり方は、大火で困窮する弱者の救済という「仁政」の意味が込められた。

寛政元年七月四日に木作始、八月十三日に礎、立柱と禁裏御所の建築工事が始まり、寛政二年八月二十六日に上棟《じょうとう》（棟上《むねあげ》）式、九月二十六日から七日間の新造内裏安鎮法《あんちんほう》、十月十五日に地鎮祭、十一月五日に所司代から新内裏の引渡し、十一月十八日に新造内裏大殿祭《おおとのほかい》、そして十一月二十二日に聖護院仮御所から新造内裏への光格天皇の遷幸《せんこう》が行われた。こうして紫宸殿と清涼殿については平安内裏の様式に復古し、これまでなかった紫宸殿前庭全体を囲む回廊と承明門が造られた。この南側回廊と承明門を造営したため、禁裏御所の敷地は南側に拡張されている。

このように、内裏全体ではないものの、朝廷儀礼を執行する主要な殿舎である紫宸殿と清涼殿、および回廊と承明門などが復古したのである。これを見聞した考証学者藤貞幹《とうていかん》は、寛政二年十月二十日付の水戸藩儒者で彰考館《しょうこうかん》総裁立原翠軒《たちはらすいけん》に宛てた書状で、「南殿（紫宸殿）・中殿（清涼殿）・承明門等御復古、六百年前へ生まれ候心ち（地）つかまつり候」（「無仏斎手簡」『日本藝林叢書』第九巻）、同年十二月二十一日付の幕府儒者柴野栗山《しばのりつざん》宛ての書状でも、「何様六百年前に生まれ候心持にて」（「蒙齋手簡」）と書いている。六百年前、すなわち平安内裏の時代に生まれたかのような気分に浸っている。

なお寛政二年十二月二十一日、新造御所の完成を祝う新宮旬《にいみやのしゅん》が行われた。新宮旬は、康正《こうしょう》二年（一四五六）以来中絶していたというので、三三四年ぶりの再興である。しかし、康正の時の旬は十全な形式でできなかったのではないかと、藤貞幹などは推測している（「蒙齋手簡」）。「柳原均光《なおみつ》日次記」によると、建長《けんちょう》三年（一二五一）七月の新宮旬を先例にし、「岡屋関白記《おかのやかんぱくき》」（関白近衛兼経《かねつね》の日記）の記事に従って挙行したという（『光格天皇実録』）。単なる再興ではなく、復古と言うべきものである。

光格天皇の遷幸

光格天皇は寛政二年十一月二十二日卯刻（午前六時頃）に紫宸殿代に出御し、天皇の乗った鳳輦《ほうれん》は、巳刻（午前十時前後）頃に聖護院仮御所を出発、三条大橋を渡って三条大路を西に進み、ついで堺町通を北行し堺町御門を抜けて建礼門（南門）から禁裏御所構内に入り、未の刻（午後二時前後）に新たに造営された承明門から紫宸殿に入った。

この遷幸行列は、裏松固禅の考証により古式に則って行われた。固禅は寛政二年八月、遷幸御用のため毎日のように参内していたという（「無仏斎手簡」）。この華麗な行列は、人びとに強烈な印象を与えたのであろう、いくつもの行列図が描かれた。そのひとつに、吉村周圭「行幸図屏風」（ボストン美術館フェノロサ・コレクション）があり、人物の表情や装束などがきわめて精密に華麗に描かれている。「行幸図屏風」は、行列の先頭が、裃で正装し正座する町人が待ち受ける南門（建礼門）に到着したところから始まる。それに礼服を身につけて着飾った関白以下の公家、官人の長い長い行列が続き、鈍色《にびいろ》（薄墨色）の袍《ほう》を着し冠をかぶってしんがりを務める京都所司代が聖護院を出たところまで、美々しく華麗な遷幸行列の全体を屏風二隻に描いている。華々しい遷幸行列は、復古的で豪壮な新造御所に相応しいものと言うべきだろう。

光格天皇の乗る鳳輦は、ちょうど鴨川に架かる三条大橋を渡るところに描かれている。屋根には金の鳳凰の飾りがつけられ、五〇人近い駕輿丁《かよちょう》にかつがれ、三十人位の駕輿丁に綱をひかれた鳳輦が、三条大橋の中央に位置している。幕府との厳しい交渉を経て復古的な御所造営を成し遂げ、かくも華麗な行列で新造内裏に向かう鳳輦の内に座す光格天皇の心中はいかばかりであったろうか。

なお、行列図には行列を観るたくさんの人びとが描かれている。十一月八日の町触（『京都町触集成』第七巻）により、(1)道筋の町家で拝見する者は、男一五歳以上は土間、女と子供は床の上にいること、(2)格子《こうし》の内側、あるいは二階から拝見することは禁止、(3)二階などは締め切ること、(4)田畑などから拝見する場合、道筋から十間離れて平伏すること、などの注意事項が指示された。多くの人びとが、この華麗な、また稀有な行列を拝見したのである。

なお、上皇は十一月二十六日、女院は十二月四日におのおの新御所に入っている。

天皇、漢詩を家斉に賜う

光格天皇は、宸筆の漢詩、五言古詩を将軍徳川家斉《いえなり》に賜った（その控えである宸筆御詩稿が『宸翰英華』に収められている）。『続徳川実紀』は寛政二年十二月二十八日のこととし、『樂翁公傳』（岩波書店）は寛政三年三月のこととしている。御製の漢詩は、「目を拭う九重裏、九重実に美しき哉」など、美しく古儀に則って造営された御所の竣工を誉め讃える内容である。宸筆の御製漢詩を拝受して感激した将軍家斉は臨写《りんしゃ》し、それを造営総奉行を務めた老中松平定信に与えた。定信は寛政四年閏二月二十七日、御所造営に関わった諸役人を招き、その漢詩を掲げて労をねぎらった（同前）。将軍家斉と老中松平定信の感激した様子が伝わってくる。

天皇が漢詩を作りそれを将軍に賜ったこと、それ自体が注目すべきことだったらしい。寛政三博士と謳われたうちの一人、幕府儒者の柴野栗山は、天皇が鎌倉・室町幕府の将軍に御製の漢詩を賜ったことがあるのか否かを問い合わせている。その質問を受けた藤貞幹は寛政四年七月、裏松固禅に尋ね、記憶にないとの回答を得ている。貞幹の調べによると、後光明《ごこうみょう》天皇（在位一六四三～五四）が臣下に賜ったことがあるだけで、将軍に賜ったのならば確実な言い伝えがあるはずだがそれがなく、鎌倉時代以来数百年になるが、「天子御詩作の事」も聞いたことがないという（「蒙齋手簡」）。

二〇か二一歳の光格天皇が、宸筆の御製漢詩を将軍に賜ったことは、それだけの漢詩を作る力量と書のレベルを身に付けていたことも意味する。なお、寛政二年九月に正二位伏原宣条《ふせはらのぶえだ》に賜った漢詩が、『宸翰英華』に収められている。

なお、後桜町上皇が将軍家斉に賜った御製は、「とのつくりみがき立てたるうれしさの心をみする大和ことのは」というものであった。仙洞御所も含めてであろうが、美麗な御所を讃えている。

空前の復古ブーム

朔旦冬至旬・新嘗祭の再興、新嘗祭の復古を見通した内侍所仮殿の造営など、天明六年末頃から相次ぐ朝儀の再興がみられ、天明七年には大嘗会が復古的に挙行された。朝廷では、天明六〜七年にかけて朝儀の再興・復古に取り組み、それが天明八年に決められ寛政二年に竣工した禁裏御所の復古的造営に繋がったのである。とくに禁裏御所が平安時代の様式で造営されたことは、空前の復古の風潮を生み出した。

藤貞幹は、寛政元年三月二十一日付の柴野栗山に宛てた書状のなかで、去年の夏から「内裏《だいり》式」・「貞観儀式《じょうがんぎしき》」・「江次第《ごうしだい》」などを詳しく調べることが流行り、貞幹もそれらの書物を読むため公家三、四軒に呼ばれている、それは復古的御所造営の影響だ（「全く復古御造営の響きと相見え候」）、と書いている（「蒙齋手簡」）。「内裏式」は、弘仁《こうにん》十二年（八二一）に藤原冬嗣《ふゆつぐ》らが天皇の命により編纂した最も古い勅撰の儀式書で、内裏の恒例・臨時の儀式を記す。「貞観儀式」は、貞観十四年（八七二）から同十九年頃に成立したと推定されている儀式書で、内裏の恒例・臨時の祭祀や年中行事、政務に関する儀式などが記されている。「江次第」は「江家次第《ごうけしだい》」の略称で大江匡房《まさふさ》の作、天永《てんえい》二年（一一一一）頃に成立し、朝廷の儀式・行事を集大成したものとされ、最も整備された儀式書として後に朝儀の指針になった。いずれも平安時代を代表する儀式書である。光格天皇が、新御所を部分的ではあるものの平安内裏へ復古させることを打ち出し、ついに実現させたことが、公家たちを平安時代の儀式書の勉強に駆り立てたのである。

寛政三年には、権大納言一条忠良《ただよし》を中心に、権大納言醍醐輝久《てるひさ》、権中納言中山忠尹《ただまさ》、参議園基理《そのもとあや》らが「北山抄《ほくざんしょう》」の勉強会をしばしば開いている（「忠良公記」東京大学史料編纂所蔵）。「北山抄」は、十一世紀初めに藤原公任《きんとう》が著した有職故実書で、平安時代中期の朝儀や政務に関わる行事などを記し、「西宮記《さいきゅうき》」（源高明《たかあきら》が著した平安時代中期の儀式書）や「江家次第」とともに後世に重んじられた。

藤貞幹は、寛政四年五月十八日付の立原翠軒《たちはらすいけん》に宛てた書状のなかで、裏松固禅は立后《りっこう》御用が済み、最近は堂上地下《とうしょうじげ》ともに会読《かいどく》が多く多忙だと書いている（「無仏斎手簡」）。欣子《よしこ》内親王の中宮立后《ちゅうぐうりっこう》の御用を終えた固禅は、公家や官人たちの儀式書の読書会に引っ張りだこで忙しいという。

この動きは十九世紀初頭の享和《きょうわ》から文化《ぶんか》期にかけても続き、公家の屋敷に集まって、あるいは学者を招いた勉強会が開かれている。そこで取り上げられている書目を拾ってみると、「職員令《しょくいんりょう》」「西宮記」「弁官抄《べんかんしょう》」などの儀式書のほか、「民経記《みんけいき》」（藤原経光《つねみつ》〈一二一二～七四〉）「実躬卿記《さねみきょうき》」（三条実躬〈一二六四～？〉）「兵範記《へいはんき》」（「人車記《じんしゃき》」とも。平信範《のぶのり》〈一一一二～？〉）「長秋記《ちょうしゅうき》」（源師時《もろとき》〈一〇七七～一一三六〉）「後愚昧記《ごぐまいき》」（三条公忠《きんただ》〈一三二四～八三〉）「権記《ごんき》」（藤原行成《ゆきなり》〈九七二～一〇二七〉）「山槐記《さんかいき》」（中山忠親《ただちか》〈一一三一～九五〉）などの古記録の書名が見える（「定静卿記」東京大学史料編纂所蔵・「国長卿記」国立公文書館蔵など）。

このような古典的儀式書や古記録の学習が、大小さまざまな朝儀などを再興・復古させる学問的な背景になり、さらに再興・復古を推進する力になったのであろう。

なお、これは朝儀ではないが、寛政二年十二月二十八日に鷹司家で藤氏長者印が再興された（『無仏斎手簡』）。また、寛政三年二月十九日に近衛常熙《つねひろ》の子通君（基前《もとさき》）が童殿上《わらわてんじょう》（宮中の作法を見習うため、名家の子供が殿上に仕えたこと）を許された。これは、五〇〇～六〇〇年ぶりだという（同前）。

5　さらに続く再興・復古

神嘉殿造営と新嘗祭復古　寛政二年十一月十五日の新嘗祭は、まだ聖護院仮御所だったため、「新嘗御祈」で終わったが、翌寛政三年十一月二十日の新嘗祭には、光格天皇が神嘉殿《しんかでん》（代）に行幸し親祭した。新嘗祭は、復古した形式で執行されたのである。

寛政三年九月二日に神嘉殿の木造始があったが、今回の神嘉殿造営は「すべて御手軽に」ということから、この儀式も簡略化された。十月下旬には完成し（「輝良公記」別記）、十一月三日に上棟式があり、同十二日に禁裏付の有田貞勝《さだかつ》から朝廷側に引き渡された（以上、『光格天皇実録』）。そして同二十日、天皇が行幸して新嘗祭が挙行されたのである。神嘉殿は、寛政三年以降に刊行された内裏図や、『雲上明覧大全』の付図などにも描かれ、「神嘉殿」「シンカデン」と建物名を記すものもあるようになる（叢書京都の史料『内裏図集成　京都御所と公家町』京都市歴史資料館、二〇一六年。文化四年〈一八〇七〉刊の『雲上明覧大全　上』東京大学史料編纂所蔵など）。その位置は、紫宸殿前の大庭を囲む回廊西側、月華門《げっかもん》の西方である。ちなみに、内侍所は回廊東側の日華門《にっかもん》の東方にある（一一〇頁下段の図参照）。

なお、権大納言今出川実種は十月二十八日、季康朝臣（姓不詳）から、神嘉殿行幸の際の神楽を再興してほしいと依頼され、議奏の勧修寺経逸《つねいつ》に申し入れている。勧修寺は、今年の下行米《げぎょう》に余裕がないので難しいと回答したが、十一月十八日に「新嘗祭行幸の節神楽の事、御再興仰せ出さる」と再興が実現している。楽所《がくしょ》の五人（和琴、笛ほか）が担当することになった（「実種公記」）。これも再興の一つである。

この神嘉殿造営をめぐって、幕府はこれを問題にしていた。後で取り上げる尊号一件と関わるが、老中松平定信は寛政四年九月に差し出した伺書のなかで、「去年神嘉殿御手沙汰《てざた》をもって御造り立てこれ有り候、右などの儀はなお御内慮仰せ出され、関東御許容これ無く候ては相ならざる儀のところ、御手沙汰とこれあり、所司代御請け致され候儀、そのうえ未年《ひつじ》（天明七年）にはいったん相済み候ことにつき、如何の儀とはその節申し合い候らえども、取り極め候評議も仕《つかまつ》らず、その訳合《わけあ》いはすでに言上に及び候通りにござ候」（「松平定教文書」東京大学史料編纂所蔵）と書いている。

「手沙汰」とは、幕府が別途費用を負担するのではなく、幕府から朝廷に渡される御定高（定額の年間予算）のなかから支出することを指している。つまり神嘉殿の造営は「手沙汰」だった。その場合でも、天皇・朝廷の方から幕府に意向（「御内慮」）を伝え、それを幕府が許可するという手続きを取るべきであった。しかし、「手沙汰」ということから所司代のレベルで許可し、しかも、天明七年

（一七八七）に済んでいる（すでに説明したように、内侍所仮殿を本殿が出来ると解体してきたのを止め、そのまま残して神嘉殿として使うという、天皇の構想を幕府が認めたことを指す）こともあるため、如何なものかとの議論もあったが、幕府では突き詰めた評議をしなかった、という。神嘉殿の造営は幕府からすると、慣例になっている朝廷と幕府の間の手続きに反して行われた、つまりルール違反で造営されたというのである。

御所の造営では、朝廷が自ら旧制を調べて復古的な御所の造営を迫り、幕府の当初の構想に反する形で実現し、神嘉殿の造営は、幕府と十分な意思疎通なしに「手沙汰」で実現してしまった。幕府は、それを従来とは異なる天皇・朝廷の動きと認識し、警戒し始めている。このことなども、尊号一件の伏線となる。

朝廷は、朝廷にとって最も重要な神事である大嘗会、新嘗祭を復古的な形式で再興させた。残るは、石清水《いわしみず》八幡宮と賀茂社の臨時祭だった。

立后問題　江戸時代の天皇の妃《きさき》は、多くが女御《にょうご》、准后《じゅごう》（准三宮《じゅさんぐう》）だった。女御とは、「中宮《ちゅうぐう》の次に位し、天皇の寝所に侍した高位の女官」（『広辞苑』）のこと、平安時代中期以降は、摂関家の娘がなり、中宮に昇進する者も出てきたことなどが歴史事典で説明されている。准后とは、太皇太后宮、皇太后宮、皇后宮に準ずる待遇を与えられる者のことである。

何が問題なのかというと、幕末の公家三条実万《さねつむ》が、「旧政告新《きゅうせいこくしん》」のなかで「准后立后の事」として指摘している（『孝明天皇紀』第二）。三条は、古代ではすぐに立后していたのに、近来は准后を立后するのが遅れていると問題にする。立后が遅れると、天皇に正妻（正配《せいはい》）がいないことになり嘆かわしい、という。立后とは、女御、准后を中宮、皇后に立てることである。

三条が指摘しているのは、孝明《こうめい》天皇に左大臣九条尚忠《ひさただ》の娘夙子《あさこ》が嘉永《かえい》元年（一八四八）十二月に入内《じゅだい》し、嘉永六年に准后宣下《せんげ》があったものの、安政六年（一八五九）以降になっても立后されなかったことである。中世以降では、皇后の別称、あるいは同等の地位である中宮が一般的であった。江戸時代も中宮の語が使われているので、立后とは中宮に立てることと同義になる。江戸時代の立后（中宮）は四例あり、表4の通りである。

徳川秀忠《ひでただ》の娘和子《まさこ》（後に東福門院《とうふくもんいん》）が寛永《かんえい》元年（一六二四）十一月に立后されたのは、後醍醐天皇の妃である後伏見天皇の皇女、珣子内親王が元弘《げんこう》三年（一三三三）十二月に立后されて以来のことで、二九一年ぶりだったが徳川将軍の娘という特殊な事情もあって実現したのである。その後も、霊元《れいげん》天皇、東山天皇の妃の例があるだけで断続的だった。通常は、孝明天皇の妃九条夙子のように入内して女御になり、ついで准后を宣下された。

表4　江戸時代立后（中宮）一覧

名前	天皇	父	立后年月
徳川和子	後水尾	徳川秀忠	寛永元・11
鷹司房子	霊元	鷹司教平	天和3・2
有栖川幸子	東山	有栖川宮幸仁	宝永5・2
欣子内親王	光格	後桃園天皇	寛政6・3

光格天皇の妃は欣子《よしこ》内親王で、後桃園天皇の第一皇女である。安永《あんえい》八年（一七七九）一月二十四日

に生まれ、同九年十二月十三日に内親王宣下があり、寛政三年（一七九一）六月三十日に後桃園天皇の「遺言」により、光格天皇の皇后に立てることが公表された。

すなわち立后が決まり、寛政五年（一七九三）九月から皇后御殿の造営が始まった。入内前の十二月二十四日に准后宣下があり、同六年三月一日に入内（一六歳）した。その直後の同月七日に皇后宣下（立后）があり、この後、中宮と称された。入内後すぐに立后されたのは、江戸時代では異例のことだった。これは立后の再興でもある。ただし近代以降と異なり、皇后ではなく中宮と称された。

この立后も、朝廷が幕府と十分な意志疎通のうえで行ったのではなく、かなり強引に進めたらしい。老中松平定信は、尊号一件で朝廷側とやり取りしていた最中の寛政四年九月に差し出した伺書（東京大学史料編纂所蔵「松平定教文書」）のなかで、すでに説明したように、神嘉殿造営と復古的御所造営とともに、この立后も「これまでの御振り合いとは品替わり候事どもこれ有り、容易ならざる儀に存じ奉り候」と問題にしていた。つまり、幕府と連絡調整を綿密に行い、表立って「御内慮」を伝えて幕府の承認を得てから行う、という手続きを踏むべき事柄を、そのような手続きなしに朝廷が一方的に実行したことを問題にしているのである。おそらく朝廷は、立后されるのが前天皇である後桃園天皇の皇女であること、そしてそれが前天皇の「遺言」であることを理由にして立后を一方的に進め、実行したのであろう。

天皇は寛政三年十二月十四日、皇后（中宮）御殿の造営に関わって次のように関白一条輝良に照会している。それは、御所造営の時、造営に関する御内慮に対する幕府の返事が来る前に、指図掛、造営担当議奏などを任命したのかどうかを知りたいということだった。関白は、掛の任命などは幕府の返答より前で、そのあとで所司代松平乗完《のりさだ》から幕府の返事がもたらされた、と回答している。それを受けて、十二月十七日に女一宮（欣子内親王）皇后殿御指図掛議奏、修理職奉行らを任命した。御所造営と同じように、御内慮への幕府の回答が来る前に、朝廷では態勢をつくって造営を実現しようとしたのである（「輝良公記」）。松平定信が立后の手続きを問題視したのは、あるいはこの事柄だったのかもしれない。

復古的御所造営、神嘉殿手沙汰造営、尊号一件、そしてこの立后は、従来の朝廷と幕府の間で形作られてきた慣行的な手続きを踏み外すところがあり、幕府は容易ならざることと警戒の目を向けたのである。

伊勢公卿勅使の復古

伊勢公卿《くぎょう》勅使とは、伊勢神宮へ派遣される臨時の勅使のうち、位階が三位以上、または官職が参議《さんぎ》以上の公家、すなわち公卿が派遣される場合をいう。伊勢神宮への勅使派遣には、九月の神嘗祭《かんなめさい》に派遣される伊勢例幣使《れいへいし》と臨時奉幣使《ほうへいし》とがあった。後者は、天皇・国家・伊勢神宮に格別の大変事などがあった場合に行われ、天平《てんぴょう》十年（七三八）を最初として、最後の文久《ぶんきゅう》元年（一八六一）まで一二五回（一二七回とする説もあり）に及んだ。江戸時代には、正保《しょうほう》四年（一六四七）、天和《てんな》二年（一六八二）、元文《げんぶん》五年（一七四〇）、享和《きょうわ》元年（一八〇一）、文政《ぶんせい》十三年（一八三〇）、安政《あんせい》五年（一八五八）、文久元年の合計七回派遣された。約二七〇年に七回であるから、かなり稀なことである。

伊勢神宮への勅使は、王・中臣《なかとみ》・忌部《いんべ》・卜部《うらべ》の四姓から構成され、それに公卿が加えられると公卿勅使になる。伊勢神宮に赴いた勅使は、まず外宮《げくう》、次いで内宮《ないくう》に詣る。両宮の神前に幣物や神宝《しんぽう》を捧げるとともに、四姓の中臣が内記宣命《ないきせんみょう》を読み、次に公卿が宸筆《しんぴつ》宣命を読み上げる。それが終わると宸筆宣命は内宮の禰宜《ねぎ》に渡され、禰宜はそれを焼いた。ついで勅使は、別宮である荒祭宮《あらまつりのみや》に行き、神宝を奉納する。

伊勢公卿勅使は正保四年に、嘉暦《かりゃく》三年（一三二八）以来三二〇年ぶりに再興された。勅使は、従三位参議の広橋綏光《やすみつ》であった。鎌倉時代の公卿勅使は、大納言・中納言クラスだったので、正保四年は官位の点でかなり低い。天和二年は正四位上参議の松本宗顕《むねあき》、元文五年は正四位上参議の庭田重煕《しげひろ》が勅使を務めたので、正保四年よりさらに位階が下がっている。

享和元年三月に公卿勅使が派遣された。勅使は正二位権大納言の花山院愛徳《かざんいんよしのり》が務め、前三回の参議クラスと異なり高位高官だった。嘉暦三年の勅使万里小路宣房《までのこうじのぶふさ》は正二位権大納言であり、鎌倉時代に派遣された二六回の公卿勅使の官位を見ると、位階は正二位を筆頭に従三位まで、官職は、内大臣が二人、大納言が一五人、中納言が八人、参議が一人であった。享和元年は、それに匹敵する高位の公卿だった。

享和元年の干支《えと》は辛酉《しんゆう》である。中国古代の予言説によると、干支が辛酉の年には革命が起こるとされた。永禄《えいろく》四年（一五六一）、元和《げんな》七年（一六二一）の辛酉には改元されなかったが、天和元年（一六八一）年に辛酉革命改元が再興された。辛酉革命の年に公卿勅使を派遣することも、永保《えいほう》元年（一〇八二）を最初として、以後六〇年ごとの永治《えいじ》元年（一一四一）、建仁《けんにん》元年（一二〇一）、弘長《こうちょう》元年（一二六一）と続き、ここで中絶した。つまり辛酉革命の年に公卿勅使を派遣するのは、弘長元年以来、実に五四〇年ぶりの再興だったのである。享和元年の六〇年後の辛酉の年、文久元年（一八六一）にも公卿勅使が派遣され引き継がれている。

　享和元年の公卿勅使で注目すべきは、天皇が勅使に持たせた宣命に「内外の宮に礼代《いやしろ》の御幣に金銀の御幣・尺御鏡・玉佩・錺剣・御弓・御箭等を相副《そ》えて、持ち斎り捧げ持たせて、御馬を牽《ひ》き副えて、荒祭宮には金銀の獅子形《ししがた》を出し奉り賜う」とあることである。まず、神前への幣物（礼代）、神宝である。天和と元文の公卿勅使の場合、「礼代の御幣」の内容は、錦、綾、帛、木綿、麻などである。

　しかし享和の場合、天和・元文と同様の錦以下のほか、「礼代の幣物に金銀の御幣尺御鏡玉佩錺剣御弓御箭等」とあり、内宮（皇大神宮）へは、金の御幣一枚、銀の御幣一枚、尺御鏡一面、玉佩一琉、錺剣一腰、御弓一張、御箭捌隻、御幣玉串二本、御馬二疋を奉納している（国立公文書館蔵「二宮叢典補遺」七十二）。これらは、天和・元文の公卿勅使の幣物には見られない。ところが、仁安《にんあん》四年（一一六九）、正応《しょうおう》六年（一二九三）の事例をみると、享和の時の幣物とほぼ同じ物が奉納されている（『続群書類従』第一輯下・『群書類従』第一輯）。つまり、享和元年の公卿勅使は伊勢神宮への奉納物の点でも復古したのである。

　さらに享和元年には、伊勢神宮の別宮である荒祭宮に「金獅子形一頭　居銀洲浜　銀獅子形　同」が奉納された。つまり、金銀の獅子形とそれを据える洲浜《すはま》各一が奉納されたのである。仁安四年と正応六年には、ともに「荒祭宮には金銀獅子形各一頭進め給う」とあり、金銀の獅子形が奉納されている。平安時代後期の朝廷の公事・儀式を集大成した「江次第」には、公卿勅使の項に「次いで荒祭宮に参り、獅子形等を奉納し、参拝拍手神宮の如し」と記され、獅子形を奉納することになっている。つまり、享和元年の公卿勅使は、荒祭宮へ金銀の獅子形を奉納する点でも復古したのである。

以上のように、正保四年に三二〇年ぶりに再興された伊勢公卿勅使は、享和元年に復古したのである。

石清水・賀茂臨時祭再興の叡慮

石清水《いわしみず》八幡宮の臨時祭が、文化十年（一八一三）三月十五日に約三八〇年ぶりに挙行され、翌文化十一年十一月二十二日に応仁の乱で中絶していた賀茂社臨時祭が挙行された。毎年ではなく交互の隔年挙行であり不十分さは残るものの、両社の臨時祭が再興された。

関白鷹司政熙《まさひろ》は寛政十二年（一八〇〇）八月八日、議奏の甘露寺国長《かんろじくになが》・鷲尾隆建《わしおたかたけ》・日野資矩《すけつね》・六条有庸《ありつね》を招き、内々にするようにと言って宸翰《しんかん》（『宸翰英華』に「宸筆御沙汰書」として収められている）を見せた。宸筆御沙汰書の内容は、石清水八幡宮と賀茂社の臨時祭を再興させるという天皇の考え（「叡慮」）が示され、関白と武家伝奏・議奏がよく考えて所司代と交渉し実現させるように、という主旨だった。関白は、臨時祭再興の件を所司代に申し入れるので、まず議奏が承知しておくように、ただし内々のことなので他言してはならない、と命じた（甘露寺国長の日記「国長卿記」国立公文書館蔵）。つまり、長く中絶している石清水八幡宮と賀茂社の臨時祭を再興する、という光格天皇の叡慮が示さ

石清水八幡宮（京都府八幡市八幡高坊）

れたのである。

寛政十二年に臨時祭再興の叡慮が示され、幕府との長い長い交渉を経て実現したのは文化十年のことだった。なんと一三年もかかっている。

石清水八幡宮・賀茂社臨時祭

石清水八幡宮（京都府八幡市）は、祭神が応神天皇・神功皇后・比売神《ひめがみ》である。貞観《じょうがん》元年（八五九）に宇佐《うさ》八幡を勧請し、朝廷の崇敬は篤く、伊勢神宮に次ぐ第二の宗廟《そうびょう》（天子の祖先を祀るところ）とされた。永祚《えいそ》元年（九八九）の円融《えんゆう》法皇の参詣をはじめとして、明治十年（一八七七）までに二四〇回ほど天皇の行幸、上皇の御幸があったという。元寇《げんこう》の際は天皇が行幸し祈願している。鎌倉時代以降は、源氏の氏神として武家の崇敬も深かった。

例祭（石清水放生会《ほうじょうえ》）は八月十五日で、貞観五年に始まり、天暦《てんりゃく》二年（九四八）に勅祭《ちょくさい》となった。天延《てんえん》二年（九七四）に朝廷の節会に準じ、盛大に執行されたが、十五世紀後半の応仁・文明の乱により、寛正《かんしょう》六年（一四六五）を最後に中絶した。江戸時代に入り、延宝《えんぽう》七年（一六七九）に再興された。

京都における地理的な位置関係から、都の北に位置する賀茂社の例祭（葵《あおい》祭）を北祭、都の南に位置する石清水八幡宮の例祭を南祭という。

臨時祭は三月午《うま》の日（午の日が月に三回ある時は中の午、二回のときは下の午の日）で、天慶《てんぎょう》五年（九四二）に始まる。それは、平将門《たいらのまさかど》・藤原純友《すみとも》の乱（承平・天慶の乱）を平定した報賽《ほうさい》（平定祈願が成就したお礼）として始まった。朝廷は、日本の古代国家を揺るがした最大の反乱事件である承平・天慶の乱の平定を石清水の神に祈願し、平定実現を謝したのである。天禄《てんろく》二年（九七一）から毎年挙行されることになった。戦乱が続いた永享《えいきょう》四年（一四三二）に中絶し、文化十年（一八一三）に再興されたのである。

下鴨神社（京都市左京区下鴨泉川町）

賀茂社は、賀茂別雷《かもわけいかづち》神社（上賀茂）、賀茂御祖《かもみおや》神社（下鴨）の総称である。平安遷都により平安京鎮護の神として朝廷から篤い崇敬を受け、山城国一宮《いちのみや》となった。例祭（葵祭）は四月の中の酉《とり》の日に挙行された。応仁・文明の乱終息後の戦国動乱に向かう文亀《ぶんき》二年（一五〇二）から中絶し、元禄《げんろく》七年（一六九四）に再興された。

賀茂社の臨時祭は、宇多《うだ》天皇が託宣を受けて寛平《かんぴょう》元年（八八九）に始まった。毎年、十一月の下の酉の日に行われ、応仁の乱後に中絶し、文化十一年に再興された（石清水八幡宮と賀茂社については『国史大事典』の各項による）。

この両社については、とくに石清水八幡宮の臨時祭のように、天皇と国家を脅かした承平・天慶の乱という大事件の平定と関わっていたことが重要である。また賀茂社は、天皇と朝廷の所在地である京都鎮護の神であった。石清水八幡宮と賀茂社が、天皇・朝廷にとってもつ意味は、孝明《こうめい》天皇が、幕末の文久《ぶんきゅう》三年（一八六三）三月十一日に賀茂社、四月十一日に石清水八幡宮に行幸し、攘夷を祈願したことを考えると分かりやすい。欧米列強の軍事的・政治的圧力により天皇と国家が危機に陥った時、天皇は石清水八幡宮と賀茂社に行幸し攘夷を祈願した。両社の祭礼が十全に行われることが、天皇と国家、そして京都の安泰にとって重要なのである。例祭は江戸時代前期に再興されたが、臨時祭はいまだ再興されていない。石清水・賀茂両社の臨時祭再興とは、天皇・朝廷にとって重要な課題だったのである。

光格天皇宸筆御沙汰書

光格天皇が石清水八幡宮・賀茂社の臨時祭再興の叡慮を表明し、寛政十二年八月八日に議奏らに示された宸筆御沙汰書（『宸翰英華』）をみてみよう。臨時祭再興にかける光格天皇の思いが語られているので、長文であるが逐語的に紹介しておこう。

石清水八幡宮と賀茂社は、わが国無比の宗廟であり、「朝家」（皇室・天皇家）の篤い崇敬は他の神社と異なる。両社の例祭は再興されたものの、臨時祭は数百年も中絶したままなのは恐れ多い。桜町天皇（在位一七三五〜四七）には再興するお考えがあった、とひそかに聞いている。私（光格天皇）が皇位に就いたのは不測の天運であり、神々の庇護のお陰なので、廃《すた》れた神事を再興することこそ第一の務めであり、それにより神々のお恵みに万分の一でも報いたい。大嘗会、新嘗祭《にいなめさい》、伊勢

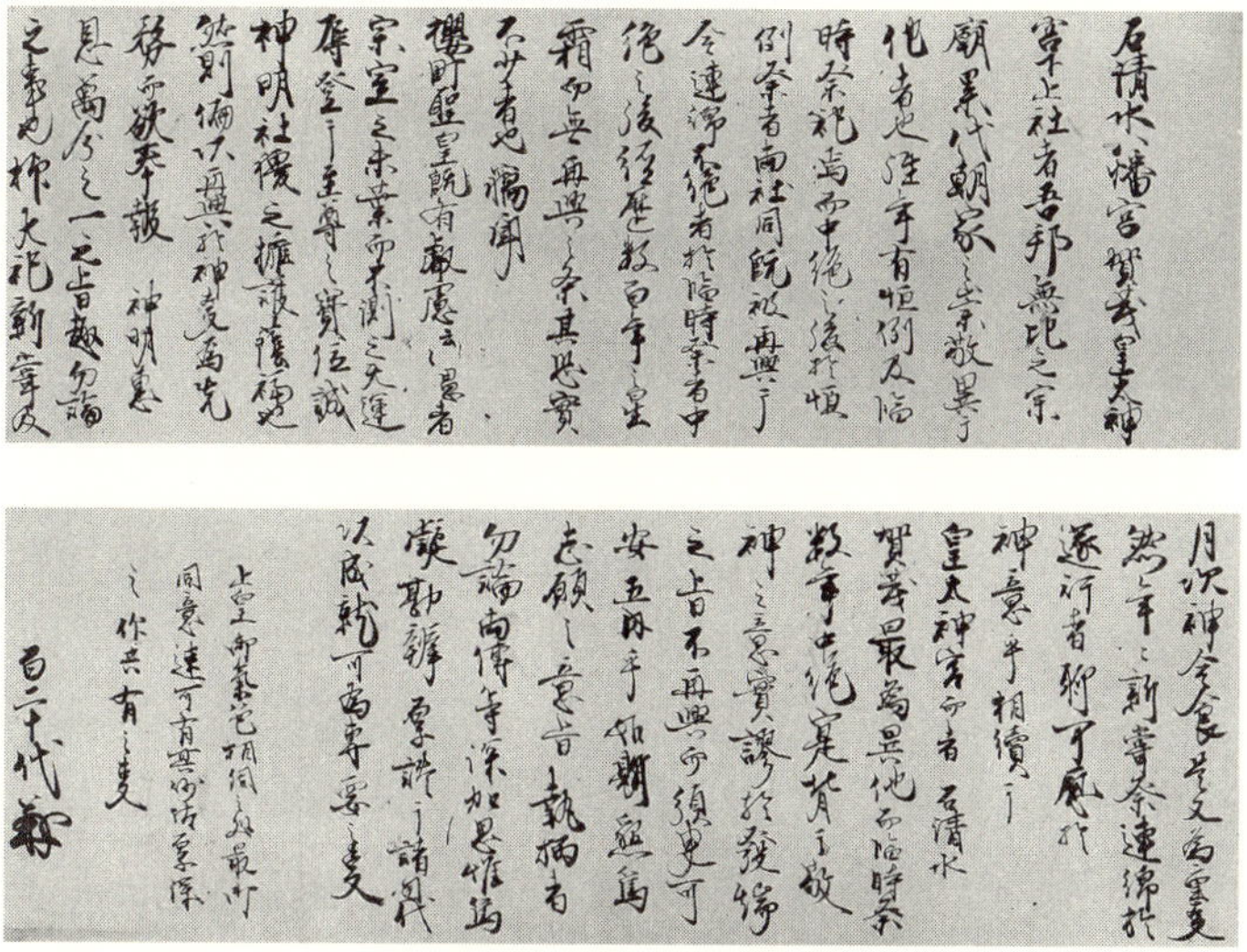

「光格天皇賀茂臨時祭御再興御趣意書」（宮内庁蔵）

神宮神嘗祭、伊勢奉幣使、石清水放生会、賀茂社例祭などは再興された。両社の臨時祭を廃絶させておいてはならない道理については、おのおの前例を承知しているはずだ。私の在位が二〇年に及ぶ間に、公事や節会で再興・復古させたものは大小さまざまあり枚挙に遑《いとま》はないが、重要な神事は一つとして再興させていない。このことを神々がどのようにお考えか、恐れるべきことではないか。古来から神事は多くあり、どれも廃絶させておいてはならないのだが、とりわけ両社の臨時祭には深い謂《い》われがある。月次祭《つきなみさい》（六月と十二月の十一日に朝廷と伊勢神宮で行われた祭事。朝廷では神祇官において、伊勢神宮をはじめとする三〇四座の祭神に幣帛を奉り、天皇および国家の安泰を祈った）と、神今食《じんごんじき》（月次祭当日の夜、神嘉殿に天照大神を祭り、天皇みずから旧穀を忌火《いむび》で調理した神膳《しんぜん》を供え自らも食して神と共寝する。国家の安泰を祈願する神事だが、応仁の乱後に廃絶した）は重要神事だが、新嘗祭を続けているのでいささかは神意の慰めになっているだろう。伊勢神宮に次ぐのが石清水八幡宮と賀茂社なのに、臨時祭を長く中絶させたままなのは、神を敬うという考えに反している。臨時祭を始めた主旨にも反している。再興しなければ私の心身は安らかにならない。このような私の篤い願いを、関白はもちろん武家伝奏らも深く考え、よく方策を話し合って所司代と相談し、実現することが最も大事である。上皇にご意見を伺ったところ、ご同意され、速やかにそのように取り計らうようにと仰せがあった。

再興への熱い思い

宸筆御沙汰書の文面には、光格天皇の両社臨時祭再興にかける並々ならぬ強い思いがほとばしっている。この天皇の強い思いは、関白・伝奏・議奏の公家たちのみならず、幕府側をも動かすことになる。中世以来、天皇・朝廷が準則としてきた『禁秘抄』冒頭に、「およそ禁中作法、まず神事、のち他事、旦暮《たんぼ》敬神の叡慮懈怠《けたい》なく」と記されるように、神事を第一にすることが天皇の務めだった。神事こそ、天皇にとっていわゆる「一丁目一番地」なのである。このことが、「あるべき天皇」像を追い求めた光格天皇の神事再興にかける強い思いの背景だろう。

天皇は、年未詳（寛政十年以降で宸筆御沙汰書と同じ頃か）の一月二十六日に、後桜町上皇に宛てた書状でも臨時祭再興にふれている（『歴代詔勅集』）。その書状のなかで、十六、七歳の頃（天明五、六年頃にあたる）から、賀茂社の臨時祭を再興したいものと考え、現在の関白にいつも相談してきた、賀茂社の臨時祭が再興されれば、対《つい》の関係にある石清水八幡宮の臨時祭も再興しなければならない、これは私の在位中、かつ関白鷹司政熙《まさひろ》の在職中にぜひとも実現したい、と書いている。これによると、賀茂社臨時祭の再興が初発の思いだったらしい。在位中に再興を実現させるという決意が、後述するように譲位を遅らせることになる。

なおその書状のなかで、賀茂社臨時祭は、水鏡・公事根源・年中行事などにあるように、光孝《こうこう》天皇（在位八八四〜八八七）から始まったものである、との認識が語られている。また、これは「宗廟敬神」のことなので、なんとでも幕府の方へ申し入れることができるだろう、また尊号宣下のような事柄とは異なり交渉の仕方があるだろうという。

天保《てんぽう》二年（一八三一）に議奏となり、弘化《こうか》五年（一八四八）から安政《あんせい》四年（一八五七）まで武家伝奏を務めた三条実万《さねつむ》が、出家した安政六年以降に、在職中に企画した一八か条にわたる朝政刷新のための改革案を「旧政告新」としてまとめた（『孝明天皇紀』二）。その第一〇条目に「賀茂行幸の事」があり、賀茂社への行幸は光格天皇の宿願だったという。その訳は、幼い頃に賀茂社の地で養育されたからで、賀茂社に対する思いは強いのだという。これらは、「竊《ひそか》に伺い候事」「相伺い候」と書いている。三条実万は光格天皇が上皇として生存中に議奏を務めていたので、直接伺った可能性は高い。事実関係は確認できないものの、そのような背景があったのではないか。

朝廷側から所司代に、両社臨時祭の再興を申し入れたことを確認できるのは、光格天皇の宸筆御沙汰書が示された翌年の享和《きょうわ》元年（一八〇一）のことである（「伊光記」東京大学史料編纂所蔵）。中入れを受けた所司代牧野貞精《さだきよ》は、臨時祭を再興したいというだけの通り一遍の要望ならば認められないが、この件にかける天皇の「思召」は「格別」と判断し、江戸の老中に取り次いだ。また老中たちも、「禁中格別の御懇願」と受け取った。所司代だった牧野貞精がその後すぐに老中に昇進したことも有利に働いたのか、幕府は臨時祭再興を頭ごなしに拒否することなく、再興を前提に条件を詰める交渉に入っている。

交渉と実現

交渉が具体化するのは文化三年（一八〇六）からで、一番の障害は経費の問題だった。幕府は、天明七年（一七八七）に寛政の改革を開始して以来、倹約令による緊縮政策で幕府財政の再建を図っていた。寛政六年（一七九四）に一〇か年倹約令、文化三年に三か年倹約令、文化八年に五か年倹約令と倹約令を連発し、松平定信が老中を辞職した後も緊縮財政策を取り続けていた。しかし、蝦夷地直轄政策などの政策経費、将軍徳川家斉の子女の縁組み経費など、財政支出は増大していった。幕府としては、朝廷の新規の要望に応えるにはあまりよい時期ではなかった。

しかし、それにもかかわらず幕府を臨時祭再興に前向きに対処させたのは、光格天皇の再興にかける強い熱意が大きな力になったようである。幕府は、臨時祭経費の削減を朝廷に求め、経費そのものと祭礼挙行の間隔が焦点になった。毎年三月に石清水八幡宮、十一月に賀茂社の臨時祭が行われるのが本来の姿だが、それを三年間隔にするとか隔年にするとかの案が出たり、また、継続的にやれるかどうか分からないが、とりあえず隔年挙行ということで再興してはどうか、などの案が出たりして錯綜した。結局、文化十年三月に石清水八幡宮、文化十一年十一月に賀茂社、文化十二年三月に石清水という両社臨時祭を隔年に挙行する形で再興することに決着した。なお、挙行の頻度など（毎年挙行するかどうかを含め）は、臨時祭積立金の状況をみながら、という付帯条件が付けられた。

石清水八幡宮臨時祭は約三八〇年ぶりに再興され、賀茂社臨時祭もほぼ同じ長い中絶を経て再興された。ただ、毎年挙行ではなかったので、光格天皇の思いを十全に満たすことはできなかったらしい。後に朝廷内部で毎年挙行の実現が課題になっていて、先に紹介した三条実万の「旧政告新」の第八条には、「南北臨時祭年中両度」が実現させるべきものとして掲げられている。

両社臨時祭の再興により、再興されずに残った神事は祈年祭《としごいのまつり》が大きなものだが、主要な神事祭礼は再興されたことになる。だが光格天皇には、神祇官《じんぎかん》再興の意思もあったらしい。三条実万の「旧政告新」の第四条に、「神祇官御再興の事」があり、「右は年久しく廃絶に相成り、先々御代より御沙汰在らせられ候えども、いまだ御志しを遂げられず」と記されている。先々御代、すなわち光格天皇の神祇官再興の意思を伝えている。これは、本来は神祇官で行うべき事柄が、吉田家や白川家で執行されていることは嘆かわしい、という理由からである。神祇官の再興は、明治維新をまたなければならなかった。

第四章　朝幕関係の緊張――尊号一件

1　尊号一件

光格天皇は、実父閑院宮典仁親王に太上《だいじょう》天皇の尊号《そんごう》を贈ろうとしたが、幕府の強い反対にあって実現せず、逆に側近の公家が幕府から処罰された事件、すなわち尊号一件を引き起こした。十八世紀末に、十七世紀前半以来の緊張した関係が朝廷と幕府の間に生まれた。太上天皇とは、天皇が譲位した後の称号で、六九七年に持統《じとう》天皇が持統太上天皇と称したのに始まる。上皇《じょうこう》とか太上皇と略し、院とも呼ばれた。

太上天皇の尊号

天皇の譲位後の称号なので、皇位に就かなかった閑院宮典仁親王に太上天皇の尊号を贈ろうというのは、光格天皇の無理なごり押しのように思われる。しかし、親王が皇位に就くことなく太上天皇になった先例があった。それこそが光格天皇の主張の根拠だった。その先例は天皇が皇位に就かなかった実父に太上天皇を宣下した後高倉院《ごたかくらいん》と後崇光《ごすこう》院である。最初に、この先例を説明しておこう。この二例こそ、光格天皇が実父閑院宮典仁親王に太上天皇の尊号を贈る正当性の拠り所だったからである。

後高倉院（一一七九〜一二二三）とは、高倉天皇の第二皇子で名は守貞《もりさだ》、承久《じょうきゅう》の乱の結果、天皇は廃帝、三人の上皇も配流になり、鎌倉幕府の指示により承久三年（一二二一）、守貞親王の子茂仁《ゆたひと》が即位し後堀河天皇になると、当時は院政が常態だったので、後堀河天皇の父守貞（出家し行助法親王）が、太上天皇（法皇《ほうおう》）の尊号を受けて院政を行った。これが後高倉院である。天皇位に就くことなく太上天皇を称した最初の例である。後に「承久の例」とされる。

後崇光院（一三七二〜一四五六）とは、伏見宮栄仁《よしひと》親王の子で貞成《さだふさ》、伏見宮家を継ぎ応永《おうえい》三十二年（一四二五）に後小松《ごこまつ》上皇（一三七七〜一四三三）の猶子《ゆうし》となり親王宣下を受けた。出家して法号道欽《どうきん》と称したが、正長《しょうちょう》元年（一四二八）に称光《しょうこう》天皇が亡くなり、貞成の子彦仁《ひこひと》が後小松上皇の猶子になって践祚し、後花園天皇（一四一九〜七〇。在位一四二八〜六四）となった。そして貞成は文安《ぶんあん》四年（一四四七）に太上天皇の尊号を受け、後崇光院となった。これは、貞成親王の懇望だったともいう。後に「文安の例」とされる。

いまひとつ小一条《こいちじょう》院を説明しておきたい。これは、太上天皇ではなくそれに准ずる称号（准太上天皇）を授けられた事例である。小一条院（九九四〜一〇五一）は、三条天皇の皇子で敦明《あつあきら》親王、後一条天皇の皇太子になったが、関白藤原道長《みちなが》の圧迫もありその地位を辞した。親王は、太上天皇に准じる小一条院の院号宣下を受け、准太上天皇の待遇を授けられた。太上天皇ではないが、それに准じた称号と待遇を受けた事例である。

閑院宮典仁親王は世襲親王家の当主であり、現天皇の実父とはいえ天皇の位に就いたことはない。にもかかわらず光格天皇が、あえて実父に太上天皇の尊号を贈ろうとしたのは、典仁親王の禁裏御所内での席順、すなわち序列の問題が大きかった。

尊号宣下の願望

禁中并公家中諸法度第二条は、「三公《さんこう》の下親王、その故は、右大臣不比等《ふひと》（藤原不比等、鎌足《かまたり》の子）、舎人《とねり》親王（天武《てんむ》天皇の皇子。『日本書紀』編修を主宰）の上に着す（中略）、親王の次ぎ前官の大臣、三公、在官の内は親王の上たるといえども、辞表の後は次座《じざ》たるべし」と規定している。儲君《ちょくん》（皇位を継承する予定の皇子）を除く親王は、現任の三公（太政大臣・左大臣・右大臣のこと）より序列が下に位置づけられている。なお江戸時代、三公の右大臣以上は五摂家（近衛《このえ》・一条・二条・九条・鷹司《たかつかさ》家）がほぼ独占していた。閑院宮典仁親王は光格天皇の実父とはいえ、関白はおろか三公より下に座らなければならなかった。光格天皇はこれに耐えられないと嘆き、太上天皇号を贈ることによってこの問題を解決しようとしたのである。

光格天皇が践祚した安永八年（一七七九）に左大臣だった鷹司輔平は、天明七年（一七八七）三月から寛政三年（一七九一）八月まで関白を務めた。鷹司輔平は、本書冒頭の光格天皇略系図にみるように、実は閑院宮直仁《なおひと》親王の第三王子で典仁親王の弟であり、光格天皇にとって叔父にあたった。つまり、実父典仁親王の序列は、光格天皇の践祚以降ずっとその弟の鷹司輔平より下だったのである。このようなことが直接の引き金かもしれない。

光格天皇は、早くも天明二年（一七八二）に動き始め、所司代に内談させた。尊号の件は実現しなかったが、天明四年に典仁親王一代に限り閑院宮家領一〇〇〇石に一〇〇〇石を増して二〇〇〇石にする、経済的な優遇措置を引き出した。天明五年六月にも、具体化に向けて武家伝奏に幕府との交渉を命じている。天明七、八年は大嘗会や御所の焼失があったため、天明八年四月に、議奏中山愛親《なるちか》に太上天皇の先例調査を命じた程度であった。このように、光格天皇は即位後すぐに尊号宣下の実現に動き始めたらしく、その願望には強いものがあった。

尊号問題の本格化

寛政元年（一七八九）二月、尊号宣下についての天皇の意向を伝える「御沙汰書」が所司代に渡された。これが同年八月、所司代の伺書を添えて老中松平定信ら幕閣に伝達され、尊号問題が本格化した。

「御沙汰書」は、尊号宣下は光格天皇年来の宿願であり、天明七年十一月の大嘗会が済んだら尊号を宣下したいと思っていたところ、翌年に御所が焼失したため延期していたが、閑院宮典仁親王も老年（寛政元年に五七歳）になったのでぜひとも宣下したい、という主旨だった。添えられた別紙に、皇位に就かなかった天皇の実父に尊号を宣下した事例を二つ挙げている。それが、さきほど説明した後高倉院と後崇光院である。つまり、天皇の実父への孝心と先例の存在を根拠に尊号宣下の承認を求めたのである。

これに対して老中松平定信は、「御私の御恩愛によりて、御位を踏まれず、御統紀を受けられずして、太上天皇の尊号これあるべき御道理かつてござなく、ことに尊号宣下と申す儀は、猶もって御道理如何《いかが》の筋に存じ奉り候、御名器（皇位）は御私の物にこれなき所、右の通りに相成り候ては、御筋《すじ》合《あ》いしかるべからざる儀にござ候」と主張し、先例の二例はいずれも混乱期の事例であって、先例たりえないと却下した。皇位に就かなかった者に太上天皇の尊号を授けるのは道理に合わないし、皇位は私物ではないので私情で尊号を授けるのは筋が通らない、という主張である。朝廷へは「いま一応厚く御評議」、つまり再考を求めて拒否した。

その後この件に関して、関白鷹司輔平と老中松平定信の間で数回にわたる書状のやり取りがあった。天皇の「孝心」から出たことだからと再考を求める鷹司輔平に対して、松平定信は、中国や日本の例を挙げて認められないと却下した。関白から小一条院の事例も話題に出し、定信も経済的な面での優遇（具体的には、閑院宮家領を典仁親王一代限り一〇〇〇石増やして三〇〇〇石とする）による妥協については考慮したようである（以上『樂翁公傳』による）。

天皇の関白への不満

光格天皇は、関白鷹司輔平のことがひどく不満だったらしい。寛政二年三月二日に実兄である妙法院宮に送った智証《ちしょう》大師円珍《えんちん》九百回忌の件についての書状で、「関白においては一向一慮《いちりょ》なきも、甚だ迷惑の事に存じ候」と書いている（『宸翰英華』）。関白がこの件に何の考えもなくひどく迷惑だとまで書いているのは、天皇と関白との関係からいって深刻な事態である。『宸翰英華』は、光格天皇の関白鷹司輔平に対する強い憤懣を示すものであると解説する。また、天皇が寛政元年、尊号宣下の意向を示して幕府と交渉させ、同年十一月に老中松平定信と関白鷹司輔平とのやり取りがあったものの、天皇の願いが実現しなかったことと関係しているだろう、という主旨の解説があり、その通りではないか。また天皇は書状のなかで、「所詮《しょせん》先例のみに拘《こう》泥《でい》候ては、一向何ごとも裁決つかまつり難《がた》く候あいだ、今度右の通り申し付くべき子細定め候ことに候」とも書いている。先例ばかりに拘っていては決められないというのは、穿った見方をすると、関白鷹司輔平の尊号宣下交渉への批判・不満とも理解できる。

公卿の尊号群議

いったん収まったかに見えた尊号問題は、寛政三年秋に急展開した。光格天皇は同年八月、幕府との交渉を強化するため、松平定信と良好な関係で幕府に協調的であり、その交渉のやり方に不満だった関白鷹司輔平を実質的に更迭して一条輝良《てるよし》に代え、さらに同年十二月、武家伝奏を久我信通《こがのぶみち》から正親町公明《おおぎまちきんあき》に代えた。一条と正親町は、幕府への強い反発や反感をしばしば日記（「輝良公記」「公明卿記」）に書き付けている公家だった。これにより、光格天皇は自身の意思が通りやすい状況を朝廷内部に作った。

光格天皇は寛政三年十二月、「太宰帥《だざいのそち》親王（典仁親王）尊号宣下あるべき哉」との勅問を、四一名の公家（現任《げんにん》の参議以上と前官の三公、および前官だが現任と同じ待遇を受けている者）に下した（日にちは、関白一条輝良も「帥宮尊号有無の事、比日尋ね下さる」と日記に明確に書いていない）。勅問（官位などの場合は摂家に行われるのが通常なので、今回のように幅広い公家へ問うのは異例であろう。まさに尊号群議である。

勅問を受けた公家たちは、たとえば関白一条輝良は十二月十日に、子の権大納言忠良と同時に回答し（「輝良公記」別記）、権大納言今出川実種は十二月十四日、「今日勅答を献ず」（「実種公記」）と回答している。勅答は一斉ではなかったらしい。勅答の内訳は、尊号宣下に賛成が三六名、反対が二名、保留が三名という結果で、公卿の圧倒的な賛成を得た（『徳川禁令考』前集第一、「尊号廷議」）。

賛成論の根拠は、今出川実種の「承久・文安の先蹤《せんしょう》これ有る上は、勿論たるべく候か、よろしく聖断《せいだん》あるべし」（「実種公記」）、つまり後高倉院、後崇光院の先例の存在である。これは、幕府に尊号宣下の承認を求めた天皇と同じである。

明確な反対は、前関白鷹司輔平・政熙《まさひろ》父子だけだった。左大臣鷹司政熙の反対論は、先例は両様（宣下した例としなかった例）あるが、皇位に就かなかった者に太上天皇の尊号を授けるのは筋が通らない、という意見である。父の輔平は子の政熙と同意見であると勅答している。これは、老中松平定信の拒否理由とほぼ同じであり、まさに幕府寄りである。

寛政四年一月、公卿の圧倒的支持を背景に、天皇は再び尊号宣下の承認を要求する「御内慮書」を所司代に伝達させた。所司代太田資愛《すけなる》は一月二十日付で、「御内慮書」に尊号群議の勅答を添えて江戸に送った。「御内慮書」では、上皇も公卿の大多数も尊号宣下に賛成し、先例もあることを理由に挙げ、それでも幕府が認めないならば、天皇にも考えがある（「このうえ深き思召も在らさせられ候あいだ」。「思召」の内容は不明）と幕府に迫った。さらに、太上天皇の御所（後桜町上皇〈院〉がいるので、新院御所となる）は閑院宮邸の増築で済まし、御料は四、五〇〇〇石（院御料は本院一万石、新院七〇〇〇石）でよいとの譲歩も提案した。朝廷側で具体案を作成しその実現を幕府に迫る交渉スタイルは、内裏造営の場合と似ていて強硬なものだった。

松平定信の対応策

事態の急転は、前関白鷹司輔平から老中松平定信にいち早く通報された（寛政三年十二月二十五日付定信宛書状）。定信は寛政四年一月十一日、「国体にとり容易ならざる儀、よほどむずかしき様子にござ候、いよいよ奮励仕り、少しもたぢろぎ申さず、何分引きうけ申すべき儀、決定仕り候なり」と老中たちに決意のほどを披瀝したように、尊号一件を断固処理する役目を担当することにした。定信が立てた基本方針は、「何れこの儀はご無用のかたは、論定まり候義に候、しかしながら、仰せ出され方、何か工夫これ有るべき哉、いまだ浮かみ申さず候」というものだった。つまり、尊号宣下の拒否はすでに決めていて、あとは断り方の工夫だけだった。

定信は、道理・理屈の問題で朝廷とやり合えば際限なく続く、かといって返事をせずに放っておけば朝廷は激高する、朝廷は先例を楯にとって実現を迫っているが、先例といってもおのおのその時々の状況が異なるのですべて従う必要はない、中国の事例も参照すべきではないのか、そこで、なお深く勘考するようにと返答すればよい、と提案している。その後の見通しは、おそらく朝廷は催促してくるだろうが、実父への「孝心」を遂げることができても、悪しき先例を後世に残したのでは先祖代々への「孝心」を欠くことになる、と返答して一、二年引き延ばせば、朝廷側も嫌気がさし（「御退屈」）、尊号宣下はおいおいにということにして、閑院宮家領の増加などという話になるだろうから、その時に家領の増加、待遇の改善などを実行し、その際に尊号は無用、と宣告すればよいとしている。

もしも朝廷が尊号宣下を断行するならば、関白はもちろん、議奏らも罷免処罰し、閑院宮には尊号を辞退させる、という方針を定信は「極意」と説明している。幕府の対応は、おおむねこの線で行われてゆく（「松平定教文書」東京大学史料編纂所蔵）。

尊号宣下強行の動き

朝廷は寛政四年八月八日、十一月の新嘗祭までに尊号宣下が実現しないと「叡慮安からず」という理由で、天皇は十一月上旬に宣下と決めたようだと申し入れた。これに対して幕府は八月二十八日、「御名器（皇位）は軽からず」という理由で、「尊号宣下の儀は、決して御無用に遊ばさるべき旨」、つまり尊号宣下は無用、ときっぱり拒否回答をした。尊号以外で天皇の「孝心」が立つことを言ってくれれば、御領の増額などの待遇改善について考慮するとも付け加えた。その際、老中松平信明《のぶあきら》を上京させて公家らの動静を探り、尊号宣下が延期になるよう計らわせ、場合によってはさらに他の老中を上京させ、松平信明、所司代と協力して武家伝奏と議奏を処罰する、という方針を決めている。まことに重大事態になりそうだった。しかし、この方針は撤回され、宣下を強く主張する公家の江戸召喚という方針に転換する。

この拒否回答に対して、武家伝奏は九月十八日頃に所司代に達書を渡し、再び尊号宣下の承認を迫った。先例があるのに従わないということでは、以後さまざまな面で支障が起こる、「御名器軽からず」というだけの「簡易の御返答」では訳が分からない、御領増額など太上天皇に准ずる優待があろうと、尊号が宣下されなくては名実が合わない、尊号宣下を無用とする詳細な理由を説明してくれ、という主旨で、再び十一月上旬までに宣下すると通達した。さらに、天皇が十月二日に、十一月上旬に尊号宣下を行う「御内慮」を典仁親王に伝えるという日程を指示した旨も、武家伝奏が所司代に通達した。尊号宣下実行の時が、いよいよ迫ってきた。

光格天皇が宣下を強行しようとする背景には、典仁親王の病状悪化があったらしい。武家伝奏は寛政四年六月に所司代へ、典仁親王が昨年冬に中風（「類中風の気味」）の発作を起こし、今年の春にはすっかり良くなったものの、最近再び軽症ながら発作を起こした、と伝えている。これを受けて定信は、典仁親王の病状探索を命じている（「松平定教文書」）。

尊号宣下の中止

幕府は十月一日、よく考えたうえで返答するので、返答がないうちは十一月上旬になっても尊号宣下は「決してご無用の儀勿論の事」とクギを刺した。そして、三人の公卿の江戸下向を要求した。定信は先例を調べ、(1)寛永《かんえい》十二年（一六三五）頃、御用があり中院通茂《なかのいんみちしげ》（通村《みちむら》の誤り。後水尾天皇譲位の責任を問われ武家伝奏罷免。江戸に召喚され寛永寺に幽閉された）を下向させた事件（しかし「江戸幕府日記」には見当たらないという）、(2)天和《てんな》元年（一六八一）に小倉大納言実起《さねおき》を信州（佐渡の誤り）に流罪に処した事件（霊元《れいげん》天皇の後継をめぐる紛議で天皇の勅勘《ちょっかん》を蒙った）、などを書き上げ、さらに幕府の御用ならば、管弦《かんげん》や蹴鞠《けまり》を家職とする公家の下向を求めるのだから、武家伝奏ならなおさらのことである、とも伺書に書いている。定信は、公家を江戸に下向させるのは先例もあり当然のこととしたうえ、流罪のケースすら調べている。

三人の公卿とは、武家伝奏正親町公明《おおぎまちきんあき》と議奏中山愛親《なるちか》、同広橋伊光《ひろはしこれみつ》の三名のことである。朝廷は十月五日、十一月上旬にこだわって宣下を行い、朝廷と幕府の円満な関係をこわしてはならないという理由で、幕府から返答がないうちに宣下することはしないと譲歩した。その一方で、三卿の江戸下向は近例がなく、朝幕間のもめごとのもとになってはいけないという理由で拒否した。

これに対して幕府は十月十一日、詳細な拒否理由の返答は追って行う、三卿下向は、近例がなくとも格別の用向きがある時は下向を命じることはある、書面だけのやり取りではよく分からない所もあり、念を入れるために下向を命じた、三卿が下向すると朝廷政務に支障をきたすならば、武家伝奏正親町と議奏一人の二人でよい、と通告した。

この幕府の通告を受けた朝廷は十月（日付不詳）、尊号宣下の延期（中止ではない）を確約し、公卿三人の江戸下向は無用であるという天皇の指示を所司代に通達した。同時に、尊号宣下を延期したので今年は新嘗祭の親祭を取り止め、内侍《ないし》を神嘉殿に行かせると達し、不快感を露わにした。幕府は十一月四日、⑴尊号群議の文面に不審な点も少なくないので、聞き質すため群議に加わった公家に下向をおいおい求める、⑵尊号宣下を無用とする詳しい理由は、三卿の尋問を終えてから伝える、⑶閑院宮家領の増額は、太上天皇に准ずる額ではなく、地方《ぢかた》か蔵米である程度増額するという意味である、などと答えている。

幕府の強い姿勢を感じ取った朝廷は十一月十三日、尊号宣下の中止を伝達し、新嘗祭も親祭すると伝えた。これを受けて幕府は十一月十八日、一件落着の「御会釈（挨拶）」のため、使者として高家《こうけ》前田信濃守長禧《ながとみ》を上京させると通達した。これに対して関白は、天皇はご丁寧だが年末に向かう時期に使者を上京させるのは大変なことだとお考えなので、差止めということではなく、武家伝奏からうまく伝えよと指示した。つまり、やんわりと使者上京は無用と伝え、天皇の不快感を示そうとしたのである（同前）。なお、使者の高家前田は上京し、十二月五日に参内している（「実種公記」）。

幕府は、三公卿を尊号一件の責任者と認定していた。とくに議奏中山愛親については、「ことに(光格天皇の)恩慮を蒙り候より、思召の趣にまかせ、尚更推《お》して御すすめ申し上げ、強く申し行い候事に候、中山は尊号の事のみにあらず、全体右の趣ゆえかれこれ強く申し上げ候」という情報を前関白鷹司輔平から得ていた(寛政四年十月定信宛輔平書状)。中山愛親は、天皇の贔屓《ひいき》を受け、天皇のお考えに従い、それをさらに強く勧め、強行しようとした、それは尊号の問題だけではない、とみていた。尊号一件の主犯格というところだろう。それだけではなく、従来とは異なる朝廷のさまざまな動きの張本人ともみていた。正親町公明と広橋伊光は、「何となく雷同《らいどう》の儀」、つまり共犯者とみなしている。

中山愛親は、光格天皇の信任篤い側近で、尊号だけではなく天皇に強い影響を与えていたようである。鷹司輔平はすでに紹介した天明八年八月の定信宛の書状で、天皇は一、二の近臣と相談して朝廷の政務を処理していると書いていた。その一、二の近臣とは、一人は中山愛親だった。おそらく、光格天皇—関白一条輝良—武家伝奏正親町公明・議奏中山愛親・議奏広橋伊光のラインが、尊号一件の構図と幕府は判断したのであろう。天皇の責任を問えない幕府は、中山愛親、正親町公明らを追及しようとしたのである。

二公卿の江戸召喚

天皇は三公卿の江戸召喚を拒み続けたが、結局は二公卿の江戸下向で折り合わざるを得なかった。寛政五年一月十五日、議奏中山愛親と武家伝奏正親町公明の二公卿が一月二十六日に江戸へ下向すると公表され、両卿は二十六日に京を発足し、二月十日に江戸に着いた。待っていたのは、老中松平定信らの厳しい尋問だった。中山と正親町への尋問・審理は

「対問」と呼ばれ、松平定信の白河藩江戸上屋敷、江戸城内、及び老中松平乗完《のりさだ》の三河西尾藩江戸上屋敷において三回実施された。

松平定信は、事前に尋問の方針や項目を綿密に練り上げたうえ、二人を別々に尋問し、供述の矛盾や辻褄の合わない点を鋭く衝いた。結局、光格天皇こそこの一件の主唱者なのだが、天皇を追及できないため、天皇に諫言《かんげん》せず事態を紛糾させた職務上の責任を問い、正親町と中山はこれに屈服した。幕府では、お役御免（罷免）、閉門《へいもん》・逼塞《ひっそく》などの罰を科すことに決まった。しかし、その手続きの問題で老中たちの意見が分かれ紛糾した。

手続きの問題とは、解官《げかん》の措置をとるか否かであった。解官の措置とは、幕府が官位を持つ公家・官人《かんにん》を処罰する際、事前にそのことを朝廷に通告し、朝廷がその者の官位を剝奪《はくだつ》して平人（無官位）にしたのち処罰するという措置のことで、江戸時代にとられてきた手続きであった。老中の間で、この解官の措置をとるか否かで意見が分かれた。松平定信は、解官の措置は必要ないと強く主張した。その論拠は、官位を有する大名ら武家を幕府が処罰する際に解官の措置をとったことがない、という点である。公家も武家もともに王臣《おうしん》（天皇の臣下）であるにもかかわらず、武家には解官の措置をとらず、公家にはそれをとるのは、同じ王臣を差別することになり、それは王＝天皇に対して不敬である。王臣に差別なく賞罰を加えることは天皇から任命された将軍の職任（職責・職務の意）であり、それが天皇を敬うことになる、という理屈を展開した。

公家を直接処罰

結局、幕府は寛政五年三月七日、議奏中山愛親に不埒《ふらち》という理由で百日の閉門（監禁刑のひとつで、屋敷の門と窓を閉じ、昼夜の出入りを禁止する刑）、武家伝奏正親町公明に不行き届きという理由で五〇日の逼塞（門を閉ざして日中の出入りを禁じる刑で、閉門より軽い）を申し渡した。解官の措置をとることなく、幕府が直接公家を処罰したのである。そして、両卿の議奏と武家伝奏という役職の罷免は朝廷の責任で行うこと（朝廷がやらないならば幕府がする、という意）を求め、さらに武家伝奏万里小路政房《までのこうじまさふさ》は不行き届きということで免職（朝廷の手で行う）と謹慎（「差《さし》控《ひかえ》」）、議奏広橋伊光は心得よろしからずという理由で謹慎（「差控」）、残りの議奏役の三公卿にも「注意」を命じた。

武家伝奏、議奏役の公卿に罰を科す一方、閑院宮典仁親王には、在世中米一〇〇〇俵（地方知行なら一〇〇〇石に相当）を増進することも決めている。典仁親王在世中、閑院宮家領は合計で米三〇〇〇俵（知行三〇〇〇石相当）になり、経済的には優待を受けることとなった（以上、東京大学史料編纂所蔵「松平定教文書」一～三による）。

所司代堀田正順《ほったまさあり》は寛政五年三月十一日、麻上下《あさがみしも》を着用して関白一条輝良邸を訪れ、公家処罰を命じた書付二通を渡した。

中山愛親―閉門。閉門が許された日に朝廷が退役を命じる。

正親町公明―逼塞。中山と同じ。

万里小路政房―差控。正親町と同じ。

朝廷が免職を命じない場合、「叡聞《えいぶん》」（天皇がお聞きになること）を経ることなく幕府が命じる、とも伝えた。そして口頭で、中山の閉門は一〇〇日、正親町の逼塞は五〇日、万里小路の差控は三〇日を、心得のためとして伝えている（「輝良公記」）。

両卿は三月十日に江戸を発ち、二十二日に京都に着いた。それぞれ幕府の命令により、閉門・逼塞の罰に服することになった。幕府から文書で処罰された万里小路政房と広橋伊光も、「差控」に服した。幕府による両卿らの処罰は三月十三日、「中山前大納言閉門、正親町前大納言逼塞、万里小路前大納言・広橋前大納言差控」と公家たちに触れられた。

広橋伊光は四月二日、幕府から差控を免《ゆる》され出仕《しゅっし》、万里小路政房は四月十二日、差控を免されたが、十三日に幕府からの指示により武家伝奏を免職になった。万里小路は近習に加えられ、小番《こばん》は免除された。正親町公明は四月二十八日、逼塞を免され出仕したが、武家伝奏を免職になった。正親町も近習に加えられ、小番は免除された。中山愛親は五月十九日、閉門を免されたが議奏を免職になり、正親町らと同様に近習に加えられ、小番を免除された。閉門などの処罰は幕府の手により、武家伝奏・議奏の役職罷免は、幕府の指示に従い朝廷の手によって実行された。

このように、前権大納言正二位という高位高官の堂上公家に対する処罰が、幕府により直接行われた。これにより、尊号一件は光格天皇・朝廷の敗北に終わったのである。

幕府の強硬対応の理由

松平定信は、初めから尊号宣下を認めないという強い姿勢でこの問題に対応した。その理由は、定信自身が寛政四年九月に差し出した伺書の中で書いている(「松平定教文書」二)。御所造営、神嘉殿造営、立后のところでも触れたように、天皇・朝廷が要望の実現を幕府に求める際の手続き・手順を問題にしたのである。定信は、朝幕間の手続きを「惣じて何ごとにても関東へ御内慮これあり、御答え然るべきとの趣に候えば、その上にて猶も表立ち候て仰せ進められ、右御答えの上にて御発見に及び候」と理解している。

まず内々に天皇の意思である「御内慮」を幕府に伝え、幕府がそれを承認したら、次に表立って「御内慮」「御沙汰」を幕府に伝え、幕府がそれに正式に許可を与えて実現する、という手続きであると松平定信は理解している。ところが尊号一件は、幕府が宣下を認めないうちに、まだ可否を返答しないうちに朝廷が独自に宣下すると表明した。これは、定信の理解から大きく逸脱していた。これを容認しては、朝廷と幕府の関係が大きく変化することになりかねない。これが、定信が強硬に尊号宣下を拒否した理由である。御所造営、神嘉殿造営、立后と続いた天皇・朝廷の従来とは異なる動きを警戒し、それに歯止めをかけた形になった。

天皇・公家の反発

幕府による公卿の直接処罰に対して、光格天皇も公家も強く反発した。天皇は寛政五年三月十四日に関白を招き、幕府が公家を処罰した今回の措置は、はなはだ如何なものかと思う、勅問衆と武家伝奏・議奏の考えを聞きたいので、意見を書き封をして差し出すように命じた。関白一条輝良は無用だが、子の内大臣忠良は提出するよう指示された。ここには、天皇の強い怒りが読みとれる。前関白鷹司輔平は十八日に天皇御前に参り、平穏に処理するように言上したという。天皇が幕府の今回の措置を問い質そうとしているようなので、万一そうする場合、その前に勅問衆が御前に参り意見を申し上げるべきなので、そのように取り計らってくれと関白一条に申し入れている。怒る天皇、穏便に済まそうとする前関白、二人の対照的な姿が見える。結局、幕府を尋問するようなことはなかった（以上、「輝良公記」）。

権大納言今出川実種がこの一件をどのように認識し、怒ったのかを紹介しておこう。処罰が伝えられた翌日の三月十四日、実種は次のように日記（「実種公記」）に書いている（現代語訳）。

政務は、頼朝が惣追捕使《そうついぶし》に補任《ぶにん》されて以降は武家が執ってきた。しかし、徳川家康以来は、公家と武家は別々になった。徳川将軍の時代、公家の政務を武家から行うことはかつてなかった。これは、武家が天皇・朝廷（「禁中」）を尊敬するからだ。しかし近年、地下《じげ》（位階が六位以下の官人）で法を犯した者が、幕府によりむやみに捕らえられ、罪人として縄をかけられる辱《はずかし》めを受け、あるいは処刑されている。これは天皇・朝廷（「朝家」）の衰微を示し、ただただ歎息するのみである。今度の一件は、堂上高貴の公家であることも考慮せず幕府はむやみに罪科に処した。今度のことは、閑院宮典仁親王に尊号を宣下すると知らせたところ、幕府は中国宋《そう》朝の例を引いて承諾しないことから起こった。そこで公卿群議があり、日本の旧例では、後高倉院、後崇光院はおのおの尊号を宣下され、大通院（陽光院《ようこういん》のことか。正親町《おおぎまち》天皇第一皇子誠仁《さねひと》親王。皇位を嗣ぐ予定だったが受禅《じゅぜん》前に亡くなり、太上天皇号を追贈された）は即位前に亡くなったので尊号を贈られた。日本の先例を用いず異国の旧蹤《きゅうしょう》を用いるのは道理に合わない、とは人びとが言うところである。そこで再三にわたり宣下実現を申し入れたところ、去年十月四日に三卿の江戸召喚を言ってきた。そこで尊号宣下の延期を表明したところ、幕府は、慎んで畏《かしこ》まりましたと使者を上京させて言上した。それによりこの一件は落着したと思った。にもかかわらずなお中山・正親町の二公卿の江戸下向を言ってきたので、去る正月に下向した。幕府は三月七日、中山・正親町に閉門、逼塞を江戸で申し渡した。所司代堀田《ほった》正順《まさあり》は三月十一日、所司代屋敷に武家伝奏と議奏を呼んで、おのおのは心得違いである、万里小路政房と広橋伊光は差控、それ以外の三卿は差控には及ばないと申し渡した。今度のことは、ひとえに天皇を蔑視する考えがはっきり出ている。中山以下の公家たちは幕府による処罰という恥辱を蒙ったが、彼らの罪ではない。末世の至りか、徳川家の武運は滅亡に近い。

実種は、先例があるのに尊号宣下を認めないうえに、高位の堂上公家を処罰したことを、幕府が天皇を見下す行為だとみなし、強く非難している。

光格天皇は、尊号一件では幕府に「敗北」した。高位高官の公卿を幕府に直接処罰され、権威という点では痛手を受けた。次に見る光格天皇による大量の公家処分は、朝廷内における権威の回復という面があったのかもしれない。

朝廷に同情する風潮

光格天皇の強い意思で実現を迫った尊号宣下を阻み、公卿を解官の措置なしに直接に処罰したことは、まさしく幕府の「勝利」であった。久々に朝廷の攻勢を打ち破ったようなものである。しかし、この事件を素材にたくさんの実録物、『小夜聞書《さよききがき》』『反汗秘録《はんかんひろく》』『中山問答記』『中白問答《ちゅうはくもんどう》』（いずれも写本で伝わっている）が貸本屋などを介して流布し、その多くは中山愛親が松平定信を論破し、意気揚々と京都に帰ってくる、つまり朝廷側の勝利という筋書きになっている。

幕末に摂家の一条家に仕えた下橋敬長《しもはしゆきおさ》が、「中山がまる勝ちに勝ったように、本などに書いてありますが、実はまる負けになって帰っております」（『幕末の宮廷』平凡社東洋文庫）と語ったように、実録物には真相とまったく逆に描かれて流布したのである。朝廷が世間の同情を集める、「京贔屓《ひいき》」の風潮が広まっていた。天皇・朝廷との関係が、幕府にとってむずかしい時代に入ったことをよく示した結末だった。

しかも、後水尾天皇の時代、霊元天皇の時代とも異なる天皇・朝廷の姿が現れ、朝幕関係が転換し始めたことを象徴する一件でもあった。

2　天皇による公家の統制

天皇が朝廷、公家集団の頂点に立つには、廷臣、公家の掌握と統制、そして規律を確立させることも重要だった。先に紹介した後水尾上皇が寛永二十年（一六四三）に子の後光明天皇に与えた教訓のなかで、「重代の臣下共すら、ややもすれば勅命とてもかろしめ候事のみに候」と書いていた。「重代の臣下共」すなわち公家たちすら、天皇の命令を軽んじる事態を指摘していた。後水尾天皇は、公家に規律を確立させること、そして公家の掌握と統制に苦労した。政務判断の力量、和歌など諸芸能の力量のみならず、天皇には公家・廷臣を統制し、規律を確立させる実力も必要だった。それは、大名が家臣（藩士）団を統制し、藩政を運営するのと似ている。天皇も臣下の公家を統制し、朝廷・朝政を運営する。統制のテコのひとつは、家臣・臣下への賞罰である。

天皇の公家大量処罰

光格天皇は寛政八年（一七九六）八月に九人の公家、十月に五一人（他に二人）の公家に処罰や譴責を加えている。左大臣・大納言・中納言・参議などの高官を含む多数の堂上公家を一度に処分したのは、宝暦事件以来のことであり、六〇人以上というのは前代未聞ではないか。

寛政八年頃の堂上公家の数は確定できないが、寛文《かんぶん》五年（一六六五）の時点では、幕府から知行を与えられている堂上公家は九二家、知行を与えられていない新家《しんけ》の堂上公家が二二家あり、あわせて一一四家ある。寛延三年（一七五〇）の時点では、清華家が九家、大臣家以下の旧家が五四家、文禄年間（一五九二～九六）以降に取立ての家が六六家あり（「寛延三年官位御定」『近世朝幕関係法令史料集』）、それに摂家の五家を加えると、堂上の公家は全部で一三四家になる。一三四家のうち六二人（当主だけではなく子息もいるが、一つの家で二人処罰された事例は柳原家を除いてない）、全堂上公家の四六パーセントが処罰を受けたことになる。つまり、堂上家の半分近くがなんらかの処罰を受けたのである。寛政八年の公家処罰は、光格天皇による処罰がいかに厳しかったかを物語る。

不行跡の公家

公家身分にあるまじき振る舞いを働く公家に対する処罰や統制の動きは、尊号一件が緊迫化する寛政四年（一七九二）から始まる。幕府から追及を受けるような不行跡の公家が問題になった。幕府（京都町奉行や所司代）の方から摘発・問い合わせがあり、公家の不法行為が明るみに出たのである。「実種公記」寛政四年二月二十六日条に、「小倉入道は近年行跡がはなはだ宜しくない、その友人である武者小路実純は、悪事が露見して出奔してしまった、去る十一日に位記《いき》（叙位の旨を記した天皇が授与した文書）を返上し、一族は義絶《ぎぜつ》（親族の縁を絶つこと）したという、武家から召し捕らえられるのではないかとの風聞がある、小倉入道は不行跡なので、去年から脇米一件について武家から何度も照会があった、このたびまた問い合わせがあった（二十三日の記事に「小倉入道米一件につき武辺《ぶへん》より書付到来のよし」とある）、その返答ぶりとこれまでのことからすると、小倉入道はその身分を失うことになると思われるので、西園寺殿が話し合って、小倉家屋敷に仮屋を設けて入道を押し込め、武家（幕府）へは乱心と申し立てるということになった」という記事がある。

小倉入道とは、左近衛中将の小倉見季のことであろう。小倉入道は、日頃からその行状が宜しくなく（最初に不行跡を咎められたのは安永七年〈一七七八〉のこと）、とくに「脇米一件」「米一件」で幕府から追及を受けていた。不正な米売買に関わっていたのであろうか。幕府からその件でまた調査があり、これでは小倉入道は逮捕されるなどによりその身分を失うことになりかねない、という危惧から内大臣西園寺賞季《さねすえ》が相談して、小倉家の屋敷内に仮屋をつくって入道を軟禁し、幕府へは入道は乱心と届ける、という対応策をまとめたという。そして同月二十八日、塔の壇の小倉家本宅地内に仮屋を建て、入道を移したとの記事がある。なお十月五日に、小倉入道が今出川実種の屋敷を訪れている（「実種公記」）ので、西園寺賞季の対応策で一件落着したらしい。

さきほどの「実種公記」の記事に、小倉入道の友人である武者小路実純は、悪事が露見したため逃亡し行方をくらましたという。悪事の内容は不詳だが、幕府による捕縛も噂され、官位を返上し一族から絶縁されてしまった。

御不審の公家九名

寛政四年十一月二十九日、武家伝奏は多数の公家を禁裏御所に招き、「御不審の人びと」の調査を命じた。「御不審の人びと」とは、前大納言柳原紀光《やなぎわらもとみつ》、参議裏松謙光《うらまつかねみつ》、非参議従三位岩倉具選《とものぶ》、非参議正三位五辻順仲《よりなか》、中将正四位下松木宗章《まつのきむねあき》、少将四位壬生《みぶ》師基《もろもと》、中将四位滋野井《しげのい》公敬《きんたか》、少将従四位上大宮盛季《もりすえ》、非参議正三位西大路隆良《たかよし》の九名の公家のことである。この九名を尋問するため、担当者としておのおの二人ないし一人の公家が割りふられた。武家伝奏から大宮盛季（二一五歳）の尋問は、今出川実種と前大納言橋本実理《さねよし》（六七歳）が担当した。

は、「近来身柄不相応の儀どもこれ有るよしに相聞こえ、然るべからずのあいだ、その品々相糺され、武家伝奏まで示し聞けらるべく候こと」と今出川と橋本に申し渡された。公家身分に相応しくない行為があるとの噂があるので、いろいろ調べて武家伝奏まで報告せよ、ということであった。翌十二月一日、この件で橋本実理と大宮盛季の父貞季《さだすえ》が今出川の屋敷に来ている。

今出川と橋本は、大宮盛季に尋問への返答を求め、十二月十二日に差し出された返答書を武家伝奏に提出した。大宮盛季は両人に、身分不相応の振る舞いについて格別に思い当たることはないが、先年召し抱えた家来の鈴木軍治と用達《ようたし》の幸佐屋忠蔵に家計のこと（「勝手向き」）を任せきりにしておいたら、不都合なことがあったので追及したうえ、鈴木軍治に暇を出し、忠蔵も用達を辞めさせた、委細は別紙に書いてある、と記した書状を渡している（「実種公記」）。身分不相応の行為とは、その別紙によると、天明の大火で屋敷が焼けて仮宅に住んでいた頃、鈴木軍治と忠蔵が聖護院村の仮宅を使って、炭や屋根板、さらには米穀の取引をしていたことにあるらしい。つまり、堂上の公家である大宮家の家来と用達が、仮宅で米や炭、屋根板の商売をしていたからである。小倉入道の「脇米一件」「米一件」も、同じようなことなのかもしれない。

この柳原紀光ら九名の件は、尊号一件が緊迫化したためか、そこから先には進まなかったらしい。なお柳原紀光は、亀山《かめやま》天皇が受禅した正元《しょうげん》元年（一二五九）から後桃園天皇が死去した安永《あんえい》八年（一七七九）までの朝廷の歴史を記した歴史書『続史愚抄《ぞくしぐしょう》』や、随筆『閑窓自語《かんそうじご》』の著作で知られる公家である。このような優れた著作をものした柳原紀光が、寛政八年に「利欲不法の進退」を理由にもっとも重い処罰を受けるに至った理由はよく分からない。柳原紀光は安永七年（一七七八）六月、長年にわたり「権威を募り、上を蔑如《べつじょ》し下を損ない」、そのうえ、無届けで近江長命寺へ参詣に出かけて宿泊、しかも職務と偽った不法が幕府から通報され、大納言を辞めさせられた（「実種公記」）。安永八年十一月二十五日の光格天皇践祚に欠席し、「余《よ》無骨の間、所労と称して不参、均光《なおみつ》（紀光の子、正五位下）参賀せしむるところなり」と日記に書いている（『光格天皇実録』）。私は無骨だからといって所労という口実で欠席し、わずか八歳の子を参賀に向かわせたのは、安永七年の処罰への不満であろう。

柳原以下九名の処分の問題が、寛政六年六月に再び表に現れた。六月二十七日、武家伝奏から柳原以下九名の公家に、取調べがあるので所労と称して引き籠もるよう指示があった。また、九名の公家は「御裁判」があるので、武家伝奏と議奏は評議をし、処分などについて書面をもって言上するようにと天皇の命があった。

御不審公家の処分案

議奏の今出川実種は七月一日、書面をもって勅答した。書面は、上奏書紙《じょうほうしょかみ》に記し、それを同じ紙で包み、表に「実種上」、封じ目に「実」と書いた。実種は、「先年（寛政四年のことか）一族に命じて尋問したが、一家のことなので不行跡の真相はよく分からなかった、わずかな噂話を材料に問答するのでは、尋問に限界がある、罪科は罪の軽重により決めるべきである、先年の問答に基づいて「勅裁」し、後日に幕府からこれこれの罪状が漏れているなどと申し出てきた場合、厳密な取調べにより「勅裁」したことにならないため、天皇の権威が問われる、そこで、幕府に不法行為を書き出させ、それを使って再度取り調べ、罪の軽重により処罰を決めるべきか、ご聖断を」と勅答している（「実種公記」)。

朝廷内部の調査には限界があるので、幕府から該当者の不法・違法行為を書き出させ、そのうえで罪の軽重によって処罰を決めるべきだ、というのが実種の意見だった。この時も処罰は決まらなかった。それは、寛政六年七月六日に光格天皇の実父閑院宮典仁親王が死去し、天皇は喪に服することになったからである。そしてこの問題の決着は、二年後の寛政八年八月に持ち越されたうえ、公家の処罰はこの九名にとどまらず大量処分になった。

九名の公家の処罰

九名の公家の処分問題は、寛政八年五月に再び動き始めた。五月十七日、関白鷹司政熙《まさひろ》は武家伝奏と議奏を招き、柳原前大納言以下九名が寛政四年以来所労と称して引き籠もっている問題について、その処理を相談して文書で申し上げよ、と命じた(「実種公記」)。この一件は、寛政四年の発端から決着がつかないまま四年近く経ってしまった。ようよう決着に向けた動きが再開されたのである。

両役はこの件を評議して処理案をまとめ、五月十九日に関白に文書を差し出した。それは、処分全体についての方針案と、九名おのおのの処分案からなっている。

処分方針は、「九名の公家の籠居《ろうきょ》は、寛政四年当時の両役が相談して決めたことではないので、現在の両役はその詳細を知らない、もし今回糾明することになると、寛政四年の時に武家伝奏だった万里小路前大納言政房《まさふさ》と正親町《おおぎまち》前大納言公明《きんあき》などを呼んで問い質したうえで処置することになる、ただし既に年月が経っているので、両卿(万里小路と正親町)の返答がはっきりしない場合、両卿の立場や身分が難しくなるのではないか、そこで、両卿を呼んで問い質すのはやめ、九名の普段の性質と不行跡の噂によって裁許すべきではないか」というものだった。改めて取り調べることなく、日頃の所業や乱行の風聞により処罰を決めてはどうか、という方針である。そして、一人ずつの罪状と処分案を提示している。

不行跡の内容と処罰案

処罰対象となった公家の身分不相応の不行跡とはどのようなものだったのか、ひとりずつ紹介してみよう。

柳原紀光―前権大納言正二位という高位、さらに五一歳という年齢にもかかわらず、質問への返答も相応しくない内容であった。これまでの御咎めの際、いつもいずれ困ったことになるから二度としないようにと申し渡されたのを忘れ、過失を犯して籠居すること三度になる。西大路隆良、岩倉具選、壬生師基、松木宗章らは仲間であり、柳原が張本人なので厳重処分か。

岩倉具選―贋金と天源寺の花活けを盗み出した罪は軽くない。実兄柳原紀光（ともに柳原光綱の子）が近江長命寺（滋賀県近江八幡市にある天台宗寺院。聖徳太子の創建という）に行ったことにより受けた重い咎め（一七〇頁参照）を知りながら、住吉社に詣ったのは（無届けで洛外へ出た不法行為）不届きの至りなので厳重処分か。

松木宗章―難波橋一件（不詳）は無難だったが、それで済むわけではない。幕府とのやり取りの際に自分で幕府（京都町奉行所か）の方へ行くなどと申し立てたのは不届きの至りであり、最近の風聞が悪い。

壬生師基—春日社と高野山の一件（不詳）は済んだわけではない、また最近の風聞が悪い。

西大路隆良・五辻順仲—あれこれ悪事が積み重なり、最近はいろいろ（悪い）噂があるので厳重処分か。

裏松謙光・滋野井公敬・大宮盛季—そもそも愚昧《ぐまい》のため善悪が分からず、不法の行為があった。他の連中とは違い、本心から出た悪事ではないので譴責《けんせき》すべきか。

柳原、岩倉、松木らは、幕府から追及を受けるような文字通りの「悪事」を働いたようである。さらに、芳しくない風聞も広まっていたらしい。寛政四年の小倉入道や武者小路実純らと同じようなことなのだろうか。

京都町奉行所は、日常的に公家たちの行動を監視し、身辺の情報を収集していた。そして、犯罪行為は違法として追及し朝廷に通告していたし、公家身分として如何なことと思われる行動も捕捉していた（荒木裕行「京都町奉行所による朝廷風聞調査について」東京大学史料編纂所研究成果報告二〇一三—五『近世の摂家・武家伝奏日記の蒐集・統合化による史料学的研究』二〇一四年）。前記九名の公家の「悪事」も悪い「風聞」も、また次に触れる大量に処罰された公家の問題行動も、おそらくは京都町奉行所から、禁裏付などを通して朝廷にもたらされたものだろう。

表5　8月25日処罰の公家（9名）

名前	官位	年齢	罪状	処罰
柳原紀光	前大納言従二位	52	利欲不法の進退	永蟄居・父子同居停止
岩倉具選	従三位院参衆	40	同上	同上・同上
壬生師基	四位		同上	同上
西大路隆良	非参議正三位	41	身分不相応行跡(博奕)	蟄居・父子同居停止
松木宗章	正四位下		利欲不法の進退	同上・同上
五辻順仲	非参議正三位	52	不法の進退	遠慮
裏松謙光	前参議正三位	56	不行跡の進退	同上
滋野井公敬	四位	29	同上	同上
大宮盛季	少将従四位上	29	同上	同上

両役は五月二十二日、関白から命じられていた九名の公家の処罰について考えをまとめ、処罰案を差し出した。両役の案は、柳原と岩倉は、落飾《らくしょく》・永蟄居《えいちっきょ》・父子同居差止め、西大路・壬生・松木は、落飾・蟄居・父子同居差止め、五辻は落飾、裏松・滋野井・大宮は、暫時出仕《ざんじしゅっし》差止め・譴責だった。

利欲不法の公家の処罰

天皇の「御裁断」が伝達されたのは、約三か月後の寛政八年八月二十五日のことだった。おのおのの罪状と処罰の内容は、表5に掲げた通りである。柳原・岩倉・壬生・松木の四名には、両役の処罰案には明記されていなかった「利欲に耽《ふけ》り」「利欲を貪《むさぼ》り」などの罪状が挙げられ、西大路には利欲の指摘はないが、身分不相応とされた不行跡の内容に博奕が入っている。処罰の軽重は、おおむね両役の案に従っている。

寛政四年以来の懸案は、永蟄居三名、蟄居二名という重罰で決着が付いた。なお、蟄居とは、(1)閉門、(2)一族でも親族の面会は無用、(3)事情があって父子が面会する時は、武家伝奏に届け出てから面会のこと、というものだった（以上「実種公記」）。

遊興の公家の大量処罰

光格天皇は九月三十日、両役を招き遊興に耽る公家に対する処罰を近日命じると伝えた。そして両役は十月五日、関白から遊興に耽る公家を処罰する天皇の命令を伝えられた。八月の九人の公家と同じく、処罰を受ける一七人の公家は指名された公家から申し渡された。一七人の公家の名とその罪状、および処罰内容は表6に掲げた通りである。

土御門泰栄《つちみかどやすなが》から千種有条《ちぐさありえだ》までは、天皇から遠慮・閉門や差控を命じられ、徳大寺実祖《さねみ》から梅小路貞《さだ》肖《ゆき》までは、この申渡の他に関白から差控を命じられた。

官位を見ると、現任の大納言という高官の公家が五人、前大納言が一人、二〇代の四位以下の若い公家が五人、非参議で三位の公家が六人という内訳で、現任大納言から若い公家まで一七人が、一時に処罰されたのである。その中には、伏原、千種、中山のような天皇の近習も含まれていた。罪状は、「遊興に耽り」不法の進退をした、不慎み（身分に相応しくない派手な行動をしたとの意か）、家業を疎かにしたことなどが罪状に挙げられた者が多い。高位の者は、遊興に耽る者をたしなめるべき立場なのに、反対に遊興に誘い入れていると咎められている。近習の千種有条は、「遊興に耽り、ことに近習として不法の至り」、近習で大納言の中山忠尹《ただまさ》は、「近習ならびに高官として遊興を好み、不慎みの至り」と糾弾されている。なお、大納言三条実起《さねおき》の場合は本人の遊興ではなく、子息が所労保養と称し

表6　10月5日処罰の公家（17名）

名　前	官　位	年齢	罪　状	処　罰
土御門泰栄	陰陽頭正三位	39	遊興に耽り不法の進退	遠慮･閉門
伏原宣武	少納言従四位上	23	遊興に耽り家業懈怠	除近習・差控
白川資延王	少将正四位下	27	遊興に耽り家業疎略	差控
吉田良連	侍従正三位	35	遊興に耽り不慎	同上
沢　久量	中務大輔従四位下	23	同上	同上
広幡前秀	大納言正二位	35	遊興に耽り不法の進退	同上
千種有条	非参議従三位	34	遊興に耽り近習不法	同上
徳大寺実祖	大納言正二位	44	遊興誘引し宿仕懈怠	急度慎
花山院愛徳	大納言正二位	42	遊興誘引し不慎	同上
中山忠尹	大納言正二位	41	遊興を好み不慎	同上
三条西延季	前大納言正二位	47	飲酒と遊興不慎	同上
藤波寛忠	非参議正三位	38	遊興に耽り不慎	神事厳重
桑原為弘	非参議正三位	44	同上（儒家）	急度慎
橋本実誠	中将正四位下	38	遊興に耽り不遜放蕩	同上
難波宗享	非参議従三位	28	遊興に耽り不法進退	同上
梅小路貞肖	勘解由次官正五位下	20	同上	同上
三条実起	大納言正二位	41	子息の遊興を制止せず	慎

て遊興のため外出しているにもかかわらず、子への愛情に溺れて制止しなかったのは「粗忽《そこつ》の至り」とされた。三条実起は差控を伺い出たが、それには及ばないと許された。処罰は、土御門泰栄の遠慮・閉門を最高に、差控（しばらく出仕を止めること）と急度慎み（自宅謹慎）などの軽い処分だった。なお伏原宣武《のぶたけ》は、近習から外された。

遊興の公家の大量譴責

公家への処分はそれに止まらず、この一七人の公家処罰と同日の十月五日、摂家などから一斉に譴責を加えられた公家が三五人にのぼった。人名などは表7に掲げた。これは、天皇・関白の指示を受け、摂家が家礼（かれい・けらい、と読み、門流ともいう）の公家に行ったのである。天皇から直接にではないが、天皇の意向を受けた処分である。議奏今出川実種は五日、一条家に赴き、内大臣一条忠良が一条家の家礼に対して譴責を加える場に列席している。処分の対象になった一条家の門流の公家は一条家に集められ、そこで一条忠良から譴責を受け、議奏今出川がその場に立ち合って確認したのである。このやり方から、直接は天皇・朝廷からではないが、その指示による譴責処分であったことが明らかである。

譴責の理由と内容は、「最近遊興を好んでいるという噂がある、以後遊興を止めて慎むこと」である。遊興を好む（「耽る」より程度が軽いか）公家への譴責で、改まらなければ摂家からではなく朝廷から直接処罰するとも警告している。現任と前任の中納言が五名も含まれ、二〇代が一二名、一〇代が四名と若年の公家が多い。前の一七名の公家と比較すると、官位は低く、年齢も若いという特徴がある。

表7　10月5日摂家らから譴責を受けた公家（35名）

名前	官位	年齢	名前	官位	年齢
庭田重嗣	中納言従二位	40	柳原均光	頭弁正四位下	25
四辻公萬	同上	40	花園実章	少将従四位上	30
園　基理	同上	39	今城定成	同上	23
清閑寺昶定	中納言従三位	35	六角和通	上総権介従四位下	19
東園基辰	前中納言正二位	54	高丘永季	左兵衛佐従四位下	22
正親町実光	左中将正四位下	20	穂波経條	中務権大輔従四位下	23
石野基綱	大蔵卿正三位	46	野宮定業	少将従四位下	38
六角光通	右京権大夫正三位	41	河鰭公陳	同上	24
外山光実	修理権大夫正三位	41	清岡長親	大内記従四位下	25
梅園実兄	非参議正三位	32	葉室頼寿	右中弁正五位下	20
中園実綱	同上	39	烏丸資董	左少弁正五位上	25
石井行宣	左京大夫従三位	35	裏松明光	勘解由次官正五位下	26
北小路祥光	右京大夫従三位	34	万里小路建房	侍従正五位下	17
富小路貞直	非参議従三位	36	桑原為顕	周防権介正五位下	22
長谷信昌	同上	35	東園基仲	大夫正五位下	17
桜井氏全	同上	33	花園公燕	美作権介従五位上	16
三室戸能光	大蔵大輔正四位下	28	綾小路俊資	参議正三位院評定	39
錦小路頼理	中務大輔正四位下	30			

この他に、参議正三位の綾小路俊資《あやのこうじとしすけ》も、今年の春から遊興が過ぎるという理由で譴責の対象になった。綾小路が院評定衆《いんのひょうじょうしゅう》を務めていたことから、院（上皇）の方で譴責することになった。綾小路は、譴責を受ける当日の五日に小刀で自害を図ったが死に至らず、外科医が傷を縫ったという。今出川実種は、綾小路は癇性《かんしょう》（「神経過敏で激しやすい性質」『広辞苑』）なのか、遊興のことは役職に相応しくないが、生きるか死ぬかというほどのことではない、忠なく孝なく自殺を図るのは、ただただ愚かな行為であり、哀れむべきことだ、ただし、この件はごくごく秘密のことである、中納言庭田重嗣《しげつぐ》からそのことを命じられた、と日記に書いている（「実種公記」）。個人の性格の面もあるが、譴責を重く受けとめ自害を図る公家も出た。

この他、同じ記事によると、天皇は両役を招き、仁和寺宮（深仁法親王）と妙法院宮（真仁法親王）などに遊興の噂があるので糾明するよう命じた。さらに、左大臣二条治孝《はるたか》に不法のことがあるという噂があるので、改めるよう申し入れるべきだ、とも語っている。ともに閑院宮典仁親王の子で光格天皇の兄弟である仁和寺宮と妙法院宮に対しても、遊興の噂を理由に糾明を命じ、不法の行為があったと噂される左大臣すら問題にしている。仁和寺宮らにどのような処分があったのか不詳であるが、左大臣二条治孝については、十月二十二日に関白が禁裏御所で譴責を加えている。

八月二十五日に処罰された者九人、十月五日に処分された者一七人、譴責された者三五人、結局、何らかの処分を受けた公家は、総計で六一人（左大臣を加えると六二人）になり、全堂上公家の四六パーセントに及んだ。上は現任の左大臣や大納言からで、公卿の大量処分ということができる。朝廷内の、あるいは公家集団の統制強化、規律の確立という点で、光格天皇は大鉈を振るったというべきであろう。

第五章　光格天皇と芸能

1　禁秘抄と禁中幷公家中諸法度の世界

禁秘抄と禁中幷公家中諸法度

江戸時代の天皇の諸芸能（学芸）を考えるうえで『禁秘抄《きんぴしょう》』（『群書類従』第二十六輯　雑部）と「禁中幷公家中諸法度」が重要である。

すでに説明したように、「禁中幷公家中諸法度」の第一条は『禁秘抄』の「諸芸能の事」からの抜粋であり、天皇に課した義務は、学問を第一に挙げ、ついで和歌を学ぶことであった。つまり江戸時代の天皇は、幕府から学問と和歌を学ぶことを義務づけられたのである。すでに指摘しておいたように、これはあくまでも天皇が身に付けるべき「諸芸能」のことであり、江戸時代の天皇が果たすべき、また最も優先される神事、さらには朝廷政務などは含まれていない。

また第一条の末尾に、『禁秘抄』に載せられていることを学ぶのが最も大切であるとされている。

天皇が身に付けるべき諸芸能も、『禁秘抄』では学問と和歌だけではなかった。そこで、天皇の諸芸能だけであるが、『禁秘抄』に載せられていることを確認する必要がある。

「禁中の事」という章に「諸芸能の事」という項があり、天皇が身に付けるべき「芸能」が語られる。第一が学問、第二が管弦、和歌はその他の「芸能」のひとつとされる。「禁中幷公家中諸法度」は、天皇に学問と和歌を学ぶことを義務づけたが、その理由は不詳ながら第二の管弦やその他の芸能を除いている。

禁秘抄の世界(1)——学問

『禁秘抄』の「諸芸能の事」は、次の文章から始まっている。

第一御学問なり、学ばずんば則《すなわ》ち古道明らかならず、而《しか》して能《よ》く太平を致すもの未《いま》だこれ有らざるなり、貞観政要《じょうがんせいよう》の明文なり、寛平《かんぴょう》の遺誡《ゆいかい》に、経史《けいし》を窮《きわ》めずと雖《いえど》も群書治要《ぐんしょちよう》を誦習《しょうしゅう》すべしと云々《うんぬん》、

天皇が身に付けるべき芸能の第一は学問である、その理由は、学ばなければいにしえからの道理を明らかにできず、それで天下に太平をもたらした者はいまだかつていないからである。これは『貞観政要』の明文である。「寛平遺誡」には、中国の重要な古典を深く研究して奥義を究めなくとも、『群書治要』を読み習うべきだと書かれている。

『貞観政要』は、中国唐代の太宗《たいそう》皇帝と臣下の間で交わされた政治上の問答を集録したもので、池

田温氏によると、理想的な帝王のあり方を示すものとして、東アジア世界共通の政治・道徳の教本であり、帝王学の教科書だった（『東アジアの文化交流史』吉川弘文館、二〇〇二年）。「寛平遺誡」は、宇多《うだ》天皇（在位八七七〜八九七）が皇太子（後の醍醐《だいご》天皇）に書き送った天皇の心得や作法および年中行事の書であり、後の歴代天皇が尊重したものである。『群書治要』は、中国先秦《しん》から晋《しん》までの六七種の書物から政治の参考になる文章を抜粋したもので、唐太宗の命により六三一年に成立した政治学書である。いずれも治者が理想の政治を行い、太平をもたらすために学ぶべき政治・道徳の書であった。天皇の芸能としての学問は、理想的な帝王としてよりよい治世のために学ぶべきものだった。つまり帝王、治者としての学問だった。

禁秘抄の世界(2)——管弦

第一の学問に続く第二は管弦である。管弦は、音楽（「管弦御遊」「御楽」と表現される）のことである。

第二管弦、延喜《えんぎ》（醍醐天皇・在位八九七〜九三〇）・天暦《てんりゃく》（村上天皇・在位九四六〜九六七）以後、大略絶えざる事なり、必ず一曲通ずべし、円融《えんゆう》（在位九六九〜九八四）・一条（在位九八六〜一〇一一）の吉例にて、今に笛は代々の御能《おんのう》なり、和琴また延喜・天暦の吉例、箏《そう》これに同じ、琵琶殊例なしといえども、しかるべき事なり、笙《しょう》・篳篥《ひちりき》いまだ聞かず、笙、後三条院（在位一〇六八〜七二）学び給う、篳篥不相応の事なり、音曲は上古も例あり、堀川院（在位一〇八六〜一一〇七）内侍所《ないしどころ》御神楽の時、別にこの音曲あり、鳥羽（在位一一〇七〜二三）・後白河（在位一一五五〜五八）御催馬楽《さいばら》その曲を窮《きわ》めずといえども、すでに晴れの御所作と云々、また後白河、今様《いまよう》比類なき御事なり、何もただ御心有るべし、笛、堀川・鳥羽・高倉（在位一一六八〜八〇）法皇代々絶えざる事なり、ただし箏・琵琶何劣らん哉、

ここでいう管弦とは、雅楽で舞を伴わず管楽器（笛・笙など）・弦楽器（箏・琵琶など）・打楽器（太鼓など）により合奏する演出法（『広辞苑』）というだけではなく、広く音楽のことをさしている。

管弦は、延喜・天暦の時以来、おおむね絶えることがない、天皇は、必ず一曲に精通すべきである。延喜・天暦とは、醍醐・村上両天皇のことで、後に天皇親政の理想の「聖代」と賛美された。円融・一条両天皇の吉例により、今になっても笛は天皇が得意としている、和琴は延喜・天暦の吉例による、箏も同じである、琵琶は吉例がないものの身に付けてよい、笙と篳篥については聞いたことがない、ただ笙については後三条天皇が学んだ例がある、篳篥は天皇が学ぶに相応しくない、音曲は上古にも例があり、堀川天皇の時に内侍所神楽に音曲があった、催馬楽も鳥羽・後白河天皇が学び、得意としなくとも正式なものである、後白河天皇は今様に通じ比類ないほどである、笛は、堀川・鳥羽・高倉の代々の天皇が学んでいる、箏と琵琶も笛に劣るところはない。

天皇として身に付ける楽器としては笛・箏・琵琶・笙、歌物としては音曲・今様・催馬楽を勧め、楽器のなかで篳篥は天皇に相応しくないという。多種多様な楽器と歌物のなかから、天皇自身の好みに応じて学ぶことを求めている。

禁秘抄の世界(3)
――その他芸能

第二の管弦の次に、第三ということではなくいくつかの芸能があげられている。和歌、好色の道、幽玄の儀、そして最後に具体的な名称ではない「雑芸」が続く。

和歌、光孝《こうこう》天皇より未《いま》だ絶えず、綺語《きご》たるといえどもわが国習俗なり、好色の道、幽玄の儀、棄て置くべからざる事か、このほか雑芸御好み有るも難《なん》なし、御好み無くも難なき事か、詩情・能書など同じく殊なる能なり、

和歌は、光孝天皇（在位八八四～八八七。百人一首に「君がため春の野に出でて若菜つむわがころもでに雪はふりつつ」がある）からいまだ絶えていない、「綺語」（「巧みに飾って美しく表現したことば」『広辞苑』。「きぎょ」とも読む）ではあるが長く続いてきたわが国の習俗である、好色の道、幽玄の儀も棄てておいてはいけない、この他の雑芸は、好まれても好まれなくてもよい、詩情と能書も大事な能力である、という。

和歌は、「綺語」にすぎないが長く続いてきた習俗だから棄てておいてはいけない、という位置づけだった。しかし、「禁中并公家中諸法度」は、学問とともに和歌の学習を天皇の芸能として義務づけ、後に説明するように、江戸時代初期の後水尾《ごみずのお》天皇は、芸能の中で和歌が第一だと子の後光明天皇に教訓を与えていた。

江戸時代の天皇、朝廷では、「禁中并公家中諸法度」の規定、および後水尾天皇の方針もあって和

歌がとくに重んじられることになった。しかし、実はそれだけではなかったことは、以降の説明により明らかになる。

2　光格天皇と学問

光格天皇に対して公的な、あるいは儀式的な教育が始まったのは天明《てんめい》元年（一七八一）、一一歳の年からだった。その年の八月七日上丁《じょうてい》、すなわち釈奠《せきてん》の日に小御所において権中納言高辻胤長《たかつじたねなが》、非参議正二位伏原宣条《ふせはらのぶえだ》による「講書」が行われた。翌年も釈奠の日に小御所において、高辻胤長が「文選《もんぜん》」、伏原宣条が「孟子《もうし》」を講じ、天皇は簾中にて聴聞している。以後は恒例である。

天皇の学問奨励

同年十二月十日に「御読書始」があり、侍読《じどく》文章博士唐橋在煕《からはしありひろ》、文章博士（大学頭）桑原為弘《ためひろ》を召し、「御注孝経」の読書があった。天明四年三月十日に「大学」、六月十四日に「論語古註」の講釈が伏原宣条により行われ（以上『光格天皇実録』）、天明六年三月九日に、伏原宣条が「論語」を講じている（「実種公記」）。

天明六年八月四日には、天皇御前において「御会読《かいどく》」があった。会読とは複数人が集まって読書しあい議論することだが、この日の会読については、人数や何を読書しあったのか記述がなく分からない（同前）。

同年閏十月十五日には、常御殿小座敷において御前で輪講《りんこう》があった。輪講とは、数人が輪番で順々に講義することである。小座敷中央に見台《けんだい》を設け、代わる代わるその前に座って講義をしている。前権大納言六条有栄《ありひで》が「礼記《らいき》」、権大納言今出川実種が「論語古注　学而篇」、権中納言中山忠尹《ただまさ》が「中庸《ちゅうよう》」、参議左大弁葉室頼煕《はむろよりひろ》が「孟子古注」、非参議久世通根《くぜみちね》が「小学」、右大弁坊城俊親《ぼうじょうとしちか》が「十八史略」、正四位下風早実秋《かざはやさねあき》が「古文真宝《こぶんしんぽう》」、文章博士五条為徳《ためのり》が「金鏡」を講義し、侍従甘露寺国長《かんろじくになが》（一六歳）が「孟子」を素読《そどく》している。今出川実種によると、この頃近臣たち全員にこのような輪講があり、未熟（「未練《みれん》」）の者は読書せよとのことだという。つまり、近臣たち全員に光格天皇御前で輪講させ、読書せよ、すなわち学問せよと督励しているのである。

出席した今出川実種は、次のように書き留めている（「実種公記」）。

予（実種）、幼よりその（学問の）志《こころざし》無きに非《あら》ずといえども短才愚庸《ぐよう》、その任に非ず、但し一統励学《れいがく》の事しかるべくの旨叡慮なり、予も辞《じ》し申すにおいては、一統辞し申すの輩《ともがら》多かるべくのあいだ、憖（なまじい）にこれを講じ了《おわんぬ》、

実種は、幼い頃から学問への志がなかったわけではないが、才能がなく凡庸なので、学問を究める任を果たせない、しかし、一同学問に励め（「励学」）というのが天皇のお考えであり、実種が輪講出席を辞めると言い出せば、辞めてしまう公家が多く出るのではないかと恐れ、無理をして（「論語古注

学而篇」を）講じた、という。「学問」への消極的な公家たちの動きを伝えている。

光格天皇は当時一六歳である。「論語」によれば、孔子は一五歳で学問に志した。一六歳の天皇も学問に志し、近臣一同にも学問に志すことを求めたのだろうか。いずれにしても、公家たちに学問を奨励している。

天明八年八月六日付の幕府儒者柴野《しばの》栗山《りつざん》に宛てた考証学者藤貞幹《とうていかん》の書状（「蒙齋手簡」）によると、御所炎上以前のことで、光格天皇は近習の公家に命じた輪講の際、冊子を用いることを許さなかったため、近習の公家たちは新規に写本を作り、巻物を懐にいれて御前へ出たという。

あとに紹介するように、光格天皇に対する和歌と管弦の集中的な教育と鍛錬が、天明四、五、六年頃に行われているので、学問についても、ほぼ同じ時期に同じように教育と鍛錬がなされていたのだろう。

翌天明七年二月十八日には、学問所において講筵《こうえん》と詩筵《しえん》があった。前大納言中山愛親《なるちか》、権大納言今出川実種、権中納言日野資矩《すけつね》、権中納言中山忠尹《ただまさ》、参議千種《ちぐさ》有政《ありまさ》、前参議芝山持豊《もちとよ》、非参議正二位伏原宣条《のぶえだ》、非参議正三位東久世《ひがしくぜ》通武《みちたけ》、非参議正三位伏原宣光《のぶみつ》、非参議従三位大原重尹《しげのぶ》が公卿座《くぎょうざ》にすわり、右大弁坊城俊親、正四位下風早実秋、文章博士五条為徳、従四位上豊岡和資《かずすけ》、従四位上千種有条《ありえだ》、正五位上勧修寺《かじゅうじ》良顕《よしあき》、権右中弁正五位上広橋胤定《たねさだ》、侍従甘露寺《かんろじ》国長《くになが》が簀子座《すのこざ》にすわった。参加者は一八人。伏原宣条が講師座から「礼記」を講じ、芝山・伏原（宣光）・大原・風早が問答した。

この講筵が終わると、「文人」が伺候して詩筵となった。この参加者は、「文人」ではない芝山持豊以外は講筵に伺候した者と同じだった（以上「実種公記」）。詳細を省くが、これは漢詩の会であった。このような講筵と詩筵も開かれていた。

天皇御前の勉強会

まだ聖護院を仮御所としていた寛政元年および同二年（この年十一月に新造内裏へ戻る）の天皇御前における勉強会を、これに参加した当時従五位上侍従の甘露寺国長の日記「国長卿記」（国立公文書館蔵）と「実種公記」の記事から抜き出してみよう。

〈寛政元年〉（出典のない記事は「国長卿記」）

二月　三日　一六日歴史綱鑑御会読在らせられ候、所望の輩は参るべくのよし、別当示さると云々、（「実種公記」）

二月　六日　歴史綱鑑の御会あり、相番衆《あいばんしゅう》・予《よ》（甘露寺国長）ら出席し了、

三月　六日　歴史綱鑑の御会あり、出席し聴聞し了、

四月　十日　午刻ころ参内、左伝御会によってなり、

四月　十九日　明日左伝御会参仕《さんし》すべきの旨、鷲尾《わしお》大納言より申し来る、則ち承知申し述ぶるなり、

四月　二十日　午刻ころ参内、左伝御会なり、

六月　十八日　御前において歴史綱鑑、周康王□□稷王篇、会読せらる、（「実種公記」）

六月二十三日　歴史綱鑑御会読、（「実種公記」）

七月　八日　夜に入り綱鑑御会あり、

〈寛政二年〉

四月　四日　夜に入り綱鑑御会あり、日中納言資（日野資矩）、前菅黄門胤（高辻胤長）、大三品重（非参議大原重尹）、大内記為（正四位下五条為徳）、中務大輔和（正四位下豊岡和資）、予（甘露寺国長）ら侍に候す、

四月　十日　参内す、番なり、綱鑑御会例の如し、

五月　六日　参内、左伝御会によってなり、

五月　十三日　参内、左伝御会なり、

六月　十三日　左伝御会にて参内の処、御延引、即刻退去、

六月　十五日　左伝御会延引と云々、

七月　十九日　左伝御会御延引と云々、

寛政元年から二年にかけて「歴史綱鑑」「綱鑑」と『春秋左氏伝《しゅんじゅうさしでん》』を読む会が、断続的だが天皇御前で開かれている。光格天皇は寛政元年七月十日付の妙法院宮真仁法親王に宛てた書状のなかで、七月十五日の「唐鑑」（唐代高祖から昭宗までの歴史）の会読は、盆のためいろいろ取り込んで延期になると予想している（『宸翰英華』）。「歴史綱鑑」「綱鑑」の正式書名は不詳である。「実種公記」の記事によると、寛政二年四月四日の会には、六人の出席がみられる。考証学者の藤貞幹は、寛政元年三月二十一日付の幕府儒者柴野栗山に宛てた書状のなかで、「通鑑《つがん》の素読《そどく》、歴史綱鑑下読など、よんどころな

き方よりお頼みにて相勤め申し候、毎月二十余などに及び、くたびれ果て申し候」と書いている（『蒙斎手簡』）。「通鑑」（『資治通鑑』）の素読、「歴史綱鑑」の下読みのために公家に呼ばれ、それが毎月二〇回にもなるので草臥れ果てたという。天皇御前の勉強会における書名と同じ「歴史綱鑑」がみえるので、天皇御前の勉強会に出席する公家たちは、藤貞幹などを講師に招いて予習していたのではないか。

寛政四年になると、御前における勉強会はより頻繁になる。「国長卿記」の記事によると、テキストは『十八史略』で、たとえば三月二十七日の出席者は、権大納言三条実起《さねおき》、大納言中山忠尹、前大納言鷲尾《わしお》隆建《たかたけ》、中納言日野資矩、前菅中納言高辻胤長、非参議大原重尹、非参議従三位石井行宣《ゆきのぶ》、非参議従三位五条為徳、正四位下豊岡和資、正四位下千種有条、従四位上大宮盛季《もりすえ》、正五以下清岡長親、従四位下広橋胤定、正五位上葉室頼寿、正五位下甘露寺国長の一五人である。四月二日の会には、新たに権中納言葉室頼熙、非参議従三位沢宣維《のぶこれ》、非参議正三位伏原宣光、非参議従三位高辻福長《とみなが》、他二人の合わせて六人が新たに加わっている。『十八史略』の会読は、この年の四月七日、十六日、五月二日、六月二日、七月二十二日、二十七日、八月七日、十二日、九月二日、十月二日、七日と、二と七の日にかなり定期的に開かれている。

なお、『十八史略』の会読は、寛政四年三月二十二日に始まった。しかし、「実種公記」に「出座の人四、五輩、二十七日、追々出席せしむべくの由仰せ出さる」という記事がある。つまり『十八史略』会読の会の初日は、出席者が四、五人しかなく、次回の二十七日はもっと出席するようにとの仰せがあったという。三月二十七日の会に一五人出席し、さらに四月二日の会には新たに六人が加わり人数が増えた背景には、このような事情があったらしい。学問の「勉強会」は、公家の間であまり「人気」がなかったことを窺わせる。

十一月四日に会読があり、出席者は天皇御前で縮緬《ちりめん》一巻を賜っている。おそらく『十八史略』の会読に区切りが付いたのだろう。ついで『貞観政要』の会読に移り、出席者がおのおの「論議」したという。

『貞観政要』の会読は、十一月九日（延引）、十二日（「君道篇」）、十四日（延引）、二十三日（「政体篇」）、二十九日（「政体篇」）、十二月九日、十四日、二十四日と、月に三回開かれ、二十四日には「満会」となり、参加者は酒肴を賜っている。また、十二月九日には「御会 畢《おわんぬ》、なお御談話」と記録されているので、会読終了後には『貞観政要』についてなのか、その他の事柄に関してなのか分からないが、天皇と出席者の間で会話があったようである。

好学の天皇

その後では、寛政七年には『漢書』（前漢の歴史を記した紀伝体の書）の会が、月の二と七の日に定期的に開かれているのを確認できる（「国長卿記」）。すでに、天明六年閏十月十五日、天皇から学問に励む（「励学」）ようにとの、学問奨励の「叡慮」が示されたことを紹介した。天明八年十月に、後桜町上皇から、「御学問、主上《しゅじょう》（天皇）もっぱら好ませ給《たま》うあいだ、下官《げかん》どもにおいても学問出精しかるべし」（左大臣一条輝良「輝良公記」）と仰せ出されている。上皇は、光格天皇が学問を好み熱心に取り組んでいるので、公家たちも天皇を見習って学問に出精するように、と指示したのである。柴野栗山に宛てた天明八年八月六日付の藤貞幹書状にも、「先達てもお聞き及び候通り、当御代（光格天皇）御学問御好み遊ばされ」（『蒙齋手簡』）と記されているように、好学の天皇という評判は学者たちにも知られていた。

このことは民間にも伝わっていたらしい。尊号一件を題材にした実録物『小夜聞書《さよききがき》』（東京大学付属図書館蔵南葵《なんき》文庫の写本は寛政十三年〈一八〇一〉）には、「ことに御学文《がくもん》を好ませ給い、わが国の歌道、また有職《ゆうそく》の道に御心をつくさせ給い」と書かれている。光格天皇が好学の天皇であることは、民間にまで流布していたのである。なお、和歌と有職故実の学問にも尽力していると伝えられている。

光格天皇は、「禁中并公家中諸法度」の第一条、『禁秘抄』の「天子諸芸能」に忠実だった。つまり、光格天皇は「あるべき天皇」に従っていたのである。

3　光格天皇と和歌

禁中并公家中諸法度と和歌

江戸時代の天皇にとって、和歌の修学は重要だった。和歌は、『禁秘抄』では第一の学問、第二の管弦、それに次ぐ第三の芸能の一つという位置づけだったが、幕府が「禁中并公家中諸法度」第一条で、学問とともに和歌を義務づけたことからより重視されるようになったのである。

幕府は元文《げんぶん》四年（一七三九）十月、公家が守るべき三か条を指示した。それは、(1)家業を怠らないこと、(2)堂上公家全員が「歌学」に励むこと、(3)儒学・有職《ゆうそく》の学を心懸けること、の三点である

（『近世朝幕関係法令史料集』）。天皇だけではなく、堂上公家も和歌への精励を幕府から課されたのである。延享《えんきょう》二年（一七四五）十月には、関白から右の(1)(2)を励むよう指示された。それは、将軍代替わりのため多数の公家が江戸へ下向するので、江戸で和歌などを求められ困ったことにならないようにせよ、という指示だった（「公城卿記」東京大学史料編纂所蔵）。

後水尾上皇は、実子の後光明天皇に与えた「御訓戒書」のなかで、「御芸能の事は禁秘抄にくわしく載せられ候らえども、今の世に候らえば和歌第一にお心にかけられ、御稽古あるべき事にや」（寛永二十年〈一六四三〉。『宸翰栄華』）、つまり『禁秘抄』には「天子諸芸能」がさまざま挙げられているものの、江戸時代の天皇は和歌が第一だと諭している。和歌の道に優れ、古今伝授を受けて宮廷歌壇の頂点に立った後水尾天皇は、公家に出席を強制してまで御所で和歌の会を頻繁に開催し、公家への和歌の指導にあたった。後水尾天皇は和歌をテコにして、朝廷における天皇の権威を回復強化し、朝廷・公家集団の秩序を再建したともいえる。それほど江戸時代の天皇にとって和歌は重要だったのである。

御内会による和歌学習

光格天皇と和歌に関わる記述は、盛田帝子氏『近世雅文壇の研究』（とくに第一部堂上雅文壇論）によるところが大きい。

九歳で践祚した光格天皇は、翌安永九年（一七八〇）十二月に即位礼。その翌同十年（四月に改元し、天明元年）元旦に一一歳で元服し、天皇としての活動が始まった。同月十一日に後桜町上皇による「主上《しゅじょう》御詠草拝見始《はじめ》の事」があり、後桜町上皇による光格天皇への和歌教育が始まった。同月二十四日の禁裏和歌御会始（いわゆる歌会始）があり、御製「幾千世もわがこゝのへにさかへゆくうてなの竹のいろわかはらじ」を詠み、摂政が読師を務めた。これが光格天皇の禁裏歌会デビューである。なお、同月二十八日に行われた和歌当座御会始に御製はない。翌天明二年一月二十四日の歌会始には、「へだてなくたかきいやしきはつ春にむかふこころはのどけかるらし」を詠んでいる（『光格天皇実録』）。

光格天皇にとってもまた、身に付けるべき最も重要な芸能は和歌だった。光格天皇一四歳の天明四年から五年にかけて、「御内会」と呼ばれる私的な歌会がのべ二五回、集中的に開かれた。「御内会」には、すでに後桜町上皇から古今伝授を受け和歌に堪能な実父の閑院宮典仁親王、和歌天仁遠波《てにおは》伝授を受けている実兄の美仁親王を含む、若手と指導的な立場の公家歌人が組み合わされて参加していた。「御内会」は、光格天皇が優れた宮廷歌人から集中的に和歌教育を受け、鍛錬される場だったらしい。

この「御内会」は天明五年で終わったのではなく、翌天明六年には、「内々月次」「内々御会」の名称で、おおむね二・四・五・六・十・閏十・十一月の二十六日（その前後の日にちのこともあるが、二十六日がほとんど）に開かれている（以下もすべて「実種公記」。「内々」の会が網羅されているのか否か不詳）。すべて「御内会」の名称で天明七年には、二・三・五・九月の四回（いずれも二十六日）、上皇から「天仁遠波伝授」のあった寛政五年には、二・四・六・八・十・十一月の六回、寛政六年には、一・四・五・六・九・十二月の六回、上皇から和歌三部抄、伊勢物語の伝授を受けた寛政八年は、三・六・七・八・十一月の五回、上皇から古今伝授と一事伝授を受けた寛政九年は一・二・三・四・五・六・七・閏七・十・十一・十二月の一一回、寛政十年は、一・三・四・五・七・八・九・十・十一月の九回催されている。このように「御内会」は、毎月二十六日を定日にして定期的に行われていた。

なお、この頃の「御内会」の性格を、寛政八年十一月二十六日に開かれた会から見てみよう。この「御内会」メンバーである権大納言今出川実種は、なんらかの事情があって、前日の二十五日に「御内会」への詠進の辞退を議奏の前権大納言広橋伊光《これみつ》に申し入れたところ、関白鷹司政熙《まさひろ》から詠進するようにと命じられ、翌日の「御内会」に二首（題は朝雪と夕雪）を詠進している。「御内会」の運営に議奏―関白が関わっているので、「御内会」はこの頃には既に天皇の私的な歌会ではなく、定例で公的な性格の歌会になっていたようである。ただし著者にはその理由がよく分からないが、寛政十年の光格天皇の「御日記案」には、「御内会」に関わる記事が見えない。

公家への波及

光格天皇への「御内会」による集中的な教育と鍛錬は、公家たちに和歌修練の必要性を再認識させる影響を与えたらしい。

権大納言で近習小番を務めていた今出川実種は、天明四年閏一月七日の日記（「実種公記」）に、屋敷にやってきた参議日野資矩《すけつね》に次のように語り、頼みごとをしている。なお日野資矩は、和歌に堪能で光格天皇御内会の主要メンバーだった日野資枝《すけき》の子である。

私（実種）は、和歌の道は卜山（烏丸光胤《からすまるみつたね》の法名）が亡くなったのち（安永九年〈一七八〇〉）、長く怠り鍛錬してこなかった、そのため、近習小番の当番で禁裏に詰めているときも、「御当座」（「御内会」）のメンバーに加えてもらえない、現在は「和歌の道」（歌会）が頻繁に開かれているので、誰かのところに入門すべきだろうか、このあいだ詠草《えいそう》（和歌の草稿）を内々に日野資枝にお見せしたところ、意見を別紙に書かれたうえ、入門について相談があれば承諾するとのことだった、そこで、貴方（日野資矩）を通じて入門を申し入れます、御口添えを願いたい、

実種は、同月十一日に日野家に赴き、事前に伝えられた題の詠草を持参し、和歌入門を果たした。実種は、天明四年八月十九日の常御殿小座敷当座には詠進している。翌天明五年になると、禁裏歌会に頻繁に出席し、小座敷当座歌会にも詠進するようになった。同年四月十四日に、小座敷で「百首当座」があり、出席者は天皇・美仁親王（尹宮）・日野資枝・芝山持豊《もちとよ》と実種の五人であった。五人が一人二〇首ずつ詠進し、閑院宮典仁親王（一品宮）が評点を加えた。実種も二〇首を詠進し、内七首に合点《がってん》（佳作のしるし）が付され、そのうち一首が閑院宮から誉められている。

その翌日の八月十五日には三首の題が出され、近習小番全員が詠進した。近習小番全員という意味か、十五日が小番にあたった近習全員の意味なのか明確ではないものの、近習小番の公家に和歌詠進が命じられている。

天明期は光格天皇が和歌の集中的な教育を受け鍛錬している時期であるから、光格天皇が近習小番の公家たちに命じているわけではないだろう。しかし、光格天皇が集中的な教育を受け鍛錬をしていることが、公家たちに「刺激」を与え、天皇の「歌会」のメンバー（「人数」）に入るため、今出川実種のように師匠について和歌を鍛錬し直す者も出てきたのである。このような動きは、おそらく実種

だけのことではなかったのではないか。

さらなる鍛錬

天明五年の御内会から加わり、後に議奏を務めた権大納言今出川実種の日記「実種公記」から、実種が参加した、あるいは歌を詠進した寛政八年の禁裏歌会の回数は次の通りである。常御殿小座敷当座歌会が六回、学問所代《だい》（寛政御所造営では学問所が造られなかった）当座歌会が四回、小御所当座歌会が一回、場所不明当座歌会が三回、月次《つきなみ》歌会が六回、歌会始・当座歌会始・七夕歌会が各一回、そして御内会が五回（毎回二十六日）確認でき、合計二八回になる。

寛政九年は、小座敷当座歌会が一〇回、学問所代当座歌会が六回、小御所当座歌会が六回、場所不詳当座歌会が一回、水無瀬《みなせ》法楽《ほうらく》歌会が二回、聖廟《せいびょう》法楽歌会が三回、月次歌会が六回、歌会始・当座歌会始・七夕歌会・春日社法楽歌会・竟宴《きょうえん》歌会が各一回、そして御内会が一二回（毎回二十六日）確認でき、合計で五一回になる。

この回数は、今出川実種が参加、あるいは詠進した歌会だけのため、禁裏御所内で開かれた歌会のすべてではない。この中の御内会という名称の歌会は、すでに説明した通りである。

さらに、「百首詠進」がある。光格天皇から指名された公家が、一年間に百首詠進を命じられていた。盛田帝子氏の研究にも触れられていないので、紹介だけしておこう。

今出川実種「実種公記」の寛政六年四月十四日の条に、「明十五日より 百首詠進のこと、予、飛鳥井中納言雅威《まさたけ》、冷泉前中納言為泰《ためやす》、右大弁宰相勘修寺良顕《よしあき》、風早三位実秋《さねあき》、石井三位行宣、八条三位隆礼《たかあや》、冷泉少将為則《ためのり》、烏丸《からすま》弁資董《すけきよ》、日野侍従資愛《すけなる》ら仰せ出され了」という記事があり、光格天皇から今出川実種ら一〇人の公家に百首の詠進が命じられた。

寛政七年四月十四日の記事に、「御前に召す、明日より例年の如く御□刻百首、実種、権中納言（日野資矩）「新加」（「 」内は小書き。以下同じ）、飛鳥井中納言、冷泉前中納言、芝山前宰相（持豊）「新加」、風早三位、石井三位、八条三位、冷泉少将、烏丸弁、日野侍従ら詠進せしむべくの旨仰せ出され、一統へ申し伝え了」と記され、前年のメンバーに日野資矩と芝山持豊の二名が新規に加えられた。

寛政八年四月十四日の記事に、「明日より百首和歌詠進の事仰せ出さる、御人数、実種（今出川）、権中納言（日野資矩）、飛鳥井中納言（雅威）、冷泉前中納言（為泰）、源宰相（久世《くぜ》通根《みちね》）、芝山前宰相（持豊）、風早三位（実秋）、左京大夫（石井行宣）、八条三位（隆礼）、冷泉少将（為則）、烏丸弁（資菫）、日野侍従（資愛）、刑部大輔（高松公祐《きんさち》）等なり」と記されている。新たに高松公祐が加えられている。

同年五月二十九日の条をみると、「旧年夏中御百首、日野大納言（資矩）、風早三位、左京大夫、八条三位、日野侍従、実種等詠進、児を以《もっ》て上了《おわんぬ》、自余《じよ》来月十日まで詠進の事、仰せ下され了」という記事がある。今出川実種ら六人は、昨年夏に命じられた和歌百首を提出したが、間に合わなかった飛鳥井雅威ら五名は、六月十日までに提出するよう命じられた。たしかに、六月十日に提出したことが同日の条に確認できる。この記事をみると、一年間に詠んだ百首をまとめて提出しているように読める。

寛政九年四月十四日の条には、「明日より例年の如く百首和歌詠進の事、広橋前大納言（伊光）、日野大納言、飛鳥井中納言、冷泉前中納言、久世前宰相（通根）、芝山前宰相、風早三位、左京大夫、八条三位、冷泉中将、烏丸弁、日野侍従、刑部大輔等仰せ出さる、刑部大輔所労により御理《ことわ》り」と記され、前年と同じ日に、広橋伊光ら一三人が和歌百首の提出を命じられている。

このほか、寛政七年十一月二十六日には、小座敷一夜百首という歌会がもたれている。冷泉為泰が題者《だいしゃ》（出題者）を務め、今出川実種・飛鳥井雅威・久世通根・芝山持豊・風早実秋・石井行宣・八条隆礼・冷泉為則・烏丸資董・日野資愛らが出席した。なお、冷泉為泰は老年（六一歳）ということで、自宅において詠進したという。おおむね四月に百首詠進を命じられるメンバーが、一夜に百首を詠む歌会などにも招かれていた。

百首詠進を命じられた公家のなかに見える、冷泉為泰、飛鳥井雅威、日野資矩、芝山持豊、広橋伊光、風早実秋、久世通根らは、天明から寛政期の光格歌壇の中枢に位置する人びとといわれる。

上皇より古今伝授

古今伝授は御所伝授（後水尾天皇以後、天皇から天皇へ伝授された）として続けられてきた。和歌に秀でた天皇といわれる桜町天皇（在位一七三五～四七）以降、御所伝授は(1)天仁遠波《てにおは》伝授、(2)和歌三部抄伝授、(3)伊勢物語伝授、(4)古今伝授、(5)一事《いちじ》伝授の五段階になったという。

光格天皇は、前述のような長期にわたる和歌の鍛錬を経て、寛政五年（一七九三）十二月七日に二三歳で天仁遠波伝授、寛政八年九月十四日に二六歳で和歌三部抄伝授、同年十二月十三日に伊勢物語伝授、寛政九年九月十五日に二七歳で古今伝授、同年十二月二十二日に一事伝授を、いずれも後桜町上皇から受けた。これにより光格天皇は、いわゆる古今伝授を受け、宮廷歌壇の頂点に立ったのである。

光格天皇は、天仁遠波伝授を受けて約一か月後の寛政六年一月十七日から門弟指導を開始した。その日に一条忠良《ただよし》、聖護院宮盈仁法親王（天皇の実弟）、烏丸資董、寛政八年八月十八日に、広橋前大納言伊光・日野大納言資矩・刑部大輔（高松公祐カ）らも勅点《ちょくてん》（天皇による評点）を許された（いずれも「実種公記」による）。和歌の門人たちは、禁裏で開かれる和歌の会に詠進する前に、必ず師匠である天皇の添削を受け、合点を得た詠作を提出した。このように宮廷歌壇の指導者としての道も歩み始め、次第に光格歌壇を形成していったのである。

活発な歌会

寛政十年（一七九八）一月から十一月までの一一か月分が現存している「（光格天皇）御日記案」を精査された盛田帝子氏によると、二〇人から三〇人が参加し小御所や学問所代で催された当座歌会と、一〇人前後の少人数が参加し常御殿小座敷で開かれた私的な「内々当座歌会」（この歌会の回数が圧倒的に多い）を合わせると、寛政十年の禁裏御所では、年間一〇〇回を超える歌会が開かれていたという。これは、江戸時代の他の時期と比較して特段に多い回数である。和歌に力を注いだ後水尾天皇ですら、元和《げんな》八年（一六二二）一年間に和歌御会を二八回、寛永《かんえい》九年（一六三二）からは和歌御会を月に三回（単純計算では、一年に三六回になる）聞く程度であった。

この一〇〇回を超えるような歌会が、いつ頃からいつ頃まで続いたのかなどは、「（光格天皇）御日記案」が残存しないので不明である。しかし、先に紹介したように「実種公記」の記事の範囲（今出川実種が出席した歌会だけしか記されていない）でも、寛政九年に禁裏歌会は五一回を数えていた。年間一〇〇回かどうかはともかく、寛政十年のみならず相当な数の歌会が光格天皇のもとで開かれていたことは疑いない。

禁裏における歌会は、年一回の歌会始、毎月の月次和歌会、水無瀬宮法楽、聖廟法楽のほか、当座歌会などがあり、寛政十年には年間で一〇〇回を超える歌会が開かれた。これは大変な回数であり、古今伝授を受けた光格天皇は積極的に禁裏歌会を開き、門人を指導して宮廷歌壇を主導したのである。

天皇の「歌論」

寛政八年（一七九六）正月二十一日夜、天皇は小番の近習を呼び、御前で和歌について話し合っている。それは、「千載《せんざい》和歌集」（勅撰和歌集の一つ。後白河法皇の命令により、文治《ぶんじ》三年〈一一八七〉に藤原俊成《しゅんぜい》が撰集）所収の覚助法親王の歌「さよふけてきぬたの音もたゆむなり月をみつつや衣うつらん」についてだった。天皇は「初句《しょく》はなはだ心深き歟《か》」、つまり「さよふけて…」が趣深いと讃え、御前の人びとに意見を求めたのである。人びとが意見を出しあったところで天皇は、この歌は「秋深き比《ころ》の詠歌《えいか》たる、九月下旬のあいだ暁月既に出で、月をみんと欲し砧《きぬた》の音たゆむ歟」とおっしゃったという。つまり、秋も深まった頃（旧暦九月）の歌であり、すでに暁の月は出で、この月を見たくて布を打つ砧（砧打《きぬたう》ちは女性の秋・冬の夜なべ仕事とされた）の音も途切れがちになるのだろう、と解釈したのである。人びとは、天皇の解釈がもっともだと感服したという。そのほかいろいろと話があったらしい。

門外漢の著者には歌の解釈の当否などまったく分からないが、天皇は小番に詰めている近習の公家と、このような歌の解釈をめぐる談論もしていたのである。

なお、寛政十年十一月七日には、『詠歌大概《えいかたいがい》』の「読合《よみあわせ》」を始めている。『詠歌大概』は、藤原定《てい》家《か》が貞応《じょうおう》二年（一二二三）頃に著した歌論書で、作歌にあたっての基本的な心得を書き、後世に尊重された説であるという（たとえば後水尾上皇は、霊元《れいげん》天皇の和歌教育にあたり『詠歌大概』の講釈をしている）。この日に誰と読み合わせているのか記されていないが、読合せの会は十一日、十四日にもあり、十四日には「烏丸・飛鳥井ら例の如し」という記述があるので、実種と飛鳥井雅威や烏丸資董らが出席していたらしい。古今伝授を受けた後も、『詠歌大概』のような歌論書について、公家歌人とともに学んでいたのである（「実種公記」）。

4 光格天皇と音楽（管弦）

寛政十年の楽会

寛政十年一年間に、禁裏では一〇〇回以上の歌会が開かれたらしい。ところが、頻繁に開かれたのは歌会だけではなかった。音楽（管弦）の会である禁裏の御楽会（「管弦御遊」「御楽」などと記されている）が、おもに常御殿小座敷で催された小座敷御楽会が五三回、小御所で開かれた月次御楽会が九回、御楽会始が一回、計六三回も開かれている。

たとえば一月十八日に小座敷で開かれた御楽会は、楽器が笙・篳篥・笛・琵琶・箏・大鼓、出席者が天皇の他八人だった。一月二十六日の小座敷御楽会は、楽器は十八日と同じで、参加者は天皇の他十一人だった。小座敷御楽会は、少人数で行われたことと、天皇が複数の楽器であるのが特徴的である。光格天皇は、一月十八日と同月二十六日の小座敷御楽会で、笙・笛・箏、三月一日の小座敷御楽会では笙・笛・琵琶である。

これに対して四月二十六日に小御所で開かれた月次御楽会は、楽器は笙・篳篥・笛・琵琶・箏・羯《かっ》鼓《こ》・太鼓であまり変わらないが、参加人数は三三人と多く、天皇の演奏は箏だけだった（以上『光格天皇実録』）。小御所で開かれた月次御楽会は、出席者が多く、天皇は一つの楽器であるのが特徴である。この小座敷御楽会と小御所月次御楽会との関係は、小座敷で開かれた少人数の当座歌会と小御所や学問所代でもたれた多人数の当座歌会の関係に対応している。小座敷御楽会は少人数で開かれ、天皇はいくつもの楽器を演奏し、小御所月次御楽会より私的な御楽会といえるだろう。

天明四年から五年にかけて、光格天皇に対する和歌の集中的な教育と鍛錬が、「御内会」という私的な形式で行われた。その名称は分からないものの、音楽についても同じようなことがいえる。

楽器演奏の鍛錬

天明二年二月十一日に小御所で御楽始があり、光格天皇は簾中に出御しているだけである。しかし天明三年二月二十日には、御楽始に御所作始《しょさはじめ》があり箏の所作があった（『光格天皇実録』）。天皇の御楽会デビューである。

琵琶の家である西園寺家から今出川家（鎌倉時代に西園寺家を祖として成立した家。菊亭《きくてい》家）に入り、自身も琵琶を得意とする今出川実種の日記「実種公記」から、天明五年の禁裏御所における御楽会の開催状況をみると（日記に記載されている範囲なので、禁裏御所の御楽会のすべてとはいえない）、小座敷で開かれた楽会が二二回、小御所で開かれた月次御楽会が六回、御楽始が一回、合わせて二九回の開催が記録されている。和歌の「御内会」が天明四年から五年にかけて二五回もたれていたが、それに対応すると考えられる小座敷御楽会は、天明五年に二二回も開かれていたのである。なお翌天明六年にも、小座敷御楽会は二二回開かれている。ここから、天明五年から六年にかけて、光格天皇に対して和歌だけではなく、音楽もかなり集中的な教育と鍛錬がなされたようである。

天明五年一月二十五日の小座敷御楽会は、楽器が笙（四人）・篳篥（三人）・笛（二人）・琵琶（一人）・箏（一人）・太鼓（一人）で、出席者は天皇を含む一二人、天皇は笛を吹いている。笛はこの一回だけで、それ以外はすべて箏であった。小座敷楽会には、光格天皇の実兄である閑院宮家の美仁親王（尹宮《いん》）が参加して箏を弾き、月次御楽会では実父閑院宮典仁親王と美仁親王は箏を、天皇も箏を演奏している。公式な月次御楽会と御楽始では、父や兄と同じ楽器であった。箏に関しては、天明元年五月二十七日に御箏始があり、前大納言四辻公亨《きんあき》が師範になり授けている（「柳原紀光《やなぎわらもとみつ》日記」）。

箏以外の楽器について見ておこう。笛は天明六年五月十九日に御笛始があった。天皇は、山井《やまのい》備中介景貫を師範として稽古した。小御所における御笛始では、山井景貫が万歳楽を「三クサリばかり」吹いた後、天皇が笛を吹いている（「油小路隆前卿伝奏記」）。なお「実種公記」によると、山井備中介景貫は大神《おおが》景貫のことで、大神氏は、古くは後醍醐天皇のとき大神景光、近代では後水尾天皇のとき大神景命が師範だったという、天皇の笛の師範を務める家だった。霊元天皇のときは狛《こま》近豊、東山天皇のときは狛近秀と狛氏（楽の家）が天皇の師範を務めたが、光格天皇はこれを「旧儀」に戻し、当時、笛に堪能であり、年齢も八〇歳に近く、笛師家の上臈《じょうろう》といわれた大神景貫を師範にしたのだという。

なお、「油小路隆前卿伝奏記」天明六年十月十八日の記事によると、後水尾天皇は岡伊豆守、霊元天皇は上越後守、東山天皇は辻肥後守、中御門天皇は辻主税権助が笛師範だったという。そして師範料ではなく合力米の名目で一〇石支給されていたので、山井備中介にも合力米として生涯一〇石下されることが所司代から承諾された。

なお、天皇は寛政三年三月二十八日の禁中御楽始には笛を吹き、十月十三日の小座敷御楽会では、笙と笛を吹いている（「実種公記」）。

寛政九年五月十九日には、御琵琶始を二十六日に行い、西園寺前右大臣賞季《さねすえ》を師範とすることが発表された。五月二十六日に小御所での御楽会で琵琶を披露した。この後、小座敷御楽会や小御所での御楽会などで笛や琵琶を演奏している。なお光格天皇は楽譜を写して所蔵し、「宸筆琵琶譜」一冊が『宸翰英華』に収められている。

このように光格天皇は、箏・笙・笛・琵琶の四つの楽器を自身で演奏し、さかんに禁裏御所での御楽会を催したのである。そして、多数の楽器や楽譜も遺されているという（『宸翰英華』の解説による）。

天皇と音楽（管弦・雅楽）が、和歌に比べて歴史研究からあまり関心を持たれないのは、和歌は現在まで文学の一分野として盛んに行われ、毎年の歌会始も話題になるが、雅楽は西洋音楽主流の音楽の世界で関心が低いことなどに理由がありそうである。しかし、雅楽は江戸時代まで、宮廷音楽として和歌に劣らない地位を占めていたことを踏まえておく必要がある。

第六章　上皇時代の光格

1　近世の上皇・院政

譲位

光格天皇は、文化十四年（一八一七）三月二十二日に禁裏御所を出て、仙洞御所《せんとうごしょ》（当時は桜町殿と称していた）に行幸し、天皇位の象徴である剣璽《けんじ》は禁裏御所清涼殿に戻った。これにより光格天皇は譲位し、子の仁孝《にんこう》天皇が受禅《じゅぜん》し新天皇になった。そして、三月二十四日に太上《だいじょう》天皇の尊号宣下《せんげ》（詔書覆奏《しょうしょふくそう》は四月二十八日）があり上皇（仙洞、院とも）となった。四月二十八日に「尊号御報書の儀」があり、儀礼的、形式的であるが尊号を辞退したい旨の尊号報書を仁孝天皇に差し出した（『宸翰英華』）。これに対して五月七日、仁孝天皇の勅答があった。

この譲位については文化十一年八月十七日、皇太子恵仁《あやひと》親王が成長したので、来丑《うし》春、すなわち文化十四年の春に光格天皇が譲位し、皇太子が受禅すると公表された（『光格天皇実録』）。光格天皇の譲位は、皇位継承準備のため約二年半前に決定されたのである。

譲位を目前にした文化十四年一月二十四日、天皇は和歌御会始において「詠毎年愛花」という題で、

ゆたかなる世の春しめて三十年余り九重のはなをあかずみし哉

と御製を詠んでいる（『光格天皇実録』）。在位三八年の締めくくりの御製である。

仙洞御所（京都御苑）

仙洞御所醒花亭（宮内庁京都事務所提供）

光格天皇譲位の特徴

江戸時代の天皇の践祚《せんそ》・受禅および譲位について、冒頭の近世天皇表に掲げた。光格天皇の在位年数の長さと譲位年齢の高さは、江戸時代の天皇のなかで際立っている。女性天皇二人を除く江戸時代の天皇の平均譲位年齢は三二・八歳なので、光格天皇の四七歳は飛び抜けて高い。その理由は、(1)後継の仁孝天皇の年齢。霊元・東山・中御門天皇のように三四、五歳で譲位しようとすると、仁孝天皇はまだ五、六歳の年少だったことが障害になっただろう。(2)石清水八幡宮・賀茂社の臨時祭再興問題。熱意を込めた臨時祭再興についての幕府との交渉は、長い年月を要し、臨時祭は、文化十年に石清水八幡宮、文化十一年に賀茂社が再興され、光格天皇の悲願が達成された。在位中に再興を実現したいと表明したので、再興まで譲位するわけにはいかなかったのだろう。譲位を決めたのが文化十一年ということが、このことを象徴している。(1)と(2)が解決したことにより譲位が実現したら、四七歳になっていたということだろう。

仁孝天皇（泉涌寺蔵）

院政とは

光格上皇は、文化十四年（一八一七）に譲位して上皇（院）になり、天保十一年（一八四〇）に死去するまで二三年間にわたり院政を行ったとされる。次の仁孝天皇、孝明天皇は、ともに在位中に死去したために生前譲位はなく、明治天皇以降の近現代の天皇は、皇室典範の規定により生前譲位が認められなかったため、譲位も院政もあり得なかった。その結果、光格上皇以降現在に至るまで、上皇は存在しなかった。このため、光格上皇は日本歴史の上で最後の上皇（院）であり、最後の院政を行ったとされてきた。しかし、現明仁《あきひと》天皇は譲位を予定しており、それが実現すれば、光格上皇は最後の上皇ではなくなる。ただ、現天皇の譲位後の称号は上皇と決められたが、院政はあり得ない。とすると、光格上皇には最後の院政という語が残ることになる。

しかし、はたして光格上皇は院政を行ったのだろうか。院政とは何か。いくつかの辞書の記述をみてみよう。

「天皇直系尊属である上皇が国政をとる政治形態。上皇が国政にあずかった例は、七世紀末の持統上皇から十九世紀前半の光格上皇まで断続的にみられるが、政治形態として独自の機能を発揮したのは、十一世紀末の白河院政から十四世紀前半の後宇多院政までで、この間は院政が朝廷政治の常態であった」（『日本歴史大事典』）

「上皇または法皇が院庁で朝廷政治をつかさどる政治形態。十一世紀末の白河上皇から、形式上は十九世紀中頃の光格天皇まで続くが、実質的には鎌倉初期の後鳥羽上皇の時期まで」（『広辞苑』）

辞書により説明に違いはあるが、院政は、上皇（院）が住む御所（仙洞御所・院御所）に院庁《いんのちょう》（役所）が置かれて職員が配置され、天皇ではなく上皇（院）の決定が朝廷の決定になる朝廷政治の仕組みのことである。院政とは、上皇（院）による政務処理、ということになる。

白河天皇をはじめとして鎌倉時代の天皇（あるいは十四世紀前半）までが実質的な院政で、院政こそが常態だった。しかしその後の院政は、光格天皇も含め名目的・形式的なものとされている。つまり、天皇・朝廷が国家権力を掌握していた時代の上皇の院政は、上皇が国政（それが朝廷政治）を運営していて実質的な院政といえる。しかし、天皇・朝廷の勢力が衰退し、国家権力の大部分を失った後もしばらくは生前譲位が常態であったから、退位した天皇は上皇として形式的には院政ということになった。しかし、政務の内容は国政ではなく朝廷（公家集団）内部の政務に限られた。その意味でも、国政を担った院政から、朝廷（公家集団）内部に限定された院政に変質したのである。

院政の中絶と再興

戦国期になると譲位と即位の儀礼ができなくなった。それは、天皇・朝廷勢力の衰微、およびそれを支えていた室町幕府の弱体化により、儀礼のための経費を工面できなくなったからである。つまり、儀式を行うためのお金がなかったので生前の譲位を行えなくなり、その結果、譲位も院政も中絶することになったのである。

織田信長、豊臣秀吉による天下統一が進展してきた頃に在位していた正親町《おおぎまち》天皇は天正十四年（一五八六）、天皇の皇子誠仁《さねひと》親王の王子（後の後陽成《ごようぜい》天皇）を猶子《ゆうし》（養子）として譲位し、これにより生前譲位が再興された。それは同時に、上皇の再興でもあった。正親町天皇は上皇になり形式的に院政をしいたので、院政もまた再興されたことになる。以後、後陽成天皇から後水尾《ごみずのお》天皇へ譲位し、上皇そして院政が引き継がれた結果、生前の譲位と院政が近世においても常態になったのである。江戸時代に生前譲位して上皇になったのは、後水尾、明正《めいしょう》、後西《ごさい》、霊元《れいげん》、東山《ひがしやま》、中御門《なかみかど》、桜町《さくらまち》、後桜町《ごさくらまち》、光格の九人の天皇で、後光明《ごこうみょう》、桃園《ももぞの》、後桃園《ごももぞの》、仁孝《にんこう》、孝明《こうめい》の五人の天皇は在位中に亡くなったため上皇になれなかった。

中世の院庁には、役所の諸務を処理する別当、判官代《はんがんだい》などの院司《いんのつかさ》職員が配置された。江戸時代にもその名残りともいうべき院司が、後西上皇を除くすべての上皇の仙洞御所に置かれた。

次に、光格上皇の院政について考えるため、近世における院政の実態を後水尾、霊元、桜町の三上皇についてごく簡単に見ておこう。

後水尾天皇の院政

後水尾天皇は、慶長《けいちょう》十六年（一六一一）から寛永《かんえい》六年（一六二九）まで在位した江戸時代初期の天皇である。後水尾天皇は、二代将軍徳川秀忠《ひでただ》との確執が続き、五回にわたり譲位の意向を示したが、「時期尚早」などの理由で秀忠に阻止された。しかし、寛永六年十一月、幕府の承諾なしに突如として後水尾天皇と秀忠の娘、中宮和子《まさこ》（後の東福門院《とうふくもんいん》）との間の女一宮、七歳の興子《おきこ》内親王（一六二三～九六。後の明正天皇）への譲位を強行した。

幕府は、「どうぞご勝手に」と後水尾天皇を冷淡に突き放したが、秀忠が亡くなり三代将軍家光《いえみつ》が幕府の実権を握ると融和的な対応をとり始めた。明正天皇が幼主・女帝ということから朝廷政務が停滞して公家の官位昇進が滞り、それに対する公家たちの不満が鬱積してきた。家光はこの事態を解決するため、後水尾上皇の力を借りる方向に転換した。寛永十一年には、「官位昇進以下の朝政、何ごとも　院（後水尾上皇）の御はからいたるべきよし」（『徳川実紀』）と申し入れ、朝廷政務の処理を後水尾上皇に依頼した。これ以降、〈後水尾上皇―摂政―武家伝奏〉による朝廷運営になり、後水尾院政が始まった。後水尾院政は、明正天皇の次の後光明天皇が一〇歳で即位したため、後光明が二〇歳くらいになるまで続いた。

後水尾上皇の御所、すなわち仙洞御所には院司が置かれ、院執事別当、院執権などの公家が配置された。しかし、後水尾上皇と院司により朝廷の意思決定がなされたわけではなく、後水尾上皇が明正天皇の御所、すなわち禁裏御所の〈摂政―武家伝奏ら〉を指揮して意思決定をしていた。問題になっていた公家たちの官位昇進では、禁裏御所の摂政と武家伝奏らが議論し、それを後水尾上皇の所に持っていって裁可を仰いだのである。上皇後水尾が最終決定し、それが禁裏御所、すなわち朝廷の決定となったのである。

上皇が、禁裏御所の摂政（関白）以下を指揮して朝廷の最終的な意思決定を行う、これが「江戸時代の院政」である。その点では、後水尾上皇の場合、院政の範疇には入らず、カッコつきの院政（「院政」）とすべきものであった。

霊元・桜町上皇の院政

霊元天皇（在位一六六三～八七）は、武家伝奏を務めた中院通茂《なかのいんみちしげ》が「短気で粗暴」と評したほど、かなり強引に朝廷を運営した天皇である。天皇より自由な立場、すなわち上皇になって朝廷運営を行うことを意図して、譲位を急いだ。三四歳の霊元天皇は貞享《じょうきょう》四年（一六八七）三月、一三歳の朝仁《あさひと》親王（後の東山天皇）に譲位した。

霊元天皇は、譲位後の院政の構想を持っていた。それは、禁裏御所の議奏《ぎそう》四名のうち二名に仙洞御所に置かれる院伝奏《いんのてんそう》を兼任させ、残る二名もしばしば仙洞御所に来るようにする、というものであった。要するに、譲位後も禁裏御所の議奏に仙洞御所の院伝奏を兼務させ、それにより禁裏御所・東山天皇を霊元上皇のコントロール下に置こうとしたのである。中世の院政とは異なり、かつ後水尾上皇の「江戸時代の院政」ともやや異なるものを志向した。

だが、霊元天皇の院政構想は実現しなかった。それどころか、譲位を承認した幕府は、霊元上皇の強引な朝廷運営を警戒し、貞享三年十一月に「東宮（朝仁親王）御即位以後御作法の儀、万事院御所（霊元上皇）御差し引き遊ばされざるように、関白殿・両伝（武家伝奏両名）をもって申し上げらるべく候」（「基量卿記」東京大学史料編纂所蔵）と申し入れた。つまり、関白と武家伝奏は、霊元上皇に禁裏御所の政務に口を挟まないよう申し上げろ、という命令だった。関白らはとても申し上げにくいと困惑して幕府と交渉し、軽い事柄に口出ししてはいけないが、重大事はその限りではない、ということで折り合った（霊元上皇の「院政」については山口和夫『近世日本政治史と朝廷』による）。結局は、後水尾上皇の「院政」と変わるところはなくなった。

桜町天皇（在位一七三五〜四七）は延享《えんきょう》四年（一七四七）、二八歳という若さで譲位し、わずか七歳の遐仁《とおひと》親王（後の桃園天皇）が即位した。朝廷としての実質的な決定は桜町上皇が担ったが、形式的には禁裏御所の摂政（桃園天皇が年少のため摂政が置かれ、政務を代行した）が決定する、という方式だったという。天皇が年少のため朝廷政務をとれないという事情から、桜町上皇が実質的に政務を担ったが、あくまでも禁裏御所の摂政が決定したという形式（院＝上皇ではなく、禁裏＝天皇が決定したということになる）、つまり禁裏御所が決定したという形式をとったということである（桜町上皇の「院政」については、村和明『近世の朝廷制度と朝幕関係』による）。

光格上皇の院政も、このような「江戸時代の院政」の歴史を踏まえてみることが重要である。

2　光格上皇の院政

光格天皇が文化《ぶんか》十四年（一八一七）に譲位し、禁裏御所から仙洞御所に移った二年後の文政《ぶんせい》二年（一八一九）の仙洞御所の機構を、『雲上明鑑《うんじょうめいかん》』から紹介しておこう（朝幕研究会編『近世朝廷人名要覧』人文叢書1　学習院大学人文科学研究所、二〇〇五年）。

仙洞御所の機構

院伝奏《いんのてんそう》二名、院評定《いんのひょうじょう》衆三名、伺《し》（祗）候衆《こうしゅう》二六名、上北面《ほくめん》九名、下北面二二名、付武家二名、取次衆四名、勘定頭一名、勘定三名、膳番三名、修理職三名、賄方四名、吟味方二名、板元方三名、鍵番六名、奏者番四名

ここには、堂上《とうしょう》の公家のみならず地下《ちげ》官人から幕臣である付武家（仙洞付。禁裏付と同様に旗本の役）まで登載されているが、これが仙洞御所の主要な構成員である。以下、仙洞御所の機構と役人について紹介するが、その多くは村和明「光格上皇御所における堂上公家の機構」（『近世の朝廷制度と朝

幕関係』）による。

この他、院の女房がいる。上臈《じょうろう》が高野保香《やすか》の娘正子《なおこ》と勧修寺経逸《つねいつ》の娘婧子《ただこ》の二人、小上臈が姉小路公聡《きみあき》の娘聡子《さとこ》ら三人、中臈が梅渓行通《うめたにゆきみち》の娘准子《なみこ》ら三人、下臈が東相養の娘養子《くみこ》ら四人、御差代《おさし》が一人、御雇小上臈が一人である（『幕末の宮廷』平凡社東洋文庫三五三）。

伺候衆

仙洞御所には、交代で仙洞御所に詰め、宿直もして職務にあたった堂上公家たちがいて、後桜町上皇までは院参衆《いんさんしゅう》、光格上皇の仙洞御所では伺候衆と呼ばれていた。仙洞御所には禁裏御所と同じように、堂上の公家が輪番で当直勤務する小番《こばん》が置かれ、この伺候衆が小番に編成されていた。小番は、一組が四～五人で五番に構成されていたので、伺候衆の数は二〇～三〇人程度になった。

光格天皇が上皇になった当初は、天皇在位中に側近であった近習《きんじゅう》の中から、個人的な繋がりにより選ばれた公家が最も多く、そのほか仙洞御所の勤務を経験した者なども多かった。その職務は、上皇が饗宴で出席者に盃を賜る（賜盃《しはい》）際に酌をする手長《てなが》、食事を運んだり給仕をしたりする陪膳《ばいぜん》、寺社への代参など、上皇に関わるさまざまな用事を果たした。

さらに、仙洞御所の各種の用務を果たすため、規模は小さいものの禁裏御所と同じように、御歌書并《ならびに》御色紙、御会、御服并御剣、御楽器并御小道具、御献、御屛風、御殿、修理職、能、北面非蔵人などの奉行らがいた。これも多くは伺候衆が務めた。

院伝奏・院評定

院伝奏と院評定は、あわせて「院両役《いんのりょうやく》」と呼ばれた。これは、禁裏御所の武家伝奏と議奏をあわせて「両役」と呼ぶのに対応する。院両役は、仙洞御所の機構の最上位に位置した役職である。

院伝奏は定員二名で、正三位以上の公卿が就任し、任命は関白から申し渡された。伝奏とは、言葉を取り次いで天皇に申し上げるという意味であることから、院伝奏の職務は、言葉を上皇に取り次ぎ上皇の言葉を伝える、という取次行為が基本だった。関白以外の公家や僧侶、所司代などが仙洞御所に来ると、院伝奏がその言葉を上皇に取り次いでいた。また、仙洞御所の窓口の機能を果たし、職務遂行のため禁裏御所の武家伝奏と頻繁に連絡を取り合っている。毎年、天皇から年賀使（将軍名代として高家《こうけ》が派遣され、将軍の年賀を天皇に伝えた）の答礼として勅使《ちょくし》が江戸に派遣され、武家伝奏両名が務めた。上皇からも同様に院使《いんし》が派遣され、院伝奏一名が務めた。このように、院伝奏は対外的に仙洞御所を代表する役職であった。

院評定は定員三名で、正三位以上の公家が就任し、伺候衆のなかから選ばれていた。その職務は、さまざまな仙洞御所の用務を伺候衆に遂行させることにあった。

院伝奏・院評定の人事には関白が関与し、伺候衆にも禁裏御所の武家伝奏の統制が及んでいたので、仙洞御所の組織は禁裏御所の機構の統制下にあった。つまり、仙洞御所の組織・機構は、独自に朝廷の実質的な意思決定を行う中世の院政を担うような性格の組織ではなかった。

光格上皇の仙洞御所の機構・組織も、院政を行う仕組みではなかったことは明らかだった。後水尾上皇や桜町上皇のような「江戸時代の院政」、すなわち上皇が、朝廷（公家集団）内部の案件について実質的な決定をしていたのか否か、また、光格上皇が朝廷の意思決定にどのように関わったのかについてみてみよう。

光格上皇の仙洞御所

文化十四年（一八一七）の禁裏御所では、仁孝天皇が数え一八歳になっていた。文化四年七月に儲《ちょ》君《くん》、同年九月親王宣下、文化六年三月に立太子（皇太子）、そして文化八年三月に元服している。元服が済み、年齢も数え一八歳に達していたことから、当然のことながら摂政ではなく関白が置かれた。関白は、光格天皇在位中の文化十一年に就任した一条忠良が引き続き務めていた。

後水尾上皇の場合、譲位時に明正天皇は七歳の女帝、次の後光明天皇は一〇歳、霊元上皇の場合、東山天皇は一三歳、中御門天皇は九歳、桜町上皇の場合、桃園天皇は七歳と年少であり、摂政が置かれていた。摂政は天皇に代わって政務をとる役職であるが、実際には上皇と摂政が実質的に決めて、摂政がそれを禁裏御所の、つまり朝廷の決定にする形式をとっていた。

しかし、光格上皇の場合はそれらと異なり、禁裏御所には元服を済まし一八歳に達した天皇が在位し、関白がそれを補佐する体制があった。ここが、後水尾・霊元・桜町上皇の場合と決定的に異なる条件であった。江戸時代、上皇は天皇が年少の間政務をみたが、天皇が二〇歳位になると政務を委譲するのが通例だった。つまり天皇は二〇歳位になると、禁裏御所において関白の補佐を受けながら政務を処理するのが原則である。光格上皇の場合、譲位時に仁孝天皇が一八歳、もうまもなく政務委譲の年齢なので、後水尾・霊元・桜町のような「江戸時代の院政」はあり得なかったのではないか。しかし、光格上皇は朝廷の意思決定に無縁だったのかというとそうではなく、かなり重要な役割を果たしていた。そこで、光格上皇が朝廷政務の決定とどのように関わっていたのか、具体例でみてみよう。

光格上皇と朝廷政務

光格上皇と朝廷政務との関わりを、関白鷹司政通《たかつかさまさみち》の日記「鷹司政通記草」（宮内庁書陵部蔵）からみてみよう。これは、鷹司政通が毎日記していた日記で、さまざまな案件についての天皇・上皇、および京都所司代との、内々のやり取りが記録されている。この日記から、朝廷政務の決定過程を、表向きになる以前の内密の相談や交渉を含めて知ることができる。この日記は、朝廷の意思決定過程を知ることができる稀有な記録である。鷹司政通は、文《ぶん》政《せい》六年（一八二三）三月に関白に就任し、関白時代の日記は、文政七年から文政一〇年頃までが比較的よくまとまって残っている。

いくつか具体例を挙げてみよう。

(1)文政七年一月十二日。仁孝天皇の「毎朝御拝《まいちょうぎょはい》」の代理拝礼（「代拝」）の問題がもちあがり、関白が、天皇（二五歳）の御前に参り言上したところ、上皇に申し上げるように天皇から命じられ（「なお院奏《いんそう》あるべく御沙汰」）、仙洞御所に参上したところ、上皇は「神祇伯《じんぎはく》が五〇歳（「五旬《じゅん》」）の間は天皇が出御するか関白が代拝すべきだ、やむを得ない事情がある時は、天明五年の通り、議奏から卜《うらべ》家に勤めさせよ」と具体的な措置を指示している。これなどは、上皇が実質的に決定している事例である。

⑵文政七年五月二十一日。参内した関白は天皇の御前に召されて、いくつかの点について尋ね決定した。その内の一つが、内大臣の辞職と後任の件で、勅問衆の見解を求めるよう天皇から指示があった。関白は、天皇から院奏の指示はなかったようだが仙洞御所に廻り、上皇の御前で何ごとか相談している。その内容は日記に記していないが、おそらく天皇御前の件と同じ事柄だったろう。これは、天皇から「院奏」の指示はないが、関白は上皇の意見（あるいは賛同）を求めている事例である。

⑶文政七年七月四日。関白は御前で天皇から何ごとか「仰《おお》せ事」があり、ついで仙洞御所に廻り、上皇御前でも何ごとか「仰せ事」があった。これに類似した記述は多く、「仰せ事」の内容は不明だが、関白はまず天皇、ついで上皇に面会し指示を受けている。

⑷文政七年十二月十八日。関白は天皇御前で、前日に天皇と相談して決めたことを文書にして御覧に入れたところ、天皇は、それでよろしいと言ったうえ上皇のお考えを伺うようにと指示した（「上皇天気伺いあるべし」）。関白は仙洞御所に廻り、光格上皇の意見を伺っている。

⑸文政七年十二月二十八日。関白は上皇から、ある公家の不心得について、格別のお情けで今回のところは許してやるべきかと思うが、天皇のお考えで措置すべきである（「なお宜しく天気あるべし」）と指示された。関白は、禁裏御所に廻り天皇に上皇の意向を伝えたところ（「院仰せ巨細言上」）、その通りでよろしいと命じられた。

⑴・⑷のように、関白はまず天皇に申し上げ、天皇の指示を受けて上皇の意見を伺う（「院奏」・「院天気伺い」）、⑵・⑶のように、天皇の指示がなくても仙洞御所に廻り、上皇に申し上げて意見を求め

たり指示を受けたりする、(5)のように、上皇から関白に上皇の考えが示され、その可否を天皇の判断（「天気」）で決めるよう指示があり、天皇に奏上して決める、という三つの類型がある。このように、天皇と関白だけで朝廷政務を決定するのではなく、おおむね上皇の賛同や意見を得て決めていたのである。しかも、(1)・(4)・(5)などは、光格上皇の意見が重要な役割を果たしている。光格上皇は朝廷政務の決定過程に組み込まれ、しかも重要な役割をもつ存在だったことは疑いない。

後述する朝覲行幸《ちょうきんぎょうこう》の再興に関わって、文政九年九月十三日に関白鷹司政通の家司《けいし》から所司代松平康任《やすとう》に渡した書付に、「当時　院御所（光格上皇）御在位も長く在らせらるゆえ、何かと詳しく仰せ進められも在らせられ候あいだ、（朝覲）行幸にても在らせられ、表立ち御礼仰せ上げられたき（天皇の）御様子、かねがね殿下（鷹司政通）御伺い候ことに候あいだ」（「鷹司政通記草」）という文章がある。光格上皇は天皇在位期間が長かったので（さまざまな事柄に精通し）、意見を求めると詳しく仰ってくれる、つまり、上皇はさまざまな朝廷政務などに精通しているので、天皇は上皇の指導と助言を有り難く思っている、という主旨である。光格上皇は在位が長かったこともあり、さまざまな事柄に詳しくなっていた結果、その考え、意見、判断が重視されたらしい。その意味では、光格上皇は朝廷の最高実力者だったといってもよいだろう。

徳川治済准大臣昇進の一件

将軍徳川家斉《いえなり》の実父で御三卿《さんきょう》のひとつ一橋家の徳川治済《はるさだ》（一七五一〜一八二七）は、文政八年（一八二五）三月に准大臣《じゅんだいじん》に昇進した。准大臣（准槐《じゅんかい》とも）とは三公《さんこう》（太政大臣・左大臣・右大臣、あるいは左大臣・右大臣・内大臣の三大臣をさす）に准ずるという意味で、中国では三公のことを「槐《かい》」というので、「准槐」は唐風の呼称である。御三卿が准大臣に昇進するのは前例がなかったが、将軍実父ということを一番の理由にして実現させた。幕府と朝廷の間で入り組んだ交渉が行われたが、ここでは決定までの関白と天皇・光格上皇の動きだけをみておこう。

実父徳川治済が老年（七三歳）になったので、准大臣に昇進させ親孝行したいとの将軍徳川家斉の嘆願が、文政七年十二月十八日、所司代から武家伝奏に「示談一紙」により示された。その「示談書」を武家伝奏から受け取った関白が天皇に奏聞すると、天皇は、希有のことで如何かと慎重な意見を述べたが、上皇のお考えを伺うように（「上皇思召伺うべし」）と指示した。関白が仙洞御所に廻り、光格上皇に意見を求めると、先例などをよく考えるようにと指示された。

関白は翌文政八年一月五日に仙洞御所に行き、上皇から、どうすべきかと問われ次のように回答している。(1)太閤《たいこう》（鷹司政熙《まさひろ》）、前関白（一条忠良《ただよし》）の意見を求めるべきか、(2)出家した者（「入道」）を大臣にするのは「稀有」のことで難点がある、しかし、孝謙天皇（在位七四九〜七五八）の頃に小野（弓《ゆ》削《げ》）道鏡《どうきょう》が「小野道鏡知太政官事」（太政大臣禅師か）になった例はあり、「薩戒記《さつかいき》」（室町時代の公卿中山定親《さだちか》の、一四一八〜四三までの日記）に准例がある、将軍その人ではなく「武門枝葉《えだは》」、すなわちその一族を准大臣にするのは鎌倉将軍以来その例はないが、治済が将軍実父でありしかも老年なので、特別の由緒があるという理由で認めてはどうか、と回答した。上皇は、太閤と前関白の意見を尋ねるようにと関白に指示を与えた。

関白は六日に太閤鷹司政熙に会って同意を得、九日に前関白一条忠良邸を訪れ、容易ならざる事柄だが、将軍実父という特例で准大臣はかまわないのでは、との回答を得ている。このような手順を踏んで関白は、一月十日に参内して天皇に説明し、翌日、武家伝奏から所司代に回答をすることに決まった。この後は、准大臣宣下や伝達などの儀礼をめぐって延々とやりとりが続いた（「鷹司政通記草」）。この昇進は、先例のない無理矢理のものだった。そのため、たとえば権大納言広幡基豊《ひろはたもととよ》は、「大樹《たいじゅ》（将軍）すらなお難《かた》きとなす、況《いわん》や他家においてをや、傍若無人の所為《しょい》か」（「基豊公記」東京大学史料編纂所蔵）と日記に記して、傍若無人の振る舞いだと眉をひそめた。

この一件でも、天皇は関白と相談して決めてしまうのではなく、光格上皇の意見を求めた。関白は上皇の指示に従って、関白の方針について太閤と前関白の見解を聞き、その同意を得たうえで天皇に説明し、准大臣宣下という朝廷としての決定にもっていった。この件でも、光格上皇の意向が重視されているように読める。

3　徳川家斉太政大臣昇進と光格上皇

将軍の内願

光格上皇の「院政」の実態をみるための具体的な例として、第一一代将軍徳川家斉が文政十年（一八二七）、日本の歴史上初めて現職将軍として太政大臣に昇進した一件もみておこう。この一件は、朝廷にとって大きな案件だったためか、「鷹司政通記草」にかなり詳細に記録されているので経過を丁寧にみてゆきたい。

京都所司代松平康任《やすとう》が文政九年（一八二六）七月十日、関白鷹司政通の屋敷を訪問した。松平康任の来訪目的は、将軍徳川家斉の要望を極秘に伝えることだった。その要望とは、次のような事柄だった。

徳川家斉の将軍在職年数が四〇年になり（家斉の将軍宣下は天明《てんめい》七年〈一七八七〉）、年齢も来年は五五歳になる（安永《あんえい》二年〈一七七三〉生まれ）、足利将軍にも四〇年在職した将軍はいない、しかも、将軍としての職務を欠かすことなく務めてきた、このことを是非とも褒めてほしい、何か官位の昇進をお願いしたい（「なにとぞ賞せられ、なんぞ昇進の事願い申さる」）、ということだった。いつもなら武家伝奏を通して伺うところだが（すでに紹介した徳川治済の准大臣昇進内願の際は、所司代から武家伝奏に伝えられた）、今度のことはごく内密なので関白へ直接に伝えたのだという。

つまり、将軍在職四〇年を褒め讃え官位を昇進させてほしい、という将軍家斉の天皇へのおねだりだった。

関白と天皇・上皇

所司代から家斉の要望を内々に伝えられた関白鷹司政通は、すでに官位が従一位・左大臣の家斉をさらに昇進させるとなると、太政大臣か准后《じゅごう》（准三宮《じゅさんぐう》とも。太皇太后・皇太后・皇后に准じた待遇を与えられた人）にする他ないと考えたが、先例のないことなので苦慮した。関白は翌七月十一日、禁裏御所と仙洞御所に向かった。

鷹司政通は禁裏御所に参内し、仁孝天皇に所司代から伝えられた家斉の内密の要望について申し上げた。そののち仙洞御所へ廻って光格上皇に会い（関白は、院伝奏を介すことなく直接上皇と面会できる）、同じく申し上げた（「院奏」）。すると、上皇からさまざま仰せがあったという。関白が、太閤（禅閤《ぜんごう》〈関白を辞した後に出家した者〉鷹司政熙《まさひろ》）と前関白（一条忠良）は老練なので、考えを尋ねるべきでしょうかと申し上げたところ、そうすべきだと回答があり、なお先例を調べるようにとの指示があったという。おおむね、徳川治済の准大臣昇任の際と同じ手続きである。関白は、現職将軍が太政大臣を兼任した先例はない、徳川将軍家には准后の例がないなど、自身の考えを述べたうえ、「極密」の事柄なのでなお深く考えたうえで申し上げます、と述べて退出した。

関白は上皇の指示に従って先例を調べ、十二日に太閤（禅閤）、十三日に前関白に面談し意見を求めた。関白は、太政大臣と准后の先例について、足利将軍家と徳川将軍家の例を調査して書き出した。その中で、将軍は武官の長上《ちょうじょう》（「将軍は武長上」）、太政大臣は文官の長上（「相国《しょうこく》〈太政大臣〉文長上」）なので、文武両方の長上を兼ねるのは容易ならざることだが、三代将軍徳川家光《いえみつ》が将軍在職中の寛永《かんえい》十三年（一六三六）七月、天皇が家光の太政大臣昇進の「叡慮」を伝達した（「映《えい》〈叡《えい》〉慮《りょ》定められ仰せ下さる」）にもかかわらず、それを辞退（「固辞し受けずと云々」）したという先例に着目し、家斉を太政大臣に昇進させても「新儀」ではない（「相国《しょうこく》新儀にあらざるか」）と論じた。関白は、太閤と前関白にその書付（「勘物《かんもつ》」）を見せた（了承を得たのであろう）。

天皇と上皇の指示

そのうえで関白は七月十五日に参内し、天皇に前日書いた書付を差し出し、ついで仙洞御所に廻り、上皇に同じ書付を差し出した。次の史料は、「鷹司政通記草」の文政九年七月十五日条の一部である。かなり長い引用になるが、光格上皇の「院政」を考えるうえで重要なので丁寧に解説しておきたい。

参内、御学問所において天顔《てんがん》を拝す、次いで御前に召す、「昨日註する処の勘物、ならびに禅閤《ぜんごう》御所・前関白示談の旨言上しおわんぬ、院へも申し上げおわんぬ」(「 」内は小書き)愚存御尋ねあり、「院御尋ねあり」、勅答に言う、相国《しょうこく》ならびに准三后、将軍家希有の例なり、而して四海昇平まったく大樹《たいじゅ》(将軍)の功あり、かつ太平に四十年在職、かつ年令五旬《じゅん》(五〇歳)を過ぐ、在国して相国に任ずるの事、かつ将軍在職して任ずるの事、古今に例なし、而して寛永十三七十六(十三年七月十六日)仰せ下さる条、まったく新儀にあらず、既に先帝例あり、而して(徳川)家光は上洛し一度天顔を拝す、故に主上《しゅじょう》(天皇)その人を知ろしめ給い仰せなり、今度の如くその人(家斉)を知らずしてこれに任ずる如何、而して民を撫育《ぶいく》し昇平、これ家斉の勤労なり、また准三后の例当代(徳川将軍家)いまだ例あらず、而して(足利)義満《よしみつ》・義政《よしまさ》これに補《ぶ》す、難《なん》あるべからざるか、何分大樹に内々今一応思意を尋ね下され、彼方決定言上せしむべきか、宜《よろ》しく聖断あるべし勅《ちょく》にいわく、その分然るべし、さ候はば明日周防守《すおうのかみ》(所司代松平康任)に趣き申し談ずべし、帷(唯)々退去す、院中(光格上皇)まったく同断の御沙汰なり、

鷹司政通は、書付を差し出すとともに禅閤と前関白に相談したことも申し上げている。天皇から方針を尋ねられた関白は、将軍家の太政大臣昇任や准后は希有なことであるが、天下太平の持続に家斉

の功績もある、太平のうちに四〇年間将軍に在職し、かつ年齢も五〇歳を超えた、京都におらず在国（江戸）している者を太政大臣に任じた例、現職の将軍を太政大臣に任じた例はない、しかし、かつて天皇が太政大臣昇進を決めたものの将軍家光が辞退した先例があるので、太政大臣に昇進させてもかまわない、また、足利義満・義政を准后にした先例があるので、准后でもかまわない、二案を挙げ、どちらにするのかを将軍に選択させる、という考えについて「聖断」を仰いだ。それでよろしいという天皇の判断が出され、明日所司代に伝達することになった。関白はついで仙洞御所に向かい、上皇に会って同様の考えを申し上げると、天皇と同様の沙汰があったという。

関白は、天皇・上皇の指示通り、翌七月十六日に関白邸を訪れた所司代に伝達した。所司代は江戸にこれを通報し、八月十一日に関白邸を訪れて幕府の回答を伝えた。幕府側の選択は太政大臣昇進だった。関白は翌八月十二日に参内し、天皇に幕府の回答を申し上げたところ、上皇に言上するよう指示された（「なお院中に言上あるべく仰せなり」）。関白は仙洞御所に廻り幕府の回答を申し上げると、光格上皇は、家斉に太政大臣宣下をすべきかと思うが、大事な事柄なので、左大臣・右大臣・内大臣・右大将（勅問衆＝摂家）の意見を聞いたうえで「御内慮」を出すようにと指示している。

八月十三日に関白邸を訪れた所司代に、天皇・上皇は了承したが、上皇の指示に従い、大事な事柄なので勅問衆に意見を尋ね、異存がなければ今月下旬に太政大臣昇進の「御内慮」が出ると伝えた。関白は八月十六日、前関白から家斉太政大臣昇進の賛意を得た。続いて八月二十一日、上皇の指示通り、左右大臣・内大臣、右大将の勅問衆に面会し賛同を得ている。そのうえで関白は参内し、勅問衆から賛意を得たことを言上し、ついで仙洞御所に参り同様に言上した。そして、武家伝奏から所司代に渡す「御内慮書《ごないりょがき》」の案文《あんぶん》を伺って天皇・上皇の了承を得て、文面を決定した（「伺い定めおわんぬ」）。こうして八月二十四日に所司代屋敷を訪れる武家伝奏から、「御内慮書」を伝達することになった。

この一件は先例のない案件だったこともあり、朝廷にとって徳川治済准大臣昇進以上に難題だったらしい。〈京都所司代→関白→天皇・上皇→関白→天皇・上皇→関白→京都所司代〉というラインで朝廷の意思を決定し、幕府に伝達している。ただし、これは関白と天皇・上皇だけの間のまったく内密の動きで、朝廷としての意思はここで決定されたのである。

朝廷の意思決定

関白鷹司政通は、そののち朝廷内の所定の手続きを踏んで、家斉の太政大臣昇進を決定した。次に、朝廷の決定である「御内慮書」の作成にかかった。「御内慮」とは、天皇の内々のお考え、という意味で、それを文書にしたのが「御内慮書」である。この「御内慮書」は、関白の指示により武家伝奏甘露寺国長《かんろじくになが》が案文を作り、「（鷹司政通の）御好みにより書き改むる也」と書かれているので、関白が添削して作成された。そして朝廷は文政九年八月二十四日、武家伝奏甘露寺国長を通して、所司代松平康任に「御内慮書」を渡した。朝廷の決定は、天皇の意思（「御内慮」）として表明されたのである（「国長卿記」）。

なお「御内慮書」には、将軍徳川家斉の四〇年にも及ぶ治世の功績を讃え、家斉を前例のない現職将軍の太政大臣にさせたい、との天皇の意向が記されていた。

この一件に限らず、関白が仙洞御所を訪れて上皇に奏聞、あるいは報告し意見を求めている事例を多く見出すことができる。「鷹司政通記草」では、「内（内裏＝天皇）院（上皇）伺い御内評を定むのうえ、武伝（武家伝奏）所司代に示す」（文政十年二月十五日の条）のように記されている。関白が禁裏御所と仙洞御所に出向き、天皇（内）および上皇（院）と相談したうえで内々に決定し、そこでの決定を武家伝奏が公式に、表立って所司代に伝達するという手順である。

しかし、上皇の意思がそのまま朝廷の決定になるわけではなく、また、桜町上皇のように実質的に朝廷の意思を決定しているものの、形式的には摂政と天皇の決定になる「江戸時代の院政」でもない。光格上皇は、天皇・関白から意見を求められ、それに応えて意見を伝えているのであり、あくまでも朝廷の意思決定の主体は禁裏御所の〈天皇―関白〉にある。この事例ではとくに関白が、先例調査に基づいた自己の見解の提示と意見の集約にあたり、まさに朝廷の要として動いている。

それは、二〇歳を過ぎた天皇が関白を補佐者として政務を処理する、という江戸時代の朝廷の意思決定方式に沿っている。光格上皇は、あくまでも意見を求められた事柄に対応していたとみるべきであろう。だが、光格上皇は治済准大臣昇進一件、家斉太政大臣昇進一件では、先例をよく調べること、左右大臣・内大臣、右大将などの勅問衆の意見を尋ねることなどの具体的な指示を関白に与え、かなり主体的に関わっている様子を窺うことができる。すでに指摘したように、光格上皇の意見や判断がその長い経験から重視されていた。いずれにしても、光格上皇は朝廷の意思決定の過程に重みをもって組み込まれていた。

4 修学院御幸と徳川家斉の官位

修学院離宮

上皇時代で特筆すべきは、霊元《れいげん》上皇以来となる修学院《しゅがくいん》離宮（現在は「しゅうがくいん」と読んでいる）への御幸である。修学院は、後水尾上皇が京都の東北部、比叡山の麓に造営した山荘（別荘）である。明暦《めいれき》二年（一六五六）に造営工事が始まり、万治《まんじ》二年（一六五九）に完成したという。『修学院離宮』（一般財団法人伝統文化保存協会編『修学院離宮関係年表』）によると、山の傾斜地を利用し、それぞれに付属する美しい庭園をもつ上の御茶屋、中の御茶屋、下の御茶屋からなる。後水尾上皇は、亡くなるまで七十数回も御幸したという。後水尾上皇が亡くなって四二年後の享保《きょうほう》六年（一七二一）に、後水尾上皇の皇子である霊元上皇が修学院御幸を再興し、享保十七年（一七三二）に亡くなるまで、しばしば御幸があったという。そして、それから九〇年以上経った文政七年（一八二四）九月、光格上皇により修学院御幸が再興されたのである。

光格上皇の修学院御幸が、霊元上皇以来実に約九〇年ぶりに再興された最大の理由は、将軍徳川家斉の事情である。それは、家斉が自身を含め、実父の徳川治済《はるさだ》、子の家慶《いえよし》、妻の御台所《みだいどころ》らの官位を前例にない高位に引き上げたことである。それを実現してくれた天皇・朝廷に対する家斉の御礼のひとつが、光格上皇の修学院御幸の再興だった。

徳川将軍の就任時の官位は、家康から家光の三代を除き四代家綱《いえつな》から一〇代家治《いえはる》まで正二位内大臣であり、その後に右大臣に昇進（徳川将軍家では昇進とはいわず転任《てんにん》という）している。そしてそれが極官《ごっかん》、すなわち最高の官位だった。一一代家斉も、将軍就任時は正二位内大臣であり、文化十三年（一八一六）四月に右大臣に昇進し、それ以前の将軍と同じ官位になった。

家斉官位昇進の御礼──修学院御幸

ところが、家斉は文政五年三月一日、将軍在職年数が長くなり、年齢も五〇歳になるからという理由で、従一位左大臣に昇進した（宣下は二月六日）。これにより、家斉の官位は前七代の将軍のそれを超えた。それだけではなかった。次期将軍予定者である世子の家慶が、同時にそれまでの従二位権大納言から正二位内大臣に昇進した。これにより家慶は、家斉を含むそれまでの将軍就任時の官職と同じになり、まだ将軍職に就かないうちに正二位内大臣になった初めての例になった。さらに、正室である御台所も、同時に従三位《じゅさんみ》から従二位に上がった。それまでの御台所は従三位だったので、これも先例を超えた。

家斉自身が従一位左大臣、世子家慶が正二位内大臣、御台所が従二位、それまでの先例を上まわる高い官位にのぼったのである。官位を異例に高めること、それはすなわち官位を授与する天皇の権威により、将軍家を権威付け荘厳化することになる。家斉と幕府は、異例の高い官位を授与してくれた天皇・朝廷に御礼する。そのひとつが、光格上皇の修学院御幸の再興だったのである。

家斉からの官位昇進から二か月後の文政五年五月十七日、老中からの指示を伝える書付が両役に渡された。それは、光格上皇の御養生のため（「仙洞御事御養生の御為御遊慰」）一年に二、三回修学院に御幸されてはいかがと勧め、そのため修学院の御茶屋と御庭を手入れするようにとの指示だった。異例の官位上昇への御礼であることは明らかだろう。

上皇と修学院新造修復

朝廷と所司代・禁裏付との間で、修学院新造・修復に関してやり取りがあり、文政七年一月十九日、光格上皇の意向と新造・修復の内容および工事方法について、老中からの回答があった。幕府（禁裏付）は、「修学院御茶屋御新造御修復仕様帳」と「絵図」などを作成して武家伝奏に渡し、都合の悪いところ、および新規の模様替えや建物の増築などの点で、予算内でやり繰りできる程度の範囲ならば、上皇の希望に沿うことが趣意に叶っている、必要な額を渡して朝廷の方でやるのがよいのか、手広の場所なので、幕府の方で工事してできあがったものを引き渡すのがよいのか、と武家伝奏に内談した。

これに対して上皇は、(1)幕府の提示に非常に満足している、(2)御茶屋、御庭は後水尾上皇と霊元上皇のお好みで造った場所なので、とくに模様替えしたいという好みはない、両上皇のお好みの様子を見てみたい、(3)特別の良材を選ばず、木の種類も元と違わなければ満足である、(4)襖絵については追って指示する、(5)実際に御幸した際に好みによる少々の変更希望はあるかもしれない、という指示をしたという。これを受けて禁裏付は材木について担当者に調べさせたところ、使用した材木の記録がないので、仙洞御所の御茶屋の材木を参照して造る、ということだったと武家伝奏に伝えた。武家伝奏から、それで差し支えないとの回答があったので老中にこれを伝えたところ、老中から、必要額を渡して朝廷がやるのではなく、幕府の方で新造・修復したものを引き渡すように取り計らえ、と指示があった（「鷹司政通記草」）。

光格上皇の基本的な意向は、後水尾上皇が造り、霊元上皇が修復した修学院御茶屋を復元する新造と修復で、強いお好みは示さなかったらしい。現存する修学院の御茶屋と庭園に光格上皇のお好みがあるのかないのか、著者には分からない。襖絵なども、後水尾上皇時代からのものも多い。下御茶屋の寿月庵《じゅげつあん》は文政七年に再建されたもので、一の間と二の間を隔てる四枚引きの襖には、岸駒《がんく》（一七五六～一八三八。江戸時代後期の画家で岸派の祖。写実的な花鳥画や動物画にすぐれ、とくに虎の絵で有名）作と伝えられる「虎渓三笑」の水墨画が描かれている。これなどは、光格上皇のお好みか。

このようなやり取りから、関白は、修学院御幸にかかる費用は幕府が負担する（「全体御幸御入用、武家沙汰か」）ものと認識している（「鷹司政通記草」）。「修学院御新造御修復」費用は、御所造営などと同じくすべて幕府の負担だった。そもそも修学院御幸の再興は、朝廷が要望して実現したのではなく、幕府の方が朝廷に提案し、勧めたものだった。

修学院の新造と修復工事は、文政七年二月二十六日に「木作始地引」（同前）、四月十八日に「礎立柱」（『光格天皇実録』）、七月二十七日に「修学院御山荘上棟」（「鷹司政通記草」）と進み、閏八月七日には完成し所司代から朝廷側に引き渡された（「当春より大樹《たいじゅ》造営し献じられ、今日皆出来、両伝・院両伝参向し、所司代より引き渡さる」同前）。

上皇の修学院御幸は九〇年以上の空白があるため、御幸には多額の費用がかかるものと予想された。幕府は文政六年九月二十三日、武家伝奏に修学院御幸の経費についての基本的な考え方を伝えた（『光格天皇実録』）。それによると、長い空白なのでまったく新規のことと同じという認識で、大嘗会のように道具類を新調すると多額になり禁裏財政に響くので、なるだけ手軽なもの（「万端お手軽のお取扱い」）にするよう求めている。新規の儀礼と同じようなものなので、とくに道具類が多額になることが予想されたため、朝廷にクギを刺したのである。

道具類の費用

文政七年一月十九日、御幸御用道具のうち上皇が乗る網代輿《あじろこし》について、武家伝奏から出された仕様帳を検討したところ、高すぎて減額の必要があり、所司代内藤紀伊守信敦《のぶあつ》の指示により京都町奉行牧備後守義弥《よしたか》が担当すると伝えられた（「鷹司政通記草」）。おそらく最も高価な輿の減額により、道具類の支出を抑えようとしたのだろう。

文政七年七月十六日、修学院御幸の御道具御入用金として銀三〇貫目が幕府から進献されることになった（「厚き沙汰をもって進献せらる」）。これが、道具類のために幕府が別途負担する費用である（「鷹司政通記草」）。

御幸経費については、「修学院御幸録」（『光格天皇実録』）の記述が詳しい。武家伝奏は、⑴御幸の経費は御定高で賄えないので、初回の衣服、御幸当日の経費および二回目からの入用を幕府が支出してくれないと差し支える、⑵供奉《ぐぶ》する堂上公家以下に下行《げぎょう》を支給せず、全体の経費からいく分かを下されるのみにする、⑶御幸の準備も進み上皇は御満悦であるにもかかわらず、経費の問題で実行できなくなったのでは、幕府のせっかくの好意が実現できず心配である、⑷そこで、御幸に必要な経費を書き上げたので宜しく取り計らってほしい、と申し入れた。老中に伝達すると、老中からは、⑴大嘗会などの大礼と違い定高から賄うべきだ、⑵しかし、初回は御車轅に乗るので供奉の行粧も必要なうえ、下行は御幸経費の内から賄うというので、格別の理由で初回の経費として銀三〇貫を進上する、⑶これですべてを賄い、不足の場合は定高から支出し、二度目以降は省略できるはずなので定高から支出すること、と指示された。禁裏付から朝廷に伝えられたのは、同史料では九月十八日、銀三〇貫の進上を伝えた日付は、さきほどの「鷹司政通記草」の七月十六日と合わない（おそらく、七月に銀三〇貫、ついで九月に銀三〇貫を追加、合わせて六〇貫ということであろう）。

最終的には、幕府が、文政七年の初回に銀六〇貫（銀六〇匁一両替で約一〇〇〇両）、それ以降は年に銀二〇貫（約三四〇両）を別途出すことで決着した。

進む準備

文政七年二月六日に、修学院御幸の行粧《ぎょうそう》、および供奉《ぐぶ》の人数は公卿・殿上人が二〇人ほど、上北面・蔵人以下院司地下人《じげにん》およそ五〇人ほどと、所司代に伝えた（「鷹司政通記草」）。

三月十六日には、修学院までの御幸道筋を幕府側に伝えている。それによると、清和院門を出て、日光（輪王寺宮《りんのうじのみや》）里坊《さとぼう》前を北行し、出町舛形《ますがた》後方板橋を東へ、高野《たかの》街道（若狭街道）を北へ、新田《しんでん》から山端《やまばな》、赤山道を東へ進み、修学院へという道筋である（同前）。

光格上皇は七月八日、修学院山荘に九月中下旬に御幸すると関白に指示、七月十五日には、御幸に仙洞付が供奉するよう関白に指示、そして、八月二十九日に九月二十一日の修学院御幸が発表された(『光格天皇実録』)。

修学院御幸

こうして九月二十一日、約九〇年ぶりの上皇の修学院御幸が実現したのである。九月二十一日卯刻(午前六時頃)に出発、よく晴れた空の下を予定された道筋を通って巳半刻(一〇時頃)に修学院山荘に到着した。帰途は、亥半刻(午後一〇時頃)すぎに修学院を出て、仙洞御所に戻ったのは寅刻(午前四時頃)だった。ただ、寅刻帰着では何か問題があったらしく、武家伝奏と禁裏付が相談し、公式の帰着は丑刻(午前二時頃)前とされた。

行列は、先頭と最後尾が騎馬の武士で、最後尾は所司代内藤信敦である。先頭の武士についで、馬に乗った正四位下院別当で御幸奉行を務めた葉室顕孝《はむろあきたか》、正四位下権中将橋本実久《さねひさ》ら一一人の殿上人が二列、それに馬に乗った左大臣で院執事の二条斉信《なりのぶ》ら一〇人の公卿が一列に続く。その次が随身《ずいじん》五人、そして上皇の乗る輿《こし》が賀輿丁《かよちょう》四〇人にかつがれて進んだ。最後尾の所司代の前が、馬に乗った関白鷹司政通だった。殿上人の葉室顕孝には、舎人《とねり》と副舎人各一人、雑色《ぞうしき》六人の計八人がつき、公卿の左大臣二条斉信には、諸大夫《しょだいぶ》三人、侍二人、番長二人、近衛六人、舎人二人、舎人長一人、居飼一人、雑色六人の二三人がつき、関白鷹司政通には、諸大夫三人、侍二人、府生《ふしょう》二人、番長二人、近衛六人、舎人二人、舎人長一人、居飼一人、看督長二人、供官人一人、火長二人、番頭雑色六人、車副六人の三六人がついた。総数は不明だが、大変な数が供奉する大行列だった(以上『光格天皇実録』・「鷹司政通記草」)。

上皇の修学院御幸は、閏八月八日の町触により京都市中に触れられ、御幸の行粧の拝見を許している（『京都町触集成』第十巻）。九月二十日には、仙洞御所への還幸《かんこう》が夜になっても、行粧拝見場所で桃燈《ちょうちん》を使うことを禁じる町触が出された（同前）。京都市民たち大勢が、御幸の行列を拝見したのである。

御幸を描いた絵に、徳島藩絵師渡辺広輝の「光格上皇修学院御幸儀仗図」（『徳島の指定文化財』徳島県立博物館、一九九二年）などがある。

修学院離宮浴龍池（京都市左京区修学院藪添）
（宮内庁京都事務所提供）

修学院にて

上皇は、下御茶屋総門《そうもん》から入り、御幸門《みゆきもん》そして中門《ちゅうもん》を経て、御輿寄《おこしよせ》で輿をおり、御輿寄の間《ま》から寿月観《じゅげつかん》へ、それから庭園を遊覧しながら上御茶屋の隣雲亭《りんうんてい》（軒。海抜一四九メートルの高所に建ち眺めの良い所）に入って眺望を楽しみ、ついで窮邃亭《きゅうすいてい》（軒。後水尾上皇創建当時から現存。内部は一八畳の一間）に入った。ここで和歌御会。和歌の御題は「紅葉色深」、詠進者は関白以下三六人。和歌御会の和歌は九月十七日までに詠進するよう九月五日に指示があり、関白鷹司政通は九月十七日に提出している。なおここで御製を拝覧している。ついで同所において当座和歌御会があり、御題「水樹多佳趣」は上皇の出題で、一両日中に詠出するよう命じられた。庭園を見ながら隣雲亭に行き、再び窮邃亭に戻って管弦御遊があった。盤渉調は竹林楽、青海波、千秋楽、平調は合歓宴、小良子、上皇の所作は、笙、笛、琵琶、箏であった。終わって隣雲亭に戻り、下御茶屋の寿月観に隣接した蔵六庵《ぞうろくあん》（現存しない）で休み、ついで中御茶屋の林丘寺《りんきゅうじ》（後水尾上皇の第八皇女朱宮《あけのみや》の開基になる尼門跡寺院。現存しない）、そして下御茶屋に戻り、仙洞御所へ還幸になった（以上『光格天皇実録』「鷹司政通記草」）。

修学院に行き、庭園の散策と和歌御会、当座和歌御会、管弦御遊が光格上皇の修学院御幸のパターンであった。

光格上皇の修学院御幸は、合計一四回あった。回数と年月日を掲げておこう。第二回：文政八年十月二十三日、第三回：文政九年三月二十三日、第四回：文政九年十月十八日、第五回：文政十年九月二十一日、第六回：文政十一年三月二十三日、第七回：文政十二年三月二十六日、第八回：文政十二年九月十四日、第九回：文政十三年閏三月十六日、第一〇回：天保二年十月十七日、第一一回：天保三年三月二十三日、第一二回：天保四年三月十日、第一三回：天保六年四月七日、第一四回：天保七年四月七日である。第一四回目が、最後の修学院御幸になった。

家斉の前例なき官位上昇

家斉の官位上昇願望は、なお止まるところを知らなかった。すでに説明したように、家斉実父の徳川治済《はるさだ》が文政八年三月七日、准大臣に昇進した。さらに、徳川治済が文政十年二月二十日、七七歳で亡くなると、翌年文政十一年一月十八日に贈内大臣宣下があった。さらに、関白鷹司政通が日記（「鷹司政通記草」）の文政十二年一月五日のところに、「大樹（家斉）申し願わる実父贈内大臣（徳川治済）、今度太政大臣贈官の老中連名書状到着」と書いているように、治済に太政大臣を贈官するよう願い出てきた。この願いも聞き入れられ、同年二月に太政大臣が追贈された。朝廷は、将軍家斉の懇願を受けて実父という理由で、一橋家の徳川治済を御三卿の極官である権中納言をはるかに超える准大臣に昇進させ、死後とはいえ内大臣を追贈し、さらに将軍と同じ太政大臣まで追贈した。治済は死後とはいえ、官位の面で将軍と同等になったのである。

ついで、これもすでに説明したように、文政十年二月十六日に、家斉を前例のない現職将軍の太政大臣に昇進させ、世子家慶もまだ将軍にならないうちに先例のない従一位内大臣に昇進させた。

家斉の御台所の実父で徳川治済と懇意だった元薩摩藩主島津重豪《しげひで》は、この将軍家の動きをじっと見ていた。島津家は従四位上中将が極官だったが、幕府への働きかけが功を奏して、天保二年（一八三一）、将軍家斉の御台所の実父という由緒があるとの理由で従三位にあがった。それをきっかけに堰を切ったかのように、家斉の多数の子女と縁組みした大名が、将軍家斉の「特別の思召」というきわめて恣意的な理由で、その家の極官を超えて昇進していった。

そうすると、わが家は異例の昇進を遂げた大名家と同格と見ていた、しかし将軍家と姻戚関係のない大名も、幕府有力者に多額の金品を贈って極官を超えて昇進していった。十九世紀前半、とくに文政から天保期にかけて、将軍を先頭にして官位バブルとでもいうような風潮が起こった。将軍以下諸大名が、天皇権威によりかかり自らを権威づけようとしたのである。

朝廷が家斉の太政大臣宣下を幕府側に伝えた「御内慮書」に、家斉が朝廷のことを厚く心にかけ、寛政の内裏造営で紫宸殿や清涼殿を平安内裏のそれに復古させたこと、さまざまな公事（朝儀）を再興させたこと、石清水八幡宮と賀茂社の臨時祭を再興させたことを挙げ、家斉の文武にわたる政務の功労は莫大である、と特筆する（「鷹司政通記草」「国長卿記」）。つまり、御所の復古的造営やさまざまな朝儀や神事を再興させた、朝廷再興に対する家斉の功労を讃えている。この再興・復古への功労をとりわけ持ち上げている点が重要である。

太政大臣昇進を実現した家斉は、再び朝廷に御礼をすることになる。朝廷は、自身と家族の官位を前例のないものに高めたいという家斉の熱望を、いわば無理矢理に認めてきた。だが朝廷は、唯々諾々と応じるだけではなく、この機会をとらえて、あるいは利用して幕府に「御礼」を要求した。

朝廷の「御礼」要望

関白鷹司政通は文政九年八月十一日、太政大臣昇進の件で関白邸を訪れた所司代松平康任《やすとお》との「雑談」のなかで、次のようなことを語っている。朝廷にはまだ再興されていない朝儀がたくさんある、光格上皇は、なかでも朝覲行幸《ちょうきんぎょうこう》を再興したいものとかねがねその希望を漏らされている、修学院御幸は将軍の考えで再興を勧められ実現したので、朝覲行幸もそうしてくれると大変お喜びであろう、それ以外のことでも、このようなことはどうかと幕府の方から提案してくれればこちらで考えたい、これは天皇・上皇に伺って決めたことではないが。

具体的には朝覲行幸の再興を示唆し、あるいは何かそれ以外でも、幕府の方で「御礼」を考えてくれ、という要求なのである。これに対して所司代は、幕府もいずれ「御礼」を申し上げるのではないか、内々で老中の方に話してある、禁裏・仙洞御所の財政のやり繰りが厳しい状況なのは恐れ多い、日常の事柄なら所司代として考え少しでも現状を改善したい、なおよく考えて老中と相談する、と答えている。幕府から何かしら「御礼」がある、財政的に厳しい状態にあることは理解しているので、その緩和策を考えたい、ということである。

所司代は九月十三日にも関白邸を訪問した。そのさい関白は、朝覲行幸が再興されると必要になる仙洞御所内の建物の造営と改築（「広御所《ひろごしょ》御取り繕い」「御小書院造営」「西門一か所取り建て」）について語り、さらに朝覲行幸とは何か、その始まりと中絶（「濫觴《らんしょう》ならびに中絶、上代行わるの事」）などを記した書付を、所司代の求めに応じて持たせた。その書付の内容は、(1)朝覲行幸とは毎年一月二日か三日に天皇が上皇と母の御殿に行幸する儀礼、(2)始まりは嵯峨《さが》天皇（在位八〇九～八二三）の大同《だいどう》年中（八〇六～八一〇）、(3)院政期には年中行事になったが、鎌倉時代に入ると減少し、元亨《げんこう》三年（一三二三）に後醍醐天皇が後宇多《うだ》上皇に朝覲行幸したのを最後に廃絶、というものである。江戸時代に入り、後《ご》光明《こうみょう》天皇（在位一六四三～五四）が後水尾上皇に朝覲行幸した慶安《けいあん》四年（一六五一）が直近の事例であった。朝覲行幸の主旨は、子の親への孝心である。

仁孝天皇は、朝廷政務の処理にあたってなにかと光格上皇の指導・助言を受けている（「当時院御所〈光格上皇〉御在位も長く在らさせられ候ゆえ、何かとくわしく仰せ進められ在らさせられ」）ので、表立って御礼を申し上げたい、すなわち朝覲行幸をしたいご様子であると関白は思っている、これに限るわけではなく、幕府の方で何か思いつくことがあれば提案してほしい、という内容である。関白は、朝覲行幸の再興を所司代に具体的に提案した。なお、関白は十月五日、上皇へ年に五〇〇両（「院奥上がり御用金」「年々五百金」）増額するよう、所司代に申し入れている（以上すべて「鷹司政通記草」）。
所司代松平康任は老中昇進のため江戸に戻ることになり、文政九年十一月五日に暇乞《いとまご》いに関白邸を訪れた。所司代は、家斉の昇進に対する老中以下の謝辞を伝えるとともに、離任前に何なりと天皇・上皇らの要望を伺うように（「何なり御所々御始め御用の儀これあるまじく〈や、脱カ〉、伺うべし」）、という老中の指示があったことを伝えた。

関白は、天皇・上皇から公家一般までが経済的に厳しい状況にいるので（「御所々御始め、諸臣一等〈統〉当時ことのほか困窮」）、これを何とかしてくれという主旨を申し入れている。そのなかで関白は、律令制時代の職田、位田、季禄、馬飼料、口分田、功田、封戸などを持ち出し、時代が異なるので現実に見合った何らかの措置を講じるよう求めた。

幕府の「御礼」

その後も幕府との間でやり取りがあり、文政十年閏六月、幕府から具体的な「御礼」が伝えられた。「御礼」は次の三点だった（「鷹司政通記草」）。

(1)天皇（禁裏）には、楽器のことなども考えたが具体的には思いつかなかったので、使途を指定しない金二〇〇〇両を進上（一年だけ）。
(2)上皇（仙洞）には、毎年銀一〇〇貫目（六〇匁一両の両替で約一六六七両）を毎年進上するので、御賄い定高に組み込んで使うこと。
(3)関白鷹司政通には、関白在任年数はまだ短いものの勤労があり、職務に金がかかるにもかかわらず他の摂家（近衛家二八六〇石、九条家二〇四三石、二条家一七〇八石、一条家二〇四四石）より領知（家領一五〇〇石）が少ないので、在職中米五〇〇俵（知行五〇〇石に相当。家領と合わせると二〇〇〇石になる）を毎年支給する。

光格上皇に毎年銀一〇〇貫も進上するという手厚さは、前例のない家斉の太政大臣昇進の実現に力があったのは光格上皇、と幕府が判断したからだろう。また、前の修学院御幸も含めて考えると、幕府が朝廷の最高実力者は光格上皇と見ていたことは明らかであり、おそらく正しい判断だろう。また、関白鷹司政通にも手厚い御礼がされたのは、幕府は最大の功労者とみなしたからだろう。結局、幕府の御礼は天皇・上皇・鷹司家への経済的優遇だった。

所司代太田資愛《すけなる》によると、天保四年（一八三三）六月頃、銀一〇〇貫の増進により、仙洞御所の財政にはかなり余裕があったという（「奥・口向ともよほど御有余これあるべき儀」）。なお、あとで説明するように、朝廷は朝覲行幸の再興の件を忘れてはいなかった。

家祥（家定）の昇進拒否　将軍家を官位で飾る、権威づけたいという家斉の欲望は、さらに続いた。それは、世子家慶の子、家斉にとって孫の家祥《いえさち》（後の将軍家定《いえさだ》）の官位である。家祥は、文政七年四月に家慶の第七子に生まれ、家慶の次の将軍に予定された。

所司代水野忠邦《ただくに》は文政十年（一八二七）八月十一日に関白邸を訪れ、来年元服する予定の家祥の右大将宣下を打診した。右大将（右近衛大将）と徳川将軍との関わりは、三代家光から八代吉宗までは将軍就任時に兼任、九代家重《いえしげ》と一〇代家治《いえはる》は将軍就任以前に兼任、家斉は将軍就任時に兼任、家慶は就任以前に内大臣と兼任している。家祥は家重、家治、家慶と同じく将軍就任以前に右大将兼任にしたい、という要望なのである。しかし、元服する文政十一年に家祥がまだ五歳という年齢が問題になった。

関白鷹司政通は内々に光格上皇に相談したところ、上皇は、五歳で右大将を兼任するのは前例がないと答え、認めるべきではないとの意向を示した。一〇歳以上が相応しく、ギリギリ八歳なら交渉の余地があるということで、所司代は要望を却下されてしまった。所司代水野は諦めきれなかったのか、八月二十日に手紙で再度懇願している。家慶が右大将を兼任してから一〇年以上経っている（家慶の右大将兼任は文化十三年〈一八一六〉）ので左大将兼任にし、徳川将軍（予定者を含む）は代々が右大将を兼ねる慣行に従い、来年元服する家祥を右大将兼任にすることはできないのか、と。この案は、あくまでも所司代水野個人の提案であると断っている。

家祥は、文政十一年四月に元服し、従二位権大納言に叙任された。右大将兼任は天保八年（一八三七）九月（この年に家斉は将軍職を家慶に譲り大御所になり、家祥は次期将軍の地位になった）なので、家祥の五歳での右大将兼任は朝廷に拒否されたのである。家斉の前例にない異例の官位昇進願望を認めてきた朝廷は、この家祥の件では拒否を貫いたらしい。

朝覲行幸の再興

天保八年（一八三七）、幕府は朝覲行幸の再興を認めた。すでに触れたように、朝覲行幸とは天皇が正月に父母の上皇・皇太后（女院）の御所に行幸し、年賀の挨拶をする儀礼で、元亨《げんこう》三年（一三二三）の後醍醐天皇の朝覲行幸を最後に廃絶していた。江戸時代に入って、明正《めいしょう》天皇が寛永《かんえい》十二年（一六三五）と同十七年に後水尾上皇の仙洞御所に行幸した。だが前者は、摂政九条道房《みちふさ》は「朝覲の礼にあらず、ただ臨時の行幸なり」（『道房公記』東京大学史料編纂所蔵）、前関白近衛信尋《のぶひろ》は「朝覲の礼にあらず」「つねの御かたたがえ（方違）」（『本源自性院記』史料纂集、続群書類従完成会）と、朝覲行幸ではないとする。後者も、女院付武家（東福門院にも幕府の旗本が付けられていた）の記録に「御方違の行幸」（『大内日記』国立公文書館蔵）と記され、朝覲行幸とは見られていない。後光明《ごこうみょう》天皇が慶安《けいあん》四年（一六五一）に後水尾上皇の仙洞御所に行幸したのは、当時の記録（『忠利宿禰日次記《ただとしのすくねひなみき》』東京大学史料編纂所蔵写真帳）には朝覲行幸とされている。鳳輦《ほうれん》に乗った天皇が公卿らを従えて通る道筋には、桟敷《さじき》なども造られて多くの市民が見物したらしい。それ以降はまったくない。

朝廷は、文政九年（一八二六）九月に所司代松平康任に要望として伝えていた朝覲行幸の再興を、文政十一年（一八二八）八月に所司代水野忠邦に正式に申し入れた。その後西丸老中に昇進した水野忠邦が、新任所司代松平宗発《むねあきら》の引渡しのため上京したおり、文政十二年二月七日に参内した水野に面会した関白鷹司政通は、「密事」すなわち朝覲行幸について相談している（『鷹司政通記草』）。

当初朝廷が求めた朝覲行幸は、一回限りではなく毎年挙行だった。第一回目の経費の見積もりは、米三三〇七石、銀七三四貫、合わせると金で一万五五四〇両という巨額だった。幕府は、家斉官位上昇の「御礼」の必要もあり、むげに拒絶することはなかったものの、勘定奉行の反対などもあり、その経費をめぐってなかなかまとまらなかった。朝廷は経費を一万両に減額したが、幕府は五〇〇〇両を目途とするなど、金額と支給方法をめぐって長期にわたる交渉が続いた。

天保五年（一八三四）七月に老中水野忠邦（朝廷が再興を正式に申し入れたときの所司代）が意見書を出し、経費の問題で折り合いがつかず結論を長引かせるのは得策ではない、「公武御為第一」すなわち朝幕関係の安定を第一に考え、幕府の朝廷尊崇《そんすう》の姿勢を明確に示すため（「〈朝廷〉尊崇の条理顕然《じょうりけんぜん》」）朝覲行幸の再興を認めるべきだ、と主張した（「朝覲行幸存念書」首都大学東京図書館蔵水野家文書）。

結局、幕府は天保五年十一月、朝覲行幸再興のため一万両支出することを決定した。幕府と朝廷は、天保八年七月に最終合意に達したが、一回限りということになった。こうして、朝覲行幸は再興されることになったが、後述のように天保九年に上皇は中風を発し、天保十一年に死去したため、実際に仁孝天皇が光格上皇に朝覲行幸することはなかった。

なお幕府は天保十二年、支出を予定していた一万両を朝廷に支給し、予備費や臨時経費に充当された。その内の半分五〇〇〇両は、京都町奉行と京都代官に預けられ、利付きで運用された（「鷹司政通記草」）。

幕府が一万両もの巨額の負担をしてまで朝覲行幸の再興を承認した理由は、家斉の前例のない官位上昇への「御礼」の一環だからである。さらに、老中水野忠邦が主張した「公武御為第一」「尊崇の条理顕然」など、とにかく良好な朝幕関係の維持、および幕府の朝廷尊崇の姿勢を示すことを優先させた結果である。文政から天保期にかけての朝幕関係の現実をよく示している。

5　上皇時代の暮らし

上皇時代の日常生活の一端を、年中儀礼と芸能からみておこう。

年中儀礼

光格上皇の仙洞御所における年中儀礼などを、譲位の翌年にあたる文化十五年（一八一八。四月二十二日に改元があり文政元年）一年間分のみ表8に掲げておこう（『光格天皇実録』）。

正月は禁裏御所とあまり変わらない儀式・儀礼が行われ、六月の嘉祥、八月の八朔、十月の玄猪なども同じである。上皇が行う院四方拝《しほうはい》については、村和明氏「天皇・上皇の四方拝と「政務」」（前掲『近世の朝廷制度と朝幕関係』）に詳しい。院四方拝は、霊元上皇が貞享《じょうきょう》五年（一六八八）に再興し、霊元上皇が朝廷政務を主導することを象徴するものだった。光格上皇は、譲位し上皇になった最初の元旦、文政元年一月一日に院四方拝を行い、文政五年を除いて文政八年まで毎年、自ら出御して執り行っている。文政九年は出御せず、文政十、十一年と行ってそれが最後になった。それに対して仁孝天皇は、即位時に一八歳になっていたにもかかわらず、即位して最初の元旦である文政元年一月一日から文政八年まで四方拝に出御していない。なお、文政九年、十年は出御したものの、その後数年間行わないなど、在位中あまり四方拝に出御していない。

文政元年から八年まで、仁孝天皇が四方拝に出御しなかったのと対照的に、光格上皇が院四方拝に出御していることは、村氏が指摘するように、単純に政務主導と結び付けることはできないものの、

表8　仙洞御所年中儀礼（文化15年）

正月1日	四方拝《しほうはい》出御，朝餉《あさがれい》に歯固《はかため》
3日	吉書《きっしょ》御覧
4日	禁裏に御幸始
7日	白馬《あおうま》御覧
8日	千秋万歳《せんずまんざい》，小御所に出御
13日	諸礼，弘御所に出御
14日	太元帥法《たいげんのほう》結願，弘御所に出御
18日	和歌御会始出御
30日	鎮守社参拝
2月18日	鎮守社・柿本社に参拝
20日	和歌当座御会始出御
22日	水無瀬宮《みなせのみや》法楽和歌の披講
25日	聖廟法楽和歌の披講
3月1日	鎮守社・柿本社に参拝
7日	和歌当座御会出御
28日	管弦御遊出御
4月7日	内々仕舞囃子能御覧
11日	鎮守社・柿本社に参拝
21日	柿本社神影供出御
22日	改元定院奏，弘御所に出御
30日	管弦御遊出御
5月19日	内々能御覧
21日	和歌当座御会出御
27日	管弦御遊出御
28日	寿山亭《じゅざんてい》にて挿秧（田植え）御覧
6月1日	鎮守社に参拝
13日	鎮守社に参拝
16日	嘉祥出御
21日	鎮守社・柿本社に参拝

25日	小御所にて聖廟法楽和歌の披講
30日	六月祓《はらえ》出御，茅輪《ちのわ》の儀あり
7月1日	鎮守社・柿本社に参拝
18日	柿本社に参拝
8月1日	八朔《はっさく》の儀
18日	鎮守社・柿本社に参拝
9月1日	鎮守社に参拝
10月22日	玄猪《げんちょ》の儀
25日	寿山亭にて穫稲（稲刈り）御覧
11月5日	鎮守社・柿本社に参拝
10日	仁孝天皇に大嘗会神饌の伝授・15日清暑堂神宴拍子合出御・17日大嘗祭習礼のため御幸・大嘗祭御幸・27日大嘗会調度御覧
12月1日	鎮守社に参拝
5日	内侍所臨時神楽に内々御幸

光格上皇の場合は朝廷政務の主導を表現しているのかもしれない。

仙洞御所独自の儀礼としては、仙洞御所内の鎮守や柿本社への参拝、五月の挿秧《そうおう》（田植え）御覧、一〇月の穫稲（稲刈り）御覧などがある。田植えについても、村和明氏「仙洞御所の施設と行事――「田植御覧」と鎮守」（前掲『近世の朝廷制度と朝幕関係』）がある。

和歌と管弦　禁裏御所における和歌御会や管弦御遊に出御するほか、仙洞御所内でも頻繁に和歌御会と管弦御遊が開かれていた。歌会に出御し、出御しなくとも詠んだ御製の披講《ひこう》があり、管弦御遊にも出御し、箏や笛・琵琶などを奏している。また、すでに説明したように、幕府が上皇の養生のためとして、茶室や庭などの新造・修復をした修学院山荘への御幸が文政七年九月から始まり、和歌御会、当座和歌御会、管弦御

表9　光格上皇による古今伝授

文政2年9月21日	仁孝天皇に和歌天仁遠波伝授
10月17日	参議飛鳥井雅光に和歌天仁遠波伝授
11月24日	閑院宮孝仁親王に和歌天仁遠波伝授
12月2日	関白一条忠良に和歌三部抄伝授
文政3年2月10日	有栖川宮韶仁親王に和歌天仁遠波伝授
文政4年2月8日	関白一条忠良に伊勢物語伝授
5月2日	高松公祐に和歌天仁遠波伝授
文政5年4月22日	仁孝天皇に和歌三部抄伝授
文政8年9月21日	前関白一条忠良に古今和歌集伝授
文政9年9月26日	前関白一条忠良に一事伝授（和歌灌頂後伝授）
12月11日	仁孝天皇に伊勢物語伝授
文政10年3月7日	有栖川宮韶仁親王に和歌三部抄伝授
文政12年9月27日	飛鳥井雅光に和歌三部抄伝授
天保11年11月19日	仁孝天皇に古今和歌集伝授

遊が行われている。

さらに和歌では、「古今伝授」や「和歌天仁遠波伝授」なども盛んに行い、宮廷（堂上）歌壇の伝統の維持と振興を図っている。表9に光格上皇による古今伝授を掲げた。最後の仁孝天皇への古今和歌集伝授は、上皇死去の当日に行われたことになっているので、天皇（上皇）から天皇への古今伝授の伝統を維持するためのものであったろう。

このほか、書道の伝授もある。文政十年十二月五日、中務卿（有栖川宮《ありすがわ》）韶仁《つなひと》親王に入木道《じゅぼくどう》伝授を行っている。

このように禁裏御所での和歌御会や管弦御遊にしばしば出御し、仙洞御所でも和歌御会や管弦御遊を頻繁に催し、さらに和歌秘伝の伝授にも取り組んでいた。

6　光格上皇の死と諡号天皇号の再興

中風と死

光格上皇は、五一歳の文政四年（一八二一）十月から十二月にかけて病んだが、年末には全快したらしい。翌文政五年元旦の院四方拝《しほうはい》に出御していないのは、病み上がりに配慮したものだろう（『光格天皇実録』）。院四方拝にはほとんど毎年出御していたが、五九歳の文政十二年（一八二九）元旦から出御しなくなっている。これは年齢も考慮したものだろう。天保四年（一八三三）三月下旬から病んでいたが、六月二十七日に全快の内祝いを行っている。また、天保九年二月から軽い病（「微恙《びよう》」）だったものの、五月二十三日に全快の内祝いをしている。二月二十一日、四月五日、閏四月十五日に別殿への渡御が記録され、五月十日には寿山亭から田植えを御覧になっているので、軽い体調不良だったのだろう（同前）。

しかし、それは深刻な病の前兆だったのであろうか、この年十一月中旬に中風《ちゅうぶう》（脳卒中）を発したった（「御中風症を発せられ」）。その結果、右半身の不随で言葉が出にくく、口と目の歪みなどの後遺症があったらしい。かなり重症の脳出血か脳梗塞だったのだろうか。不自由な体ながら少しずつ緩和されたものの、天保十一年七月中旬に中風を再発した。その後さまざまの病状を発し、それぞれ症状を改善させる薬を服用していたが、十一月十九日酉刻（午後六時頃）に死去したと公表された。実際は、十八日子刻（真夜中の十二時頃）に亡くなったという（「上皇、昨子《ね》刻許《ばかり》絶気、その後御開きなしと云々、いよいよ御大事か、しかれども堅固に秘蔵せらるのこと、近日習いなり」)。

こうして七〇歳の生涯を閉じた。十二月二十日に葬送があり、泉涌寺《せんにゅうじ》に葬られた(以上『光格天皇実録』)。

十二月三日、先例に従えば太上《だいじょう》天皇に追号《ついごう》を贈るのだが、仁孝天皇に考えるところがあるので、決定までは「故院《こいん》」と称することが伝えられた。そして、翌年天保十二年閏正月二十七日に光格天皇と贈られた。

諡号か追号か

皇位に就いた方の死後に贈る称号には、諡号《しごう》と追号とがあった。諡号とは、桓武《かんむ》や光孝《こうこう》などのように生前の功績を讃える美称である(元号と同じように熟語としての意味はない)。追号とは、冷泉《れいぜい》や後醍醐《ごだいご》などのように、生前の御所名や山陵名などを贈り、生前を賛美する意味はこめられていない。諡号の場合、たとえば桓武天皇のように諡号プラス天皇号を贈られた。そのような称号は、光孝天皇(在位八八四~八八七)が最後である。諡号だけならその後も、特例として崇徳《すとく》、安徳《あんとく》、顕徳《けんとく》、順徳《じゅんとく》などがあるものの、みな天皇号ではなく崇徳院のように院号だった。なお安徳だけは、「安徳帝」と安政六年(一八五九)版の『雲上明覧大全《うんじょうめいらん》 上』などに記されているように、やや異なる扱いになっている。光孝天皇の後は、上記の特例を除いてみな追号である。追号で天皇号を贈られた例もあるが、村上天皇(在位九四六~九六七)が最後で、村上天皇の第五皇子守平《もりひら》が、正暦《しょうりゃく》二年(九九一)に亡くなり円融院《えんゆう》と贈られて以降は、ずっと院号だった。

つまり、諡号プラス天皇号は光孝天皇の仁和《にんな》三年(八八七)、追号プラス天皇号は村上天皇の康保《こうほう》四年（九六七）が最後で、それ以降は追号プラス院の院号だった。天保十二年（一八四一）に贈られた光格天皇は、諡号プラス天皇号としては九五四年ぶり、天皇号だけでも八七四年ぶりの再興だったのである。

諡号天皇号の再興過程

十二月二十日に葬儀を終えると、翌二十一日に太上天皇に諡号《しごう》を贈りたいという仁孝天皇の意向が示され、参議《さんぎ》以上の現任《げんにん》の公卿全員に対して、明日（二十二日）までに回答を差し出すよう勅問があった。その勅問の文面は、「太上天皇は即位して以降、故典《こてん》旧儀を復興し公事の再興は少なくない、在位が三〇年以上に及んだことは古代でも稀である、そのうえ質素を貴ばれて飾り立てることを好まれず、仁愛の心を専らにされて庶民にまで及び、一同が心安らかにいられることを、仁孝天皇は感じ入って悦び、諡号を贈って萬代までの孝道を尽くしたいと考える、しかし、諡号は小松帝《こまつてい》（光孝《こうこう》天皇）以後は寿永帝《じゅえい》（安徳天皇〈在位一一八〇～八五〉）以外にない、このように長らく廃絶している諡号を贈ることの可否について、必ず心底を残さず意見を出すように」という内容だった。多くの朝儀・神事を再興復古させ、三〇年以上在位したその生涯を讃えて諡号を贈りたい、というのが主旨である。

朝廷は、諡号を贈る承認を幕府に求めた。これに対する幕府の回答は、天保十二年一月二十八日までにもたらされた。幕府の回答は、「諡号は長く中絶しているが、故院の高徳を萬代にまで及ばせたいという仁孝天皇のお考えもあり、また故院は質素の思いが深く、飾り立てることを好まれなかったことは幕府も承知しているので、今回は特別の理由があり、諡号については天皇のお考え通りにされるように」という内容であった。

なお幕府は、「今回の諡号について、後年になって追号と混じって分かりにくくならないよう（「後年御追号の儀と相混じらず候ようこれありたく」）、しっかり記録に留めておくように」と、朝廷の要望通りに諡号を許可するとともに、はっきりと記録に残すことを求めた（以上「実久卿記《さねひさ》」東京大学史料編纂所蔵）。

幕府の賛意を得た朝廷は、諡号を選定する作業に入り、一月二十九日、諡号の候補として「光格」「仁光」「光化」「欽崇」「峻極」の五つを挙げ、どれを採用すべきか閏一月二日に回答するよう勅問が出された（「定功卿記」東京大学史料編纂所蔵）。内大臣近衛忠熙《ただひろ》は、光格を第一とし、光化を第二と勅答している（「忠熙公記」東京大学史料編纂所蔵写真帳）。

朝廷は意見を集約し、おそらく元号と同様に諡号の案を絞って幕府に決定を委ねた。老中水野忠邦《ただくに》の「水野忠邦日記」（首都大学東京図書館蔵水野家文書）天保十二年閏一月九日の条に、朝廷の方から諡号の案が来たので評議した、という記事がある（「故院御諡号の儀二通、所司代直書《じきしょ》添え来る、月番《つきばん》持ち出され〈月番老中が老中評議にかけた、という意〉、調べに相成る」）。老中が評議し最終決定を下したのである。

幕府が諡号を光格天皇に決定したことは、閏一月二十三日頃に朝廷に伝えられた。それは、武家伝奏日野資愛《すけなる》の日記（「日野資愛公武御用日記」国立公文書館蔵）の閏一月二十三日の条に、極密の噂として記されている（「関東御勅答これあり、御諡号光格天皇の方御治定《じじょう》のよし、内々御噂これあり」）。諡号は、公表まで極秘にされた。ただ日野資愛らは、これは格別のことなので、御諡号天皇号再興のお慶びを申し上げるよう命じられている。

そして閏一月二十七日、泉涌寺に尊誄諡策命使《そんるいしさくめいし》（奉幣使）が派遣され、葬所を後月輪陵《のちのつきのわのみささぎ》と称したうえで、「御諡《おくりな》を光格天皇と称」と諡号が宣下された。策命使が御所に戻り、諡号は光格天皇、と公表した（「定功卿記」）。

関白は天保十二年二月、⑴今後も諡号を贈る時は今回のように幕府に問い合わせること、⑵追号を贈る場合も、追号名を決められない時は幕府に問い合わせることもあること、⑶追号の場合でも、天皇の位に就いたのだから天皇と称すること、⑷今後は諡号の場合も葬送の日に贈ること、の四点を幕府に申し入れている。幕府は、二月二十四日に回答し、「帝位」にあったのだから天皇と称されても苦しくない、と認めている（以上「日野資愛公武御用日記」・「鷹司政通記草」）。これにより、諡号・追号の別なく天皇号が贈られることに決まったのである。

後月輪陵
（京都市東山区泉涌寺山内町・泉涌寺境内）

諡号天皇号再興の背景

九五四年ぶりに諡号天皇号が再興された背景は何か。朝廷内の動きを直接、かつ明確に示す史料は見当たらない。ただ、「雑識」九（国立公文書館蔵）

に収められている史料によると、「(光格天皇は)天皇号についてはっきりと御遺言したわけではないが、かねがね関白などに話していた」という記述があり、それについて朝廷で評議があったともいう。これによれば、光格天皇は生前、天皇号再興について関白らと語り合っていたことになり、光格天皇(上皇)の意向が諡号天皇号再興を実現させたといえる。たしかな史料とはいえないが、なにがしか朝廷内の動きを伝えているのではないか。

上皇死去を知った水戸藩主徳川斉昭《なりあき》は天保十一年十一月二十五日、書状を関白鷹司政通に送った。鷹司家は、斉昭の妻の実家という姻戚関係にある。その書状で、泉涌寺における仏式の葬儀は止め、山陵(御陵)を再興するように求めた。そこには、山陵再興は難しいが、それを申し入れれば諡号再興くらいは実現するのではないか、という深意が込められているという。これに対して鷹司政通は、諡号については天皇にお考えがあり、すでに所司代に伝えたと答えている(『水戸藩史料』別記上)。これによれば、徳川斉昭の働きかけとは関係なく、朝廷では天皇を中心に諡号天皇号再興に向けて動いていたことになる。ただ、徳川斉昭はそれ以前から、幕府が天皇・朝廷尊崇の姿勢を示すため、山陵修復と諡号再興を訴え続けていたので、その影響を無視できないだろう。

諡号天皇号再興の意義

大坂懐徳堂《かいとくどう》の学主で著名な儒者である中井竹山《ちくざん》は、寛政元年(一七八九)に老中松平定信の諮問に応えて書いた『草茅危言《そうぼうきげん》』(全文完成は一七九一年。『日本経済大典』第二十三巻)の「諡号院号の事」のなかで、天皇号を再興すべきだと論じた。諡号を用いず、とくに天皇号を廃して院号を使うことを問題にし、院号は諸侯大夫から庶民まで用いるので、天皇が「極尊」であることを示していないと嘆く。天皇号を再興して、天皇が日本社会の「極尊」であることを明示すべきだ、というのである。なお竹山は、歴代天皇に在位中の元号を諡号とする「元号プラス天皇号」を贈るべきだと提案している。

『草茅危言』を論評した神惟孝《じん》は『草茅危言摘義』（天保十二年頃の成立か。『日本経済大典』第三十八巻）のなかで、院号では「上下貴賤の隔て《へだ》」がなく恐れ多いと、院号使用の問題点を指摘している。

幕末に江戸・京都・大坂の三都の風俗を比較検討した喜田川守貞《きたがわもりさだ》は、「某天皇」といわず「某院」というが、院は一般庶民まで用いている、と同じように問題にしている（『近世風俗志』一、岩波文庫）。つまり、院号は将軍・大名から庶民まで使っているので、院号では天皇が「極尊」であることを示していない、ということが最も問題にされている。だから、天皇号を再興させて、天皇が「極尊」であることを明示すべきだというのが核心である。天皇号再興とは、このような意味を持っていったのである。

皇位に就いた方の死後の称号として「御諡号を奉り天皇を称さる」、すなわち諡号プラス天皇号は、光格天皇のとき再興され仁孝天皇もそれに続いた。しかし、議奏、武家伝奏を務めた三条実万《さねつむ》が、在職中に改善すべきだと考えていた一八か条を、安政六年（一八五九）の落飾《らくしょく》以降にまとめた「旧政告新」（『孝明天皇紀』二）の中で、後桃園院以前はすべて「院」のままだったことが「大闕《だいけつ》（欠）典《てん》」で、改めるべきだと主張している。確認はできないが、三条実万によると、仁孝天皇と贈る際に、後桃園院以前の院を天皇号に改めようという評議はあったが、孝明天皇の践祚後に幕府に申し入れることにして見合わせたという。皇位に就いた方すべてに天皇号を贈るべきだという主張であり、急務だともいう。

死して諡号天皇号を遺す

光格天皇は、在位中は諸朝儀・神事の再興復古による朝廷再興に邁進し、幕府に強い姿勢をとることにより「皇統の危機」を乗りこえ、天皇と朝廷の権威の上昇を実現した。譲位して上皇になっても、朝廷の政務処理や意思決定に重要な役割を果たし続け、幕府から頼られる存在となり、なお朝廷再興に尽力した。

そして、もちろん自身が実現したわけではないが、死後に光格天皇と贈られたことにより、死後の称号ではあるものの、九五四年ぶりの諡号天皇号の再興、天皇号だけでも八七四年ぶりの再興となった。気の遠くなるような大昔、古代の「亡霊」の復活のようでもある。天皇号の再興は、諸朝儀・神事の再興と復古に力を注いできた光格天皇の人生の締めくくりとして、まことに相応しいものといえる。弘化三年(一八四六)一月に亡くなった仁孝天皇に諡号を贈りたいと朝廷が幕府に申し入れた文書には、仁孝天皇は、朝覲《ちょうきん》行幸を再興し、諡号を贈ったことなど光格天皇への「御孝道」を尽くした、と特筆されている(「鷹司政通記草」)。幕府がこれを承認したことにより仁孝天皇と贈られ、天皇の死後の称号として諡号プラス天皇号が定着したのである。

光格天皇は、「不測の天運」によりなるはずのない天皇になり、そのためもあってか、より「あるべき天皇」像を追い求めたのではないかと思われる。ときに幕府と軋轢を起こしながら、禁裏御所や朝儀・神事の再興復古による朝廷再興に邁進し、天皇が身に付けるべき諸芸能に励むことにより宮廷文化の振興に努め、それにより天皇・朝廷の権威を高めようとした生涯だった。なるはずのない天皇になった光格天皇は、自らの死をもって諡号天皇号を再興させ、天皇が日本社会の価値秩序の頂点、「極尊」であることを明示させたのである。「光格天皇像」に描かれた光格天皇が、微笑んでいるように見えるのは、やり遂げた生涯への満足を表現しているのかもしれない。

主要参考文献

文献

久保貴子『近世の朝廷運営』岩田書院、一九九八年
＊近世の朝廷がどのように運営されていたのかを、通史的に、かつ丁寧に解明している基本的研究書である。さらに、近世の改元のあり方などにも触れている。
佐藤雄介『近世の朝廷財政と江戸幕府』東京大学出版会、二〇一六年
＊近世朝廷を財政の面から論じた研究書である。とくに禁裏財政のあり方を、江戸幕府との交渉、および幕府の財政政策との関わりで論じ、戦前のレベルにとどまっていた当該研究を一新した。
澁澤榮一『樂翁公傳』岩波書店、一九三七年
＊松平定信の伝記であり、定信の尊王精神を強調する嫌いはあるものの、老中在職中に関わった寛政内裏造営と尊号一件を研究するためには、事実関係や史料の面で現在でも基本的な文献である。
徳富猪一郎『近世日本国民史　松平定信時代』民友社、一九二九年
尾藤正英「尊王攘夷思想」（『岩波講座日本歴史13　近世5』岩波書店、一九七七年）
藤岡通夫『京都御所』中央公論美術出版、一九八七年
藤田覚『幕末の天皇』講談社選書メチエ、一九九四年（講談社学術文庫、二〇一三年）
藤田覚『近世政治史と天皇』吉川弘文館、一九九九年

藤田覚『江戸時代の天皇』天皇の歴史06、講談社、二〇一一年（講談社学術文庫、二〇一八年）
藤田覚『近世天皇論』清文堂出版、二〇一一年
藤田覚「天皇　変わるものと変わらないもの」（「思想の言葉」『思想』一〇四九、岩波書店、二〇一一年）
藤田覚『幕末から維新へ』シリーズ日本近世史⑤、岩波新書、二〇一五年
藤田覚『勘定奉行の江戸時代』ちくま新書、二〇一八年
村和明『近世の朝廷制度と朝幕関係』東京大学出版会、二〇一三年
＊近世の院政について、その成立と実態を微細な点にまでこだわり執拗に解明した研究書である。光格上皇の院政については唯一の研究であり、本書（光格天皇）の執筆にあたり多くを参照した。
盛田帝子『近世雅文壇の研究』汲古書院、二〇一三年
＊近世日本文学、とくに雅文壇の研究書であるが、とくに光格天皇（上皇）を中心に宮廷歌壇についても論じている。近世の天皇・朝廷研究者の関心がほとんどなかった、天皇と和歌の問題を考えるうえで有益な書である。
山口和夫『近世日本政治史と朝廷』吉川弘文館、二〇一七年
渡辺浩『東アジアの王権と思想』東京大学出版会、一九九七年

史料

『大江磐代君顕彰展図録』倉吉博物館、二〇一二年
＊現鳥取県倉吉市に生まれた光格天皇の生母に関する展示図録。生母の書状やその父の書状を掲載。
『修学院離宮』一般財団法人伝統文化保存会、二〇一六年
『内裏図集成　京都御所と公家町』叢書京都の史料14、京都市歴史資料館、二〇一六年

『徳島の指定文化財』徳島県立博物館、一九九二年
石井良助校訂『徳川禁令考』前集第一、創文社、一九五九年
神沢杜口「翁草」（『日本随筆大成』第3期第19～24巻、吉川弘文館、一九七八年）
京都町触研究会『京都町触集成』第六～十巻、岩波書店、一九八五～八六年
宮内庁先帝御事蹟取調掛編『孝明天皇紀』平安神宮、一九六七～六八年
下橋敬長『幕末の宮廷』平凡社東洋文庫353、一九七九年
詫間直樹編『京都御所造営録――造内裏御指図御用記』(一)～(五)、中央公論美術出版、二〇一〇～一四年
＊寛政内裏造営に関して、とくに指図作成を中心にした朝廷側の詳細な記録。幕府との折衝と朝廷側の動きを知りうる記録である。
辻善之助監修『歴代詔勅集』目黒書店、一九三八年
帝国学士院編『宸翰英華』一九四四年
＊歴代天皇の宸翰（宸筆）を集めたもので、写真と釈文および解説が付され、光格天皇の宸翰も数多く収録されている。
松平定信「宇下人言」（『宇下人言・修行録』岩波文庫）
松尾芳樹「藤原貞幹書簡抄『蒙斎手簡』」(上)(下)（『京都市立芸術大学美術学部研究紀要』37・38、一九九三・一九九四年）
＊考証学者藤貞幹の書状を集めたもので、「無仏斎手簡」とともに天明から寛政期の朝廷内外の文化的な動向を伝える。
「油小路隆前卿伝奏記」宮内庁書陵部蔵
＊武家伝奏油小路隆前の天明六年一月から同八年一月までの職務日記。朝廷と幕府の交渉、光格天皇の動きを

知ることができる。

「御勝手方御用留」（『内閣文庫所蔵史籍叢刊』第30巻、汲古書院、一九八三年）
「国長卿記」国立公文書館蔵
『光格天皇実録』ゆまに書房、二〇〇六年
「御所々御入用筋書抜」東京大学史料編纂所蔵
「伊光記」東京大学史料編纂所蔵
「実種公記」東京大学史料編纂所蔵
＊光格天皇の近習小番から議奏を務め、和歌やとくに音楽で深く関わった公家の詳細な日記。個人的な感想や意見も書き込まれていて興味深い。
「実久卿記」東京大学史料編纂所蔵
「小夜聞書」東京大学付属図書館蔵
「鷹司政通記草」宮内庁書陵部蔵
「輝良公記」東京大学史料編纂所蔵
「永書」公益財団法人三井文庫蔵
「松平定教文書　尊号始末」東京大学史料編纂所蔵
＊尊号一件に関わり松平定信が作成した文書を集めたもので、尊号一件の幕府側の動きを知りうる基本史料。『樂翁公傳』にも使われている。
「無仏齋手簡」（『日本藝林叢書』第九巻、六合館、一九二九年）
『本居宣長全集』第一六巻、筑摩書房、一九七四年
「落葉集」国立公文書館蔵

おわりに

私は二〇一二年（平成二四）一〇月、鳥取県倉吉市の倉吉博物館で特別展示「大江磐代君顕彰展」を拝見し、光格天皇の画像（泉涌寺蔵）を間近にみることができた。小さな写真でみたことはあるものの、縦八一cm・横四〇cmもの大きな現物をみるのは初めてだった。上皇（院）時代、六十代のお姿であろうかと思われるが、ふくよかで柔和な風貌とともに、眼をみると明らかに微笑んでいる。歴代天皇の画像すべてをみたわけではないので確信することはできないが、微笑む天皇像は少ないのではないか。絵師豊岡治資らは微笑む表情に光格天皇の生涯の何を表現したかったのかと、思いを馳せた記憶がある。

光格天皇と孫の孝明天皇が、十八世紀末から維新期までの政治史にとってどのような意義をもったのか、を考えることを主題にして『幕末の天皇』（講談社選書メチエ、一九九四年／講談社学術文庫、二〇一三年）を書いた。そして一〇年後の二〇〇四年の年末、ミネルヴァ日本評伝選の一冊に『光格天皇』を書くよう依頼された。思えば、それ以来一四年近くが経ってしまった。明仁天皇の退位問題の中で、光格天皇が生前退位の直近の先例であり、しかも現天皇家の血筋に直結する由縁から、その名を広く知られるようになった。いつ執筆するという計画もなく後回しにしてきたが、不躾ながら退位問題をきっかけにして書き上げたのが本書である。

前著では、光格天皇の生涯全体は関心の外にあった。本書では、伝記的な面に重点を置き、誕生から死までを叙述した。それは、「近代の皇統微々、縷（糸）の如し」（「定晴卿記」）と当時の公家に表現されたか細い糸のような皇統（それは天皇・朝廷の衰弱も意味）を、宮家から養子に入って際どく継ぎ、朝儀・神事の再興復古により天皇・朝廷権威の再興に奮闘した生涯であった。天皇・朝廷権威のある程度の再興を成し遂げた満足感が、あの微笑む画像に表現されたのではないかと読みたい。

なお本書では、政治的な面のみならず、学問・和歌・音楽（天皇の芸能）など天皇の本質とも関わる文化的な面にも目配りし、さらに、前著でまったく触れなかった上皇時代までを描いてみた。在位中の幕府とのやり取りを武家伝奏の日記「油小路隆前卿伝奏記」（宮内庁書陵部蔵）、朝廷内部の動きと文化の面を大納言で議奏も務めた今出川実種の日記「実種公記」（東京大学史料編纂所蔵）、上皇時代を関白鷹司政通の日記「鷹司政通記草」（宮内庁書陵部蔵）を柱にして叙述した。記録史料から忠実に史実を追うあまり、読みにくくなっている嫌いもあるが、正確さを期すための止むを得ない事情なので御容赦をお願いしたい。

明仁天皇の退位問題により、再び天皇の存在が強い関心を呼ぶようになった。明治天皇以降の近代の天皇、天皇制度に眼を奪われがちだが、天皇の歴史は千数百年に及ぶことを考えれば、近代、そして現代のそれはほんの一時のことに過ぎない。天皇は、長い歴史の中で、時の権力と社会情勢との関係でその姿を変えながら続いてきたことを丹念に知る必要がある。本書がそのための一助になれば幸いである。
ミネルヴァ日本評伝選『田沼意次』（二〇〇七年）に引き続き、本書ができ上がるまで援助してくださった編集部の田引勝二氏にお礼を申し上げたい。

二〇一八年六月一〇日

藤田　覚

光格天皇略年譜

和暦	西暦	齢	関係事項	一般事項
明和 八	一七七一	1	8・15閑院宮邸に生まれる。父は閑院宮典仁親王、母は大江磐代。第六王子。9・16祐宮と称せられる。	4月幕府五か年倹約令。伊勢おかげ参り流行。
安永 元	一七七二	2	9・4御髪置。9・16聖護院宮忠誉法親王の付弟となる。	2月目黒行人坂大火。
二	一七七三	3	11・16御色直。	
四	一七七五	5	11・28御深曾木。	
五	一七七六	6	10・26参内。	4月将軍家治日光社参。
八	一七七九	9	3・28御紐直。11・8後桃園天皇の養子となり、参内。11・14名を師仁。11・25践祚、名を兼仁と改める、剣璽渡御あり。摂政九条尚実。	12月平賀源内死去。
九	一七八〇	10	1・1四方拝出御なし。1・2吉書御覧あり。1・13披露始あり。9・5常御所修復が終わり、小御所より戻る。12・3即位灌頂。12・4即位の礼。12・11御拝伝授あり。	この年、『都名所図会』刊行。

天明元	一七八一	11	1・1元服。1・3元日節会、殿上淵酔再興、出御。1・24和歌御会始、御製。1・29天曹地府祭。5・7御読書始。5・27御箏始。8・7権中納言高辻胤長らによる講書。	8月上州の百姓、絹糸貫目改所設置反対一揆。
二	一七八二	12	2・11御楽始。5・7石灰壇代にて御拝始。12・10御書始。この年、実父閑院宮典仁親王に尊号宣下の願望を示す。	
三	一七八三	13	2・20御楽始に御所作始、箏の所作。	7月浅間山大噴火。この年、諸国大飢饉。
四	一七八四	14	この年から盛んに「御内会御歌会」。	この年、諸国大飢饉。
五	一七八五	15	2・5摂政九条尚実、関白となる。4・18賀茂祭出御。6月尊号宣下の意向を示す。9・11伊勢例幣使発遣、南殿出御。12・19内侍所臨時御神楽、内侍所出御。この年頃から盛んに「小座敷御楽会」。	2月幕府、蝦夷地調査団派遣。5月幕府、青蓮院門跡の盲僧支配を許可。
六	一七八六	16	1・7白馬節会出御。1・11神宮奏事始出御。1・16踏歌節会出御。1・21賀茂奏事始出御。5・19御笛始。閏10・10内侍所仮殿を神嘉殿に利用する計画を示す。閏10・15公家に学問奨励。11・1朔旦冬至旬再興。11・21新嘗祭再興。11・22豊明節会出御、恩赦あり。12・8「白烏」を見て瑞鳥と推測。12・	8月田沼意次失脚、将軍家治死去。この年、本居宣長、大政委任論を説く。関東大洪水。諸国大飢饉。

七	一七八七	17	19後七日御修法を小御所で行うと表明。1・1四方拝に初出御。1・8小御所にて後七日御修法。1・20踏歌節会での失態につき公家五人を叱責。2・18小御所にて講筵と詩筵。3・1左大臣鷹司輔平関白に。4・28大嘗会国郡卜定。5・20長雨につき七社七寺に豊作祈禱を命じる。6・11御所千度参り参加者約五万人。6・14窮民救済を幕府に申し入れる。内侍所仮殿木造始。この頃から病む。6・19興正寺門跡に幕府に通達なく大僧正勅許。8・27不予平癒につき床払い。9・18抜穂使悠紀・主基両国に出発、再興。11・27大嘗会。11・28辰日節会、悠紀帳・主基帳の儀あり。11・29巳日節会、悠紀帳・主基帳の儀あり、清暑堂御神楽。	この年、天明の大飢饉ピーク。5月江戸その他の都市で打ちこわし。6月幕府寛政の改革開始。
八	一七八八	18	1・8紫宸殿にて後七日御修法。1・30京都大火により内裏など炎上、聖護院に遷幸し仮御所とする。2・25疱瘡と診断。3・25議奏中山愛親ら造内裏御用掛任命。3・28眉拭。4・3新造内裏に古儀採用につき勅問。5・29老中松平定信、関白鷹司輔平と御所造営につき会談。10月後桜町上皇、天皇好学につき公家に学問出精を求める。11・6幕府から新造	3月老中松平定信将軍補佐。5月松平定信上京。

			内裏は叡慮通りと回答を得る。	
寛政元	一七八九	19	2月尊号宣下の沙汰書を幕府に達す。閏6・11第一皇子某誕生、即日死去。7・4造内裏木作始。8・13造内裏礎、立柱。	9月幕府三か年倹約令。この年、中井竹山『草茅危言』なる。
二	一七九〇	20	6・2第二皇子哲宮誕生。8・26新造内裏上棟。9・26新造内裏安鎮法。11・5内裏造営竣工し、所司代より移管。11・18新内裏大殿祭。11・22新造内裏へ遷幸。12・21新宮旬。12・28漢詩を将軍徳川家斉に賜う。	2月人足寄場設置。5月寛政異学の禁。
三	一七九一	21	6・2第二皇子哲宮死去。6・30後桃園天皇遺詔により欣子内親王の立后決定。8・20一条輝良関白に。9・2神嘉殿木造始。11・3神嘉殿上棟。11・20新嘗祭、神嘉殿に出御。12月尊号宣下の可否につき勅問（公卿群議）。	4月アメリカ商船紀伊串本沖に渡来。8月イギリス商船博多湾に渡来。
四	一七九二	22	1月尊号宣下の御内慮書を幕府に伝達。2・9第一皇女能布宮（のち寿賀宮）誕生。8月一一月上旬に尊号宣下と幕府に通達。10・22第三皇子某誕生、即日死去。11・13尊号宣下中止を幕府に伝達。11・29不行跡公家九人を尋問させる。12・16大曲伝授。	5月林子平処罰される。9月ロシア遣日使節ラクスマン、根室渡来。
五	一七九三	23	3・7議奏中山愛親ら幕府から処罰を申し渡される。	6月高山彦九郎自刃。7月松平

			3・14公家処罰につき幕府に尋問する意向を示す。5・9皇女寿賀宮死去。7・1閑院宮、宇多天皇所持の笛献上。9・2第四皇子俊宮誕生、12・7後桜町上皇より天仁遠波伝授。	定信老中辞職。
六	一七九四	24	1・17一条忠良らに勅点を許す。3・1欣子内親王入内。3・7欣子内親王の皇后（中宮）宣下。7・6実父閑院宮典仁親王死去。12・4皇子俊宮死去。	6月幕府一〇か年倹約令。
七	一七九五	25	3・4法隆寺聖徳太子像参内。	
八	一七九六	26	4・27万里小路政房より能書方御伝授。8・18広橋伊光らに勅点を許す。8・25不行跡公家九人に処罰を命じる。9・14後桜町上皇より和歌三部抄御伝授。10・5不行跡公家一七人の処罰、他三五人の公家に譴責を命じる。12・13後桜町上皇より伊勢物語御伝授。	8月英人ブロートン、室蘭渡来。
九	一七九七	27	5・26御琵琶始、西園寺賞季万歳楽譜献上。9・15後桜町上皇より古今和歌集御伝授。10・19改暦宣下。12・22後桜町上皇より和歌一事御伝授。	12月昌平坂学問所成立。
一〇	一七九八	28	1・1柿本社神影に拝礼。1・5新年詠草始。1・10初めて中宮御殿に渡御。3・15柿本人麿影供を行う。9・15伊勢物語を講じる。9・20日野資枝に伊	6月本居宣長「古事記伝」を完成。この年、寛政暦に改暦。

			勢物語伝授。11・7「詠歌大概」読み合わせ始める。この年、禁裏和歌会一〇〇回を超える。	
一一	一七九九	29	2・10役行者千百回忌につき神変大菩薩号を賜う。3・24飛鳥井雅威に三部抄伝授。	1月幕府蝦夷地直轄政策を開始。
一二	一八〇〇	30	1・22第五皇子温仁親王誕生（母は中宮）。2・21第六皇子恵仁親王（のち仁孝天皇）誕生。4・4儲君温仁親王死去。8・8議奏に石清水・賀茂臨時祭再興を表明する「宸筆御沙汰書」を見せる。	閏4月伊能忠敬、蝦夷地測量に出発。
享和 元	一八〇一	31	2・5辛酉革命改元、享和。3・14辛酉革命年につき伊勢公卿勅使発遣。9・10伊勢神宮に御製和歌奉納。11・23辛酉革命により内侍所臨時神楽。	この年、志筑忠雄『鎖国論』なる。
三	一八〇三	33	3・19有栖川宮織仁親王より入木道伝授。12・5久世通根に天仁遠波伝授。	
文化 元	一八〇四	34	2・11甲子革令により改元、文化。2・24革令改元奉告のため、七社奉幣発遣。3・8飛鳥井雅威に伊勢物語伝授。3・14革令改元奉告のため、宇佐・香椎両宮に奉幣発遣。11・22革令改元により内侍所臨時神楽。	9月ロシア遣日大使レザノフ、長崎に渡来。
二	一八〇五	35	10・23新造学問所落成。	6月幕府、関東取締出役設置。
四	一八〇七	37	6・29幕府からロシアとの紛争情報報告を受ける。	4月ロシア軍艦、カラフト・エ

			7・18恵仁親王儲君決定。	トロフを攻撃。5月幕府、東北諸藩に蝦夷地出兵を命じる。
五	一八〇八	38	1・2第二皇女多祉宮誕生。2・8太政官印再興。	4月間宮林蔵、間宮海峡発見。5月フェートン号事件。
六	一八〇九	39	3・24恵仁親王を皇太子とする。5・29皇女多祉宮死去。	12月有栖川宮楽姫、家慶と婚儀。
七	一八一〇	40	6・27第七皇子盛仁親王誕生。11・5徳川治紀より「大日本史」進献。	2月幕府、会津藩と白河藩に江戸湾警備を命じる。
八	一八一一	41	4・25第三皇女某誕生、翌日死去。	8月ゴロヴニン事件。12月幕府五か年倹約令。
九	一八一二	42	6・7来春石清水、明後年冬賀茂臨時祭の再興を仰せ出される。12・9実母大江磐代死去（六九歳・蓮上院）。	
一〇	一八一三	43	3・15石清水臨時祭再興。閏11・3後桜町上皇死去。12・22真言百八遍奥書に「大日本国天皇兼仁合掌敬白」と自署。	9月ゴロヴニン事件解決。
一一	一八一四	44	8・17来丑年春の譲位を公表。11・22賀茂臨時祭再興。	
一二	一八一五	45	4・27関白一条忠良に天仁遠波伝授。8・28第八皇子猗宮誕生。	4月杉田玄白『蘭学事始』なる。

一三	一八一六	46	1・28第九皇子悦仁親王誕生（母は中宮）。9・2前権大納言庭田重嗣に天仁遠波伝授。12・21後院（仙洞御所）を桜町殿と称す。	
一四	一八一七	47	3・22桜町殿に行幸、譲位。3・23幕府、院御料一万石進献。3・24太上天皇の尊号宣下。3・26御幸始。4・2鎮守社参拝始。4・28尊号御報書。5・14寿山亭にて田植え御覧。6・18柿本社に参拝。7・28仙洞賄い御定高銀五一五貫目、奥御用金八〇〇両進上。9・21仁孝天皇即位礼につき禁裏御所に御幸。9・24第四皇女娍宮誕生。10・18寿山亭にて稲刈り御覧。	7月京都町人、町代の横暴を訴える。この年、諸国で日照り。
文政元	一八一八	48	1・1院四方拝出御。4・22改元定院奏あり。11・10仁孝天皇に大嘗会神饌伝授。11・17仁孝天皇大嘗会につき禁裏に御幸。	4月幕府、三か年倹約令。
二	一八一九	49	1・6皇女娍宮死去。1・19皇子猗宮死去。4・27石清水臨時祭につき禁裏に御幸。9・21仁孝天皇に和歌天仁遠波伝授。10・17参議飛鳥井雅光に和歌天仁遠波伝授。11・24閑院宮孝仁親王に和歌天仁遠波伝授。12・2関白一条忠良に和歌三部抄伝授。12・27四辻公万より蘇合香御箏の伝授。	6月幕府、文政の貨幣改鋳開始。

三	一八二〇	50	2・10有栖川宮韶仁親王に和歌天仁遠波伝授。5・1第五皇女倫宮誕生。	10月幕府、三か年倹約令。
四	一八二一	51	2・8関白一条忠良に伊勢物語伝授。2・11悦仁親王死去。5・2正三位高松公祐に和歌天仁遠波伝授。10・17痘瘡を病み浮腫を発す。12・27病い快方へ。	7月「大日本沿海輿地全図」(伊能図)完成。
五	一八二二	52	2・20第六皇女治宮誕生。4・22仁孝天皇に和歌三部抄伝授。5・17幕府が修学院御幸を勧め、御茶屋・庭園の修理を指示。7・5皇女治宮死去。	4月英捕鯨船サラセン号、浦賀渡来。
七	一八二四	54	5・11第七皇女蓁子内親王誕生。6・8第八皇女媖宮誕生。7・27修学院御茶屋上棟。9・21初めての修学院御幸。	5月英捕鯨船員常陸大津浜に上陸。
八	一八二五	55	9・21前関白一条忠良に古今和歌集伝授。10・23修学院御幸。	2月異国船打払令発令される。
九	一八二六	56	3・23修学院御幸。9・26前関白一条忠良に一事伝授。9・27第九皇女勝宮誕生。10・18修学院御幸。12・11仁孝天皇に伊勢物語伝授。12・25御髪上げ。	
一〇	一八二七	57	3・7有栖川宮韶仁親王に和歌三部抄伝授。5・6皇女勝宮死去。閏6月幕府、銀一〇〇貫目を毎年進上すると通達。8・19皇女媖宮死去。9・21修学院御幸。12・5有栖川宮韶仁親王に入木道伝授。	2月家斉実父徳川治済死去。

一一	一八二八	58	3・23修学院御幸。	10月シーボルト事件。
一二	一八二九	59	1・1四方拝出御せず（以後出御なし）。3・26修学院御幸。9・14修学院御幸。9・27権中納言飛鳥井雅光に和歌三部抄伝授。	5月松平定信死去。この年、葛飾北斎「富岳三十六景」できる。
天保元	一八三〇	60	閏3・16修学院御幸。5・28皇女倫宮死去。7・2強い地震により常御所東庭に渡御。10・27聖護院宮盈仁法親王死去。	3月伊勢おかげ参り流行。7月京都大地震。
二	一八三一	61	10・17修学院御幸。	4月幕府、百姓町人の院号を禁止。
三	一八三二	62	3・23修学院御幸。	8月鼠小僧次郎吉処刑。
四	一八三三	63	3・10修学院御幸。4・28第一〇皇子嘉糯宮誕生。6・27三月以降からの病全快。	この冬、関東・東北飢饉。
六	一八三五	65	4・7修学院御幸。10・4皇子嘉糯宮死去。	12月幕府、但馬出石藩御家騒動で処分。
七	一八三六	66	4・7最後の修学院御幸。	この年、各地で大規模一揆。この年、天保の大飢饉ピーク。
八	一八三七	67	7月幕府、朝覲行幸再興を認める。	2月大塩平八郎蜂起。4月家斉、将軍職を家慶に譲る。6月モリソン号事件。
九	一八三八	68	5・23二月以来の微恙快癒。11月中旬中風を発す。	3月江戸城西丸焼失。

一〇	一八三九	69		12月蛮社の獄。
一一	一八四〇	70	7月中旬中風再発。11・19仁孝天皇に古今和歌集伝授。死去（七〇歳）。11・25御船入。11・30御内棺。12・3故院と称す。12・4御入棺。12・20御葬送、泉涌寺に葬る。	7月アヘン戦争情報伝わる。11月三方領知替え発令。
一二	一八四一		閏1・27諡号宣下あり、光格天皇と贈られる。	5月幕府天保の改革始まる。

人名索引

※「光格天皇」は頻出するため省略した。

か　行

さ　行

た　行

な　行

は　行

ま　行

や　行

ら　行

わ　行

事項索引

※「禁裏御所」「御所」等は頻出するため省略した。

あ 行

か 行

さ 行

た　行

な　行

は　行

ま・ら・わ　行

《著者紹介》

藤田　覚（ふじた・さとる）

1946年　長野県生まれ。

千葉大学文理学部卒，東北大学大学院博士課程単位取得退学。

東京大学史料編纂所教授，東京大学大学院人文社会系研究科・文学部教授を経て，

現　在　東京大学名誉教授。

著　書　『幕藩制国家の政治史的研究』校倉書房，1987年。

『松平定信』中公新書，1993年。

『幕末の天皇』講談社選書メチエ，1994年／講談社学術文庫，2013年。

『近世政治史と天皇』吉川弘文館，1999年。

『近世後期政治史と対外関係』東京大学出版会，2005年。

『田沼意次』ミネルヴァ書房，2007年。

『江戸時代の天皇（天皇の歴史06）』講談社，2011年／講談社学術文庫，2018年。

『泰平のしくみ』岩波書店，2012年。

『田沼時代（日本近世の歴史４）』吉川弘文館，2012年。

『幕末から維新へ（シリーズ日本近世史５）』岩波新書，2015年。

『勘定奉行の江戸時代』ちくま新書，2018年，ほか。

ミネルヴァ日本評伝選

光《こう》格《かく》天《てん》皇《のう》

――自身を後にし天下万民を先とし――

2018年７月10日　初版第１刷発行　〈検印省略〉

定価はカバーに
表示しています

著　者　藤　田　　覚
発行者　杉　田　啓　三
印刷者　江　戸　孝　典

発行所　株式会社　ミネルヴァ書房
607-8494 京都市山科区日ノ岡堤谷町１
電話代表（075）581-5191
振替口座 01020-0-8076

共同印刷工業・新生製本

ISBN978-4-623-08387-9

Printed in Japan

刊行のことば

歴史を動かすものは人間であり、興趣に富んだ人間の動きを通じて、世の移り変わりを考えるのは、歴史に接する醍醐味である。

しかし過去の歴史学を顧みるとき、人間不在という批判さえ見られたように、歴史における人間のすがたが、必ずしも十分に描かれてきたとはいえない。二十一世紀を迎えた今、歴史の中の人物像を蘇生させようとの要請はいよいよ強く、またそのための条件もしだいに熟してきている。

この「ミネルヴァ日本評伝選」は、正確な史実に基づいて書かれるのはいうまでもないが、単に経歴の羅列にとどまらず、歴史を動かしてきたすぐれた個性をいきいきとよみがえらせたいと考える。そのためには、対象とした人物とじっくりと対話し、ときにはきびしく対決していくことも必要になるだろう。

今日の歴史学が直面している困難の一つに、研究の過度の細分化、瑣末化が挙げられる。それは緻密さを求めるが故に陥った弊害といえるが、その結果として、歴史の大きな見通しが失われ、歴史学を通しての社会への働きかけの途が閉ざされ、人々の歴史への関心を弱める危険性がある。今こそ歴史が何のためにあるのかという、基本的な課題に応える必要があろう。評伝という興味ある方法を通じて、解決の手がかりを見出せないだろうかというのも、この企画の一つのねらいである。

狭義の歴史学の研究者だけでなく、多くの分野ですぐれた業績をあげている著者たちを迎えて、従来見られなかった規模の大きな人物史の叢書として、「ミネルヴァ日本評伝選」の刊行を開始したい。

平成十五年（二〇〇三）九月

ミネルヴァ書房

ミネルヴァ日本評伝選

企画推薦
梅原　猛
ドナルド・キーン
佐伯彰一
角田文衞

監修委員
上横手雅敬
芳賀　徹

編集委員
石川九楊
伊藤之雄
猪木武徳
今谷　明
今橋映子
熊倉功夫
佐伯順子
坂本多加雄
武田佐知子
竹西寛子
西口順子
兵藤裕己
御厨　貴

上代

*俾弥呼　古田武彦
*日本武尊　西宮秀紀
*仁徳天皇　若井敏明
雄略天皇　吉村武彦
継体天皇　若井敏明
*蘇我氏四代　遠山美都男
推古天皇　義江明子
聖徳太子　仁藤敦史
斉明天皇　武田佐知子
*小野妹子・毛人　大橋信弥
*額田王　梶川信行
弘文天皇　遠山美都男
天武天皇　新川登亀男
持統天皇　丸山裕美子
阿倍比羅夫　熊田亮介
*藤原四子　木本好信
*柿本人麿　古橋信孝
*元明天皇・元正天皇　渡部育子
聖武天皇　本郷真紹
光明皇后　寺崎保広

*孝謙・称徳天皇　勝浦令子
藤原不比等　荒木敏夫
橘諸兄・奈良麻呂　遠山美都男
吉備真備　今津勝紀
*藤原仲麻呂　木本好信
道鏡　吉川真司
*藤原種継　木本好信
*行基　吉田靖雄

平安

*桓武天皇　井上満郎
嵯峨天皇　西別府元日
宇多天皇　古藤真平
醍醐天皇　石上英一
村上天皇　京樂真帆子
花山天皇　上島　享
*三条天皇　倉本一宏
藤原薬子　中野渡俊治
*藤原良房・基経　瀧浪貞子
*紀貫之　神田龍身
源高明　所　功
*安倍晴明　斎藤英喜

藤原実資　橋本義則
*藤原道長　朧谷　寿
*藤原伊周・隆家　倉本一宏
藤原定子　山本淳子
*藤原彰子　朧谷　寿
清少納言　三田村雅子
紫式部　竹西寛子
和泉式部　ツベタナ・クリステワ
大江匡房　小峯和明
*阿弖流為　樋口知志
坂上田村麻呂　熊谷公男
*源満仲・頼光　元木泰雄
平将門　西山良平
藤原純友　寺内　浩
最澄　吉田一彦
円珍　岡野浩二
*空也　石井義長
奝然　上川通夫
*源信　小原　仁
慶滋保胤　吉原浩人
*後白河天皇　美川　圭

*式子内親王　奥野陽子
建礼門院　生形貴重
*藤原秀衡　入間田宣夫
平時子・時忠　元木泰雄
平維盛　根井　浄
守覚法親王　阿部泰郎
藤原隆信・信実　山本陽子

鎌倉

源頼朝　川合　康
*源義経　近藤好和
源実朝　神田龍身
*九条兼実　加納重文
九条道家　上横手雅敬
北条時政　野口　実
熊谷直実　佐伯真一
*北条政子　関　幸彦
北条義時　岡田清一
曾我十郎・五郎　杉橋隆夫
北条時頼　山本隆志
北条時宗　近藤成一
安達泰盛　山陰加春夫

平頼綱　細川重男
竹崎季長　堀本一繁
西行　光田和伸
鴨長明　浅見和彦
藤原定家　赤瀬信吾
*京極為兼　今谷　明
*兼好　島内裕子
重源　横内裕人
*運慶　根立研介
快慶　井上一稔
法然　今堀太逸
栄西　中尾良信
明恵　西山　厚
*親鸞　末木文美士
恵信尼・覚信尼　西口順子
覚如　今井雅晴
*道元　船岡　誠
叡尊　細川涼一
*忍性　松尾剛次
*日蓮　佐藤弘夫
一遍　蒲池勢至
夢窓疎石　原田正俊
*宗峰妙超　竹貫元勝

南北朝・室町

後醍醐天皇　上横手雅敬
*護良親王　新井孝重
懐良親王　森　茂暁
*赤松氏五代　渡邊大門
*北畠親房　岡野友彦
楠正成　兵藤裕己
楠木正行・正儀　生駒孝臣
*新田義貞　山本隆志
*光厳天皇　深津睦夫
足利尊氏　市沢　哲
*足利直義　亀田俊和
佐々木道誉　下坂　守
細川頼之　亀田俊和
円観・文観　田中貴子
足利義詮　早島大祐
足利義満　川嶋將生
*足利義持　吉田賢司
足利義教　横井　清
足利義政　木下昌規
*大内義弘　平瀬直樹
伏見宮貞成親王　松薗　斉
*山名宗全　山本隆志
細川勝元・政元　古野　貢
畠山義就　呉座勇一
足利成氏　阿部能久
世阿弥　西野春雄
雪舟等楊　河合正朝
宗祇　鶴崎裕雄
*満済　森　茂暁
一休宗純　原田正俊
蓮如　岡村喜史

戦国・織豊

北条早雲　家永遵嗣
*北条氏政　黒田基樹
大内義隆　藤井　崇
斎藤氏三代　木下　聡
*毛利元就　岸田裕之
*毛利輝元　光成準治
小早川隆景・秀秋　光成準治
六角定頼　村井祐樹
*今川義元　小和田哲男
*武田信玄　笹本正治
*武田勝頼　笹本正治
*真田氏三代　笹本正治
*三好長慶　天野忠幸
松永久秀　天野忠幸
*宇喜多直家・秀家　渡邊大門
*上杉謙信　矢田俊文
大友宗麟　鹿毛敏夫
島津義久・義弘　福島金治
*長宗我部元親・盛親　平井上総
浅井長政　長谷川裕子
吉田兼倶　西山　克
山科言継　松薗　斉
*雪村周継　赤澤英二
正親町天皇・後陽成天皇　神田裕理
足利義輝・義昭　山田康弘
織田信長　三鬼清一郎
織田長益　八尾嘉男
豊臣秀吉　藤井讓治
豊臣秀次　矢部健太郎
*北政所おね　田端泰子
*淀殿　福田千鶴
蜂須賀正勝・家政　三宅正浩
前田利家　東四柳史明
山内一豊・忠義　長屋隆幸
*黒田如水　小和田哲男
*蒲生氏郷　藤田達生
石田三成　堀越祐一
*細川ガラシャ　田端泰子
伊達政宗　伊藤喜良
*支倉常長　田中英道
千利休　熊倉功夫
*長谷川等伯　宮島新一
顕如　神田千里
教如　安藤　弥

江戸

*徳川家康　笠谷和比古
本多忠勝　柴　裕之
*徳川家光　野村　玄
徳川吉宗　横田冬彦
*後水尾天皇　久保貴子
後桜町天皇　所　京子
*光格天皇　藤田　覚
崇伝　杣田善雄
*春日局　福田千鶴
宮本武蔵　渡邊大門
*池田光政　倉地克直
保科正之　八木清治
シャクシャイン　岩崎奈緒子
*田沼意次　藤田　覚
細川重賢　安高啓明
*二宮尊徳　小林惟司
末次平蔵　岡美穂子
*高田屋嘉兵衛　生田美智子
*林羅山　鈴木健一
吉野太夫　渡辺憲司
中江藤樹　辻本雅史
熊沢蕃山　川口　浩
*山崎闇斎　澤井啓一
山鹿素行　前田　勉
*北村季吟　島内景二
伊藤仁斎　澤井啓一
貝原益軒　辻本雅史
*ケンペル　B・M・ボダルト＝ベイリー
新井白石　大川　真
荻生徂徠　柴田　純
*雨森芳洲　上田正昭
石田梅岩　高野秀晴
白隠慧鶴　芳澤勝弘
前野良沢　松田　清
平賀源内　石上　敏
本居宣長　田尻祐一郎
杉田玄白　吉田　忠
木村蒹葭堂　有坂道子
*大田南畝　沓掛良彦
菅江真澄　赤坂憲雄
*鶴屋南北　諏訪春雄
良寛　阿部龍一
*山東京伝　佐藤至子
*滝沢馬琴　高田　衛
平田篤胤　山下久夫
国友一貫斎　太田浩司
シーボルト　宮坂正英
本阿弥光悦　岡　佳子
小堀遠州　中村利則
狩野探幽・山雪　山下善也
尾形光琳・乾山　河野元昭
*二代目市川團十郎　田口章子
伊藤若冲　狩野博幸
浦上玉堂　高橋博巳
*佐竹曙山　成瀬不二雄
葛飾北斎　岸　文和
酒井抱一　玉蟲敏子
孝明天皇　青山忠正
*和宮　辻ミチ子
徳川慶喜　大庭邦彦
島津斉彬　原口　泉
横井小楠　沖田行司
*古賀謹一郎　小野寺龍太
*永井尚志　高村直助

＊岩瀬忠震　小野寺龍太
＊栗本鋤雲　小野寺龍太
大村益次郎　竹本知行
河井継之助　小川和也
＊西郷隆盛　家近良樹
由利公正　角鹿尚計
＊塚本明毅　塚本学
＊月性　海原徹
＊吉田松陰　海原徹
＊高杉晋作　海原徹
久坂玄瑞　一坂太郎
＊ペリー　遠藤泰生
ハリス　福岡万里子
オールコック　佐野真由子
アーネスト・サトウ　奈良岡聰智
緒方洪庵　米田該典

近代

＊明治天皇　伊藤之雄
＊大正天皇　F・R・ディキンソン
＊昭憲皇太后・貞明皇后　小田部雄次
大久保利通　三谷太一郎
山県有朋　鳥海靖
木戸孝允　落合弘樹
井上馨　伊藤之雄
＊松方正義　室山義正
北垣国道　小林丈広
板垣退助　小川原正道
長与専斎　笠原英彦
大隈重信　五百旗頭薫
伊藤博文　坂本一登
井上毅　大石眞
＊井上勝　老川慶喜
＊桂太郎　小林道彦
＊渡邉洪基　瀧井一博
＊乃木希典　佐々木英昭
星亨　小林道彦
林董　奈良岡聰智
＊児玉源太郎　小林道彦
＊高宗・閔妃　木村幹
山本権兵衛　室山義正
＊金子堅太郎　松村正義
高橋是清　鈴木俊夫
小村寿太郎　簑原俊洋
＊犬養毅　小林惟司
原敬　季武嘉也
＊加藤高明　櫻井良樹
牧野伸顕　小宮一夫
田中義一　黒沢文貴
内田康哉　高橋勝浩
石井菊次郎　廣部泉
平沼騏一郎　堀田慎一郎
＊鈴木貫太郎　小堀桂一郎
宇垣一成　北岡伸一
＊宮崎滔天　榎本泰子
＊浜口雄幸　川田稔
幣原喜重郎　西田敏宏
関一　玉井金五
水野広徳　片山慶隆
広田弘毅　井上寿一
安重根　上垣外憲一
＊グルー　廣部泉
＊永田鉄山　森靖夫
東條英機　牛村圭
今村均　前田雅之
蒋介石　劉岸偉
石原莞爾　山室信一
近衛文麿　庄司潤一郎
＊岩崎弥太郎　武田晴人
伊藤忠兵衛　末永國紀
五代友厚　田付茉莉子
大倉喜八郎　村上勝彦
＊安田善次郎　由井常彦
渋沢栄一　武田晴人
中野武営　佐賀香織
益田孝　鈴木邦夫
山辺丈夫　宮本又郎
武藤山治　阿部武司・桑原哲也
池田成彬　松浦正孝
西原亀三　森川正則
小林一三　橋爪紳也
大倉恒吉　石川健次郎
大原孫三郎　猪木武徳
＊河竹黙阿弥　今尾哲也
イザベラ・バード　加納孝代
＊林忠正　木々康子
＊森鷗外　小堀桂一郎
＊二葉亭四迷　ヨコタ村上孝之
＊夏目漱石　佐々木英昭
徳冨蘆花　半藤英明
巌谷小波　千葉信胤
樋口一葉　佐伯順子
＊島崎藤村　十川信介
泉鏡花　東郷克美
上田敏　小林茂
＊有島武郎　亀井俊介
永井荷風　川本三郎
北原白秋　平石典子
菊池寛　山本芳明
芥川龍之介　高橋龍夫
＊宮沢賢治　千葉一幹
高浜虚子　坪内稔典
与謝野晶子　佐伯順子
＊種田山頭火　村上護
＊斎藤茂吉　品田悦一
＊高村光太郎　湯原かの子
石川啄木　先崎彰容
萩原朔太郎　エリス俊子
＊原阿佐緒　秋山佐和子
＊狩野芳崖・高橋由一　古田亮
川村清雄　落合則子
＊小堀鞆音　小堀桂一郎
竹内栖鳳　北澤憲昭
黒田清輝　高階秀爾
中村不折　石川九楊
横山大観　高階秀爾
＊橋本関雪　西原大輔
小出楢重　芳賀徹
土田麦僊　天野一夫
岸田劉生　北澤憲昭
濱田庄司　濱田琢司
＊山田耕筰　後藤暢子
松旭斎天勝　川添裕
中山みき　鎌田東二
佐田介石　谷川穣
＊ニコライ　中村健之介
＊出口なお・王仁三郎　川村邦光
島地黙雷　阪本是丸
＊新島襄　太田雄三
新島八重　佐伯順子
木下広次　冨岡勝
海老名弾正　西田毅
嘉納治五郎　クリストファー・スピルマン
柏木義円　片野真佐子
津田梅子　田中智子
＊澤柳政太郎　新田義之
河口慧海　高山龍三
山室軍平　室田保夫
大谷光瑞　白須淨眞
＊久米邦武　髙田誠二
フェノロサ　伊藤豊
井上哲次郎　井ノ口哲也
三宅雪嶺　長妻三佐雄
＊岡倉天心　木下長宏
志賀重昂　中野目徹
徳富蘇峰　杉原志啓
＊竹越与三郎　西田毅
内藤湖南・桑原隲蔵　礪波護

*廣池千九郎　橋本富太郎
岩村透　今橋映子
*西田幾多郎　大橋良介
*金沢庄三郎　石川遼子
柳田国男　鶴見太郎
厨川白村　張競
村岡典嗣　水野雄司
大川周明　山内昌之
西田直二郎　林淳
折口信夫　斎藤英喜
シュタイン　瀧井一博
*西周　清水多吉
*福澤諭吉　平山洋
成島柳北　山田俊治
福地桜痴　山田俊治
*村山龍平　早房長治
島田三郎　武藤秀太郎
田口卯吉　鈴木栄樹
*陸羯南　松田宏一郎
黒岩涙香　奥武則
長谷川如是閑　織田健志
*吉野作造　田澤晴子
山川均　米原謙
*岩波茂雄　十重田裕一
*北一輝　岡本幸治
*穂積重遠　大村敦志
中野正剛　吉田則昭
*満川亀太郎　福家崇洋
エドモンド・モレル　林田治男
*北里柴三郎　福田眞人

高峰譲吉　木村昌人
田辺朔郎　秋元せき
*南方熊楠　飯倉照平
石原純　金子務
*辰野金吾　河上眞理・清水重敦
*七代目小川治兵衛　尼崎博正
本多静六　岡本貴久子
ブルーノ・タウト　北村昌史

現代

昭和天皇　御厨貴
高松宮宣仁親王　後藤致人
*李方子　小田部雄次
吉田茂　中西寛
マッカーサー　柴山太
鳩山一郎　楠綾子
*石橋湛山　増田弘
重光葵　武田知己
市川房枝　村井良太
*池田勇人　藤井信幸
高野実　篠田徹
和田博雄　庄司俊作
朴正熙　木村幹
田中角栄　新川敏光
宮沢喜一　村上友章
竹下登　真渕勝
*松永安左エ門　橘川武郎

鮎川義介　井口治夫
*出光佐三　橘川武郎
松下幸之助　米倉誠一郎
渋沢敬三　井上潤
*本田宗一郎　伊丹敬之
井深大　武田徹
*佐治敬三　小玉武
幸田家の人々　金井景子
*正宗白鳥　大嶋仁
*大佛次郎　福島行一
*川端康成　大久保喬樹
*薩摩治郎八　小林茂
坂口安吾　千葉一幹
太宰治　安藤宏
松本清張　杉原志啓
安部公房　鳥羽耕史
*三島由紀夫　島内景二
井上ひさし　成田龍一
R・H・ブライス　菅原克也
柳宗悦　熊倉功夫
バーナード・リーチ　鈴木禎宏
イサム・ノグチ　酒井忠康
熊谷守一　古川秀昭
川端龍子　岡部昌幸
藤田嗣治　林洋子
*井上有一　海上雅臣
*手塚治虫　竹内オサム
古賀政男　藍川由美

*吉田正　金子勇
*武満徹　船山隆
*八代目坂東三津五郎　田口章子
*力道山　岡村正史
*西田天香　宮田昌明
安倍能成　中根隆行
サンソム夫妻　平川祐弘・牧野陽子
*天野貞祐　貝塚茂樹
和辻哲郎　小坂国継
矢代幸雄　稲賀繁美
石田幹之助　岡本さえ
*平泉澄　若井敏明
*早川孝太郎　須藤功
安岡正篤　片山杜秀
青山二郎　田野勲
島田謹二　小林信行
田中美知太郎　川久保剛
前嶋信次　杉田英明
*唐木順三　澤村修治
亀井勝一郎　山本直人
知里真志保　北原治郎太
*保田與重郎　谷崎昭男
石母田正　磯前順一
*福田恆存　川久保剛
井筒俊彦　安藤礼二
佐々木惣一　伊藤孝夫
小泉信三　都倉武之
*瀧川幸辰　伊藤孝夫
式場隆三郎　服部正

大宅壮一　有馬学
清水幾太郎　庄司武史
*フランク・ロイド・ライト　大久保美春
*中谷宇吉郎　杉山滋郎
今西錦司　山極寿一

*は既刊
二〇一八年七月現在